考试大纲编写

2016

会计从业资格无纸化考试专用教材

财经法规与会计职业道德

讲义·真题·冲刺三合一

考点提炼+同步题库+全真模拟测试

会计从业资格无纸化考试编写组 编

中国铁道出版社
CHINA RAILWAY PUBLISHING HOUSE

图书在版编目（CIP）数据

财经法规与会计职业道德讲义·真题·冲刺三合一/会计从业资格无纸化考试编写组编.—北京：中国铁道出版社，2015.12
会计从业资格无纸化考试专用教材
ISBN 978-7-113-20940-7

Ⅰ.①财… Ⅱ.①会… Ⅲ.①财政法－中国－会计－资格考试－自学参考资料 ②经济法－中国－会计－资格考试－自学参考资料 ③会计人员－职业道德－会计－资格考试－自学参考资料 Ⅳ.①D922.2 ②F233

中国版本图书馆 CIP 数据核字(2015)第 228828 号

书　　名： 会计从业资格无纸化考试专用教材
财经法规与会计职业道德讲义·真题·冲刺三合一

作　　者： 会计从业资格无纸化考试编写组

责任编辑： 徐丽娜　　**编辑电话：** 010-51873038　　电子信箱：wangsy20008@126.com
封面设计： 崔丽芳
责任印制： 赵星辰

出版发行： 中国铁道出版社（100054，北京市西城区右安门西街 8 号）
网　　址： http://www.tdpress.com
印　　刷： 三河市华业印务有限公司
版　　次： 2015 年 12 月第 1 版　　2015 年 12 月第 1 次印刷
开　　本： 880 mm×1 230 mm　1/32　印张：10.25　字数：200 千
书　　号： ISBN 978-7-113-20940-7
定　　价： 28.00 元

出版前言

根据《中华人民共和国会计法》和新修订的《会计从业资格管理办法》规定，从事会计工作的人员，必须取得会计从业资格证书，其全国统一考试科目为财经法规与会计职业道德、会计基础、会计电算化（或者珠算)。

2013 年 3 月 11 日，为实现新旧《会计从业资格管理办法》平稳过渡，财政部出台了《新旧〈会计从业资格管理办法〉有关衔接规定》。根据这些规定，目前会计从业资格考试新政策出现了“六大变化”。

(1) 统一使用全国题库

根据财政部新的文件规定，从 2014 年开始，全国各省市都将使用全国统一的考试题库，这对全国考生而言实现了“公平、公正、公开”。

(2) 考试题型全国统一

随着新《会计从业资格管理办法》的实施，从 2014 年开始，全国各省份的考试题型将完全统一到全国考试题库标准中。各省、自治区、直辖市的财政部门负责组织安排本地区考试。

(3) 考试次数一年两次或多次

从 2014 年开始，全国所有省市的会计从业资格考试均实现一年考两次、四次或多次。这将在最大程度上缓解考生报名人数多、考试次数少的现状，有利于缩短考试周期，扩大考试影响力。

(4) 实行三科连考

从 2014 年开始，各省会计从业资格考试都将实行三科连考，三科总时长为 180 分钟，财经法规与会计职业道德、会计基础、会计电算化的考试时间均为 60 分钟，即每一考试科目持续时间为一个小时。实行三科连考，不仅是对考生学习成绩的考验，也是对考生体力和应变能力的测试。这实际上是增加了会计从业考试的难度。

(5) 免考规定2014年底彻底取消

从2014年开始，财政部在全国范围内统一政策，彻底取消会计从业资格考试的部分科目免试规定，旧政策最后过渡时间为2014年12月31日。

(6) 三个科目必须一次性通过

财政部将在全国范围内统一政策，严格要求各考试科目必须一次性通过。

为了帮助有志于加入会计行业的考生顺利通过会计从业资格考试，获得资格证书，会计从业资格无纸化考试编写组组织编写了“会计从业资格无纸化考试专用教材”，包括：会计基础、财经法规与会计职业道德、会计电算化三个科目的6本辅导用书。

应试指南的特点：每章分为复习提纲、考点提炼、重点案例解析、同步强化练习题库和同步强化练习题库答案解析等。

1. 本章复习提纲

本章复习提纲是按照考试大纲的要求，指明哪些是需要了解的内容，哪些是需要熟悉的内容，哪些是需要掌握的内容。

2. 考点提炼

考点提炼是本书的主体，将每一章节的内容按照具体的考点进行分类，以考点的形式对常考内容进行精辟的讲解，同时穿插例题，巩固记忆。在系统梳理大纲所涵盖知识点的基础上，进一步提炼精华内容，能够快速帮助考生理清脉络，掌握要点。

3. 重点案例解析

通过典型例题，梳理本章重点、难点内容。帮助考生进行归纳总结，使考生加深理解，方便记忆。

4. 同步强化练习题库

同步强化练习题库是通过练习题的形式，加强对本章考点的理解和把握。题库后附有答案及详细的解析。

5. 全真预测试卷

增加两套全真预测试卷，帮助考生熟悉题型、题量，检测学习效果，达到复习的目的。

本套辅导用书依据最新考试大纲的要求编写，难度适中，切合财政部题库试题要求。知识讲解简单易懂、试题解析详细易懂，能使考生了解命题思路，是考生快速通关的最佳辅导用书。

由于时间仓促，书中难免遗留不足，欢迎读者批评指正。我们将不断改善，追求更好。

会计从业资格无纸化考试编写组

目录

目录

目
录

第一章 会计法律制度

本章复习提纲

1. 了解会计法律制度的构成
2. 熟悉会计工作管理体制
3. 熟悉会计档案管理
4. 熟悉内部控制制度
5. 熟悉会计机构的设置
6. 掌握会计核算的要求
7. 掌握会计工作交接的要求
8. 掌握会计违法行为的法律责任

本章知识结构

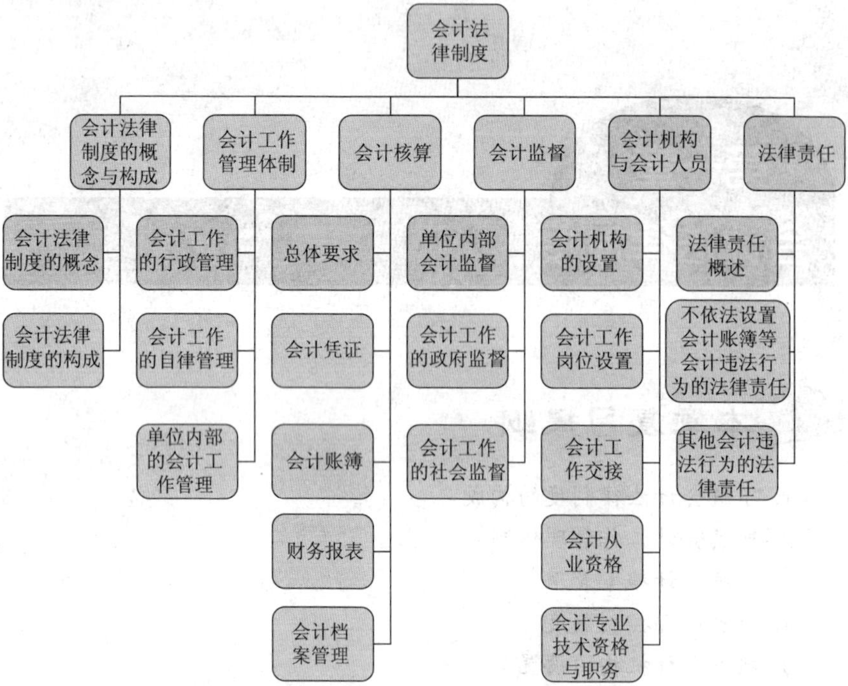

本章考点提炼

第一节　会计法律制度的概念与构成

一、会计法律制度的概念

会计法律制度是指国家权力机关和行政机关制定的，用以调整会计关系的各种法律、法规、规章和规范性文件的总称，包括会计法律、会计行政法规、会计地方性法规、会计部门规章等。它是调整经济关系的法律规范。

会计关系是指会计机构和会计人员在办理会计事务过程中以及国家在管理会计工作过程中发生的各种经济关系。

二、会计法律制度的构成

我国会计法律制度主要包括会计法律、会计行政法规、会计部门规章和地方性会计法规。

（1）会计法律

会计法律是指由全国人民代表大会及其常委会经过一定立法程序制定的有关会计工作的法律。如 1999 年 10 月 31 日九届全国人大常委会第十二次会议修订通过的《中华人民共和国会计法》（以下简称《会计法》）。它是会计法律制度中层次最高的法律，是制定其他会计法规的依据，是指导会计工作的最高准则。另一部会计法律是 1993 年 10 月 31 日第八届全国人大常委会第四次会议通过的《注册会计师法》。

真题精析

【多选题】 我国会计法律制度主要包括（　　）。

A. 会计法律　　B. 会计行政法规

C. 会计部门规章　　D. 地方性会计法规

【答案及解析】 ABCD　我国会计法律制度主要包括会计法律、会计行政法规、会计部门规章和地方性会计法规。故选 ABCD。

（2）会计行政法规

会计行政法规是指由国务院制定并发布，或者国务院有关部门拟定并经国务院批准发布，调整经济生活中某些方面会计关系的法律规范。

会计行政法规制定的依据是《会计法》，它通常以条例、办法、规定等具体名称出现。如1992年11月16日国务院发布的《总会计师条例》，2000年6月21日国务院发布的《企业财务报表条例》等。

真题精析

【多选题】下列各项中，属于会计行政法规的有(　　)。

A. 会计法　　B. 企业会计制度

C. 总会计师条例　　D. 企业财务报表条例

【答案及解析】CD　选项A属于会计法律；选项B属于会计规范性文件。选项C、D属于会计行政法规。故选CD。

(3) 会计部门规章

会计部门规章是指国家主管会计工作的行政部门，即财政部及其他相关部委根据法律和国务院的行政法规、决定、命令，在本部门的权限范围内制定的、调整会计工作中某些方面内容的国家统一的会计准则制度和规范性文件，包括国家统一的会计核算制度、会计监督制度、会计机构和会计人员管理制度及会计工作管理制度等。

真题精析

【单选题】《企业会计制度》是由(　　)发布的。

A. 全国人民代表大会常务委员会　　B. 全国人民代表大会

C. 财政部　　D. 国务院

【答案及解析】C　会计规范性文件是指主管全国会计工作的行政部门，即国务院财政部门制定并发布的制度办法，如《企业会计制度》《会计基础工作规范》，以及财政部与国家档案局联合发布的《会计档案管理办法》等。故选C。

(4) 地方性会计法规

地方性会计法规是指由省、自治区、直辖市人民代表大会或常务委员会在与宪法、会计法律、行政法规和国家统一的会计准则制度不相抵触的前提下，根据本地区情况制定发布的关于会计核算、会计监督、会计机构和会计人员及会计工作管理的规范性文件。

第二节　会计工作管理体制

会计工作管理体制是指国家划分会计工作管理权限的制度和管理方法，具体包括会计工作的行政管理；会计工作的自律管理；单位内部的会计工作管理。

一、会计工作的行政管理

（一）会计工作行政管理体制

《会计法》规定，国务院财政部门主管全国的会计工作，县级以上地方各级人民政府财政部门管理本行政区域内的会计工作。我国对会计工作实行的是“统一指导、分级管理”原则下的政府主导型管理体制。

真题精析

【单选题】《会计法》规定（　　）主管全国的会计工作。

A. 国务院　　B. 财政部

C. 中国人民银行　　D. 注册会计师协会

【答案及解析】B　《会计法》规定，国务院财政部门主管全国的会计工作，县级以上地方各级人民政府财政部门管理本行政区域内的会计工作。故选B。

（二）会计工作行政管理的内容

1. 制定国家统一的会计准则制度

会计准则制度及相关标准规范主要包括：①国家统一的核算制度；②国家统一的会计机构和会计人员管理制度；③国家统一的会计工作管理制度。会计准则制度及相关标准规范的制定和组织实施是财政部门管理会计工作的一项最基本的职能。

2. 会计市场管理

在市场经济条件下，政府必须加强对会计市场的管理，包括会计市场的准入管理、过程的监管和会计市场退出管理三个方面。

（1）会计市场准入管理。根据《会计法》规定，会计人员从事会计工作必须通过考试取得从业资格，会计从业资格是进入会计职业的门槛，是一种执业资质。

（2）会计市场的运行管理。我国规定从事社会审计业务的人员必须具有注册会计师资格。我国实行注册会计师全国统一考试制度，考试成绩合格并从事审计业务工作2年以上的人员，才可以申请成为注册会计师。注册会计师执行业务，必须加入会计师事务所。设立会计师事务所，由省级政府部门审批，批准后，报财政部备案。

（3）会计市场退出管理。不具备设置会计机构和会计人员条件的单位应当委托代理记账机构办理会计业务。除会计师事务所外，代理记账机构应当经所在地的县级以上人民政府财政部门批准，并取得由财政部统一印制的代理记账许可证书。

3. 会计专业人才评价

会计人才是国家人才战略的重要组成部分，选拔、评价会计人才是财政部门的重要职责。我国阶梯式的会计专业人才评价机制已经形成，包括初级、中级、高级会计人才评价机制和会计行业领军人才的培养评价等。

4. 会计监督检查

根据《会计法》，财政部门实施的会计监督检查主要是会计信息质量检查和会计师事务所执业质量检查以及对会计行业自律组织的监督、指导等。

此外，财政部门对会计市场进行监管，还应依法加强对会计行业自律组织的监督、指导。

二、会计工作的自律管理

行业自律是相对于行政管理的一种管理模式。会计行业自律管理制度是对行政管理制度的一种有益的补充，有助于督促会计人员依法开展会计工作，树立良好的行业风气，促进行业的发展。

（一）中国注册会计师协会

中国注册会计师协会是由注册会计师组成的社会团体，成立于1988年11月。履行行业自律管理职能。

中国注册会计师协会是依据《中华人民共和国注册会计师法》（以下简称《注册会计师法》）和《社会团体登记条例》的有关规定设立，在财政部党组和理事会领导下开展行业管理和服务的法定组织。

真题精析

【多选题】注册会计师的业务范围，下列说法正确的是（　　）。

A. 注册会计师可以单独执行业务

B. 注册会计师执行业务，应当加入会计师事务所

C. 注册会计师可以承办会计咨询、会计服务业务，但不能承办审计业务

D. 注册会计师承办业务，由其所在的会计师事务所统一受理并与委托人签订委托合同

【答案及解析】BD　注册会计师执行业务，应当加入会计师事务所。注册会计师可以承办审计业务和会计咨询、会计服务业务。注册会计师承办业务，由其所在的会计师事务所统一受理并与委托人签订委托合同。会计师事务所对本所注册会计师承办的业务，承担民事责任。故选BD。

（二）中国会计学会

中国会计学会创建于1980年，是财政部所属由全国会计领域各类专业组织，以及会计理论界、实务界会计工作者自愿结成的学术性、专业性、非营利性社会组织。

（三）中国总会计师协会

中国总会计师协会是经财政部审核同意、民政部正式批准，依法注册登记成立的跨地区、跨部门、跨行业、跨所有制的非营利性国家一级社团组织，是总会计师行业的全国性自律组织。

三、单位内部的会计工作管理

单位内部的会计工作管理主要包括：①单位负责人的职责；②会计机构的设置；③会计人员的选拔任用；④会计人员回避制度。

真题精析

【多选题】对企业而言，关于内部控制正确的表述是(　　)。

A. 董事会负责内部控制的建立健全和有效实施

B. 监事会对董事会建立与实施内部控制进行监督

C. 经理层负责组织领导企业内部控制的日常运行

D. 由专门机构或者指定适当的机构具体负责组织协调内部控制工作

【答案及解析】ABCD　对企业而言，董事会负责内部控制的建立健全和有效实施。监事会对董事会建立与实施内部控制进行监督。经理层负责组织领导企业内部控制的日常运行。企业应当成立专门机构或者指定适当的机构具体负责组织协调内部控制的建立实施及日常工作。故选ABCD。

(一)单位负责人的职责

单位负责人对本单位的会计工作和会计资料的真实性、完整性负责。单位负责人是指单位法定代表人或者法律、行政法规规定代表单位行使职权的主要负责人。单位负责人是单位的会计责任主体，应根据《会计法》认真组织好、管理好本单位的会计核算和监督工作，保证会计机构和人员依法履行职责。

(二)单位会计机构的设置

一个单位是否单独设置会计机构，主要取决于以下几个因素：单位规模的大小；经济业务和财务收支的繁简；经营管理的要求。

(三)会计人员的选拔任用

财政部只对从事会计工作人员的相关资格条件进行统一规定，会计人员取得相关资格或符合有关条件后，能否具体从事相关工作，由所在单位自行决定。

（四）会计人员回避制度

国家机关、国有企业、事业单位任用会计人员应当实行回避制度。单位负责人的直系亲属不得担任本单位的会计机构负责人、会计主管人员，会计机构负责人、会计主管人员的直系亲属不得在本单位会计机构中担任出纳工作。其中直系亲属包括夫妻关系、直系血亲关系、三代以内旁系血亲以及近姻亲关系。

真题精析

【判断题】国家机关、国有企业、事业单位任用会计人员应当实行监督制度。（　　）

【答案及解析】×　国家机关、国有企业、事业单位任用会计人员应当实行回避制度。

第三节　会计核算

一、总体要求

会计的基本职能是核算和监督。

（一）会计核算依据

《会计法》规定：各单位必须根据实际发生的经济业务事项进行会计核算，填制会计凭证，登记会计账簿，编制财务会计报告；任何单位不得以虚假的经济业务事项或者资料进行会计核算。以实际发生的经济业务事项为依据进行核算是对会计核算最基本的要求，是会计核算也是保证会计资料质量的关键。

（二）对会计资料的基本要求

会计资料是在会计核算过程中形成的、记录和反映实际发生的经济业务事项的资料，包括会计凭证、会计账簿、财务报表和其他会计资料。我国《会计法》规定：会计凭证、会计账簿、财务报表和其他会计资料，必须符合国家统一的会计制度的规定；任何单位和个人不得伪造、变造会计凭证、会计账簿和其他会计资料，不得提供虚假的财务报表。

1. 会计资料的生成和提供必须符合国家统一的会计制度的规定

目前我国规范会计资料的统一制度主要有：《会计基础工作规范》《会计档案管理办法》，以及财政部发布的一系列会计准则、会计核算制度等。

会计资料的真实性和完整性，是会计资料最基本的质量要求，是会计工作的生命线，各单位必须严格按照《会计法》的要求执行。

2. 提供虚假的会计资料是违法行为

任何单位和个人不得伪造、变造会计凭证、会计账簿和其他会计资料，不得提供虚假的财务报表。

所谓伪造会计凭证、会计账簿及其他会计资料，是指以虚假的经济业务事项为前提编造不真实的会计凭证、会计账簿和其他资料；所谓变造会计凭证、会计账簿及其他会计资料，是指用涂改、挖补等手段来改变会计凭证、会计账簿等的真实内容、歪曲事实真相的行为，即篡改事实；所谓提供虚假财务报表，是指通过编造虚假的会计凭证、会计账簿及其他会计资料或直接篡改财务报表上的数据，使财务报表不真实、不完整，无法反映真实的财务状况和经营成果，借以误导、欺骗会计资料使用者的行为，即以假乱真。

二、会计凭证

会计凭证是指记录经济业务发生或者完成情况的书面证明，是登记账簿的依据。每个企业都必须按一定的程序填制和审核会计凭证，根据审核无误的会计凭证进行账簿登记，如实反映企业的经济业务。《会计法》对会计凭证的种类、取得、审核、更正等内容进行了规定。

会计凭证按照填制程序和用途的不同，可以分为原始凭证和记账凭证。

（一）原始凭证

原始凭证是指在经济业务发生时，由经办人员直接取得或者填制，用以表明某项经济业务事项已经发生或完成情况并明确经济责任的一种原始凭据。它是会计核算的原始依据。

原始凭证按其来源不同，可分为外来原始凭证和自制原始凭证；按照格式是否一致，分为统一印制的具有固定格式的原始凭证和各单位印制的无统一格式的内部凭证。

1. 原始凭证的内容

原始凭证的内容大体包括：原始凭证名称；填制原始凭证的日期；填制原始凭证的单位名称或者填制人员的姓名；接受原始凭证的单位；经济业务事项名称；经济业务事项的数量、单价和金额；经办经济业务事项人员的签名或盖章，等等。

2. 原始凭证的填制和取得

（1）办理经济业务事项时必须填制或取得原始凭证。

（2）填制或取得原始凭证必须及时送交会计机构，否则就是违法行为。

3. 原始凭证的审核

（1）会计机构、会计人员必须按照法定职责审核原始凭证。

（2）会计机构、会计人员审核原始凭证应当按照国家统一的会计制度的规定进行。

（3）会计机构、会计人员对不真实、不合法的原始凭证，有权不予受理，并向单位负责人报告，请求查明原因，追究有关当事人的责任；对记载不准确、不完整的原始凭证予以退回，并要求经办人员按照国家统一会计制度的规定进行更正、补充。

真题精析

【多选题】关于原始凭证审核正确的是（　　）。

A. 会计机构、会计人员必须按照法定职责审核原始凭证

B. 会计机构、会计人员对不真实、不合法的原始凭证，有权不予受理

C. 会计机构、会计人员审核原始凭证应当按照国家统一的会计制度的规定进行

D. 对记载不准确、不完整的原始凭证予以退回，并要求经办人员按照国家统一会计制度的规定进行更正、补充

【答案及解析】ABCD　题中四项均是原始凭证审核的内容。故选ABCD。

4. 原始凭证错误的更正

(1) 原始凭证所记载的各项内容均不得涂改。

(2) 原始凭证记载的内容有错误的，应当由开具单位重开或更正，更正工作必须由原始凭证出具单位进行，并在更正处加盖出具单位印章。

(3) 原始凭证金额出现错误的不得更正，只能由原始凭证出具单位重新开具。

(4) 原始凭证开具单位应当依法开具准确无误的原始凭证，对于填制有误的原始凭证，负有更正和重新开具的法律义务，不得拒绝。

真题精析

【单选题】根据《会计法》的规定，会计机构和会计人员应当按照国家统一的会计制度的规定对原始凭证进行认真审核，对不真实、不合法的原始凭证有权不予接受，并向(　　)报告。

A. 总会计师　　B. 会计机构负责人

C. 单位负责人　　D. 内部审计机构负责人

【答案及解析】C　会计机构和会计人员应当按照国家统一的会计制度的规定对原始凭证进行认真审核，对不真实、不合法的原始凭证有权不予接受，并向单位负责人报告。故选C。

(二)记账凭证

记账凭证是对经济业务事项按其性质加以归类、确定会计分录，并据以登记会计账簿的凭证。

1. 记账凭证的编制

记账凭证的编制要求：

(1) 记账凭证编制必须以原始凭证及有关资料为依据。

(2) 记账凭证编制的依据必须是经过审核无误的原始凭证和有关资料。

真题精析

【单选题】《会计法》规定，作为记账凭证的编制依据必须是（　　）的原始凭证和有关资料。

A. 金额无误　　B. 经过审核

C. 经办人签字　　D. 领导认可

【答案及解析】B　每个企业都必须按一定的程序填制和审核会计凭证，根据审核无误的会计凭证进行账簿登记，如实反映企业的经济业务。故选 B。

2. 记账凭证错账处理

如果在填制记账凭证时(尚未入账)发生错误，可撕毁并重新填制，如果入账后发现错误，应按更正错账的方法更正并签章，不得撕毁；已经登记入账的记账凭证，在当年内发现填写错误时，可以用红字填写一张与原内容相同的记账凭证，在摘要栏注明“注销某月某日某号凭证”字样，同时再用蓝字重新填制一张正确的记账凭证，注明“订正某月某日某号凭证”字样。

三、会计账簿

会计账簿是指由一定格式的账页组成的，以经过审核的会计凭证为依据，全面、系统、连续地记录各项经济业务的簿籍。《会计法》对会计账簿的种类、登记规则等内容进行了详细的规定。

(一)依法建账是会计核算中最基本的要求

(1) 国家机关、社会团体、企业、事业单位和其他经济组织，要按照要求设置会计账簿，进行会计核算。不具备建账条件的，应实行代理记账。

(2) 设置会计账簿的种类和具体要求，要符合《会计法》和国家统一的会计制度的规定。

(3) 各单位发生的经济业务应当统一核算，不得违反规定私设会计账簿进行登记、核算。

真题精析

【判断题】国家机关、社会团体、企业、事业单位和其他经济组织，要按照要求设置会计账簿，进行会计核算。不具备建账条件的，可以不记账。（ ）

【答案及解析】× 国家机关、社会团体、企业、事业单位和其他经济组织，要按照要求设置会计账簿，进行会计核算。不具备建账条件的，应实行代理记账。

（二）会计账簿的种类

各单位要依法设置的会计账簿包括：总账、明细账、日记账和其他辅助账簿。

（1）总账也称总分类账，一般使用订本账。

（2）明细账也称明细分类账，一般采用活页账。

真题精析

【单选题】《会计法》规定，会计账簿包括（ ）。

A. 总账、明细账、现金账、其他辅助账簿

B. 总账、明细账、日记账、现金账

C. 总账、明细账、日记账、其他辅助账簿

D. 总账、明细账、现金账、银行存款账

【答案及解析】C 会计账簿包括总账（根据总账科目开设）、明细账（根据明细科目设置）、日记账（包括现金和银行存款日记账）、备查账。故选C。

（3）日记账是一种特殊的序时明细账，一般使用订本账。

（三）登记会计账簿的规定

（1）根据经过审核无误的会计凭证登记会计账簿。

（2）按照记账规则登记会计账簿。记账规则包括：会计账簿应当按照连续编号的页码顺序登记；会计账簿记录不得发生隔页、跳行；

凡需结出余额的账户，应定期结出余额；会计账簿发生错误时，应采用划线更正法、补充登记法、红字冲正法更正；及时对账；定期结账等。

(3) 实行会计电算化的单位，其会计账簿的登记、更正，也应当符合国家统一的会计制度的规定。

(4) 禁止账外设账。各单位发生的各项经济业务事项应当在依法设置的会计账簿上统一登记、核算，不得私设账外账。

(四)账目的核对

账目的核对也称对账，账目核对要求做到账实相符、账证相符、账账相符和账表相符。

账实相符是会计账簿记录与实物、款项实有数核对相符。

账证相符是会计账簿记录与会计凭证有关内容核对相符。

账账相符是会计账簿之间对应记录核对相符。

账表相符是会计账簿记录与会计报表有关内容核对相符。

四、财务报表

财务报表是对企业财务状况、经营成果和现金流量的结构性表述。财务报表至少应当包括下列组成部分：①资产负债表；②利润表；③现金流量表；④所有者权益(或股东权益，下同)变动表；⑤附注。财务报表上述组成部分具有同等的重要程度。

真题精析

【判断题】财务报表至少应当包括下列组成部分：①资产负债表；②利润表；③现金流量表；④所有者权益(或股东权益，下同)变动表；⑤附注。（　）

【答案及解析】√　现金流量表是会计报表的一部分，而会计报表是企业年度财务报表最重要的部分，故现金流量表当然属于企业年度财务报表的内容。

五、会计档案管理

（一）会计档案管理的内容

会计档案是指会计凭证、会计账簿和财务报告等会计核算专业材料，是记录和反映单位经济业务的重要史料和证据。

真题精析

【单选题】下列各项中，不属于会计档案的是（　　）。

A. 会计移交清册　　B. 原始凭证

C. 月度财务计划　　D. 记账凭证

【答案及解析】C　会计档案是指会计凭证、会计账簿、财务报告等会计核算专业资料。故选 C。

会计档案具体包括：会计凭证类、会计账簿类、财务报告类、其他类。

（二）会计档案的管理部门

各级人民政府财政部门和档案行政管理部门共同负责会计档案工作的指导、监督和检查。

（三）会计档案的归档

各单位每年形成的会计档案，应当由会计机构按照归档要求，负责整理立卷归档。

采用电子计算机进行会计核算的单位，应当保存打印出的纸质会计档案。

（四）会计档案的移交

当年形成的会计档案，在会计年度终了后，可暂由会计机构保管一年，期满之后，应当由会计机构编制移交清册，移交本单位档案机构统一保管；未设立档案机构的，应当在会计机构内部指定专人保管。出纳人员不得兼管会计档案。

真题精析

【单选题】会计档案由(　　)负责整理立卷归档。

A. 专人　　B. 档案管理部门

C. 单位负责人　　D. 会计机构

【答案及解析】D　各单位每年形成的会计档案，应当由会计机构按照归档要求，负责整理立卷归档。没有专门设置档案管理机构的单位应有会计机构指定专人继续保管。故选 D。

(五)会计档案的查阅

各单位应当建立健全会计档案查阅、复制登记制度。我国境内所有单位的会计档案不得携带出境。

(六)会计档案保管的期限

会计档案保管期限分为永久和定期两类。定期保管期限分为 3 年、5 年、10 年、15 年和 25 年，见表 1-1。会计档案的保管期限从会计年终了后第一天算起。

表 1-1　会计档案保管的期限

序　号	档案名称	保管期限	备　注
一	会计凭证类		
1	原始凭证	15 年	
2	记账凭证	15 年	
3	汇总凭证	15 年	
二	会计账簿类		
4	总账	15 年	包括日记总账
5	明细账	15 年	
6	日记账	15 年	现金和银行存款日记账保管 25 年
7	固定资产卡片		固定资产报废清理后保管 5 年
8	辅助账簿	15 年	

续上表

序　号	档案名称	保管期限	备　注
三	财务报告类		包括各级主管部门
9	月、季度财务报告	3年	包括文字分析
10	年度财务报告(决算)	永久	包括文字分析
四	其他类		
11	会计移交清册	15年	
12	会计档案保管清册	永久	
13	会计档案销毁清册	永久	
14	银行余额调节表	5年	
15	银行对账单	5年	

真题精析

【单选题】根据《会计档案管理办法》的规定，会计档案保管期限分为永久和定期两类。定期保管的会计档案，其最短期限是(　　)。

A. 1年　　B. 2年　　C. 3年　　D. 5年

【答案及解析】C　企业定期保管的会计档案其期限共有3年、5年、10年、15年和25年。故选C。

(七)会计档案的销毁

对于保管期满的会计档案，应当按照规定程序销毁。即由单位档案管理机构提出销毁意见，会同会计机构共同鉴定，报单位负责人批准后，由单位档案管理机构和会计机构共同派员监销；保管期满但未结清的债权债务原始凭证及其他未了事项的原始凭证。

不得销毁的会计档案，应当单独抽出立卷，保管到未了事项完结时为止；单独抽出立卷的会计档案，应当在会计档案销毁清册和会计档案保管清册中列明。正在项目建设期间的建设单位，其保管期满的会计档案不得销毁。

第四节 会计监督

我国已形成了三位一体的会计监督体系，包括单位内部监督、以政府财政部门为主体的政府监督和以注册会计师为主体的社会监督。

真题精析

【判断题】我国实行的是行业监督、单位内容监督和社会监督三位一体的会计监督体系。 ( )

【答案及解析】× 我国已形成了三位一体的监督体系，包括单位内部监督、以政府财政部门为主体的政府监督和以注册会计师为主体的社会监督。

一、单位内部会计监督

(一)单位内部会计监督的概念与要求

单位内部会计监督是指会计机构、会计人员依照法律的规定，通过会计手段对经济活动的合法性、合理性和有效性进行的一种监督。会计监督的主体是单位的会计机构和会计人员；对象是单位的经济活动。

真题精析

【多选题】单位内部会计监督制度的基本内容包括( )。

A. 进行财产清查

B. 重大经济业务事项的决策和执行程序应当明确

C. 对会计资料进行外部审计

D. 会计事项相关人员的职责权限应当明确

【答案及解析】ABD 单位内部会计监督制度的基本内容包括对会计资料定期进行内部审查，重大经济业务事项的决策和执行程序应当明确，会计事项相关人员的职责权限应当明确，并不含外部审查的规定。故选 ABD。

(二)内部控制

1. 内部控制的概念与目标

对企业而言，内部控制是指由企业董事会、监事会、经理层和全体员工实施的、旨在实现控制目标的过程。对行政事业单位而言，内部控制是指单位为实现控制目标，通过制定制度、实施措施和执行程序，对经济活动的风险进行防范和管控。

企业内部控制的目标主要包括：合理保证企业经营管理合法合规、资产安全、财务报告及相关信息真实完整，提高经营效率和效果，促进企业实现发展战略。行政事业单位内部控制的目标主要包括：合理保证单位经济活动合法合规、资产安全和使用有效、财务信息真实完整，有效防范舞弊和预防腐败，提高公共服务的效率和效果。

2. 内部控制的原则

企业、行政事业单位建立与实施内部控制，均应遵循全面性原则、重要性原则、制衡性原则和适应性原则。此外，企业还应遵循成本效益原则。

3. 内部控制的责任人

对企业而言，董事会负责内部控制的建立健全和有效实施。监事会对董事会建立与实施内部控制进行监督。经理层负责组织领导企业内部控制的日常运行。企业应当成立专门机构或者指定适当的机构具体负责组织协调内部控制的建立实施及日常工作。

对行政事业单位而言，单位负责人对本单位内部控制的建立健全和有效实施负责。单位应当建立适合本单位实际情况的内部控制体系，并组织实施。

4. 内部控制的内容

企业建立与实施有效的内部控制，应当包括下列要素：①内部环境；②风险评估；③控制活动；④信息与沟通；⑤内部监督。

行政事业单位建立与实施内部控制的具体工作包括：梳理单位各类经济活动的业务流程，明确业务环节，系统分析经济活动风险，确定风险点，选择风险应对策略，在此基础上根据国家有关规定建立健全单位各项内部管理制度并督促相关工作人员认真执行。

5. 内部控制的控制方法

对企业而言，控制措施一般包括：不相容职务分离控制、授权审批控制、会计系统控制、财产保护控制、预算控制、运营分析控制和绩效考评控制等。

行政事业单位内部控制的控制方法一般包括：不相容岗位相互分离、内部授权审批控制、归口管理、预算控制、财产保护控制、会计控制、单据控制、信息内部公开等。

(三)内部审计

1. 内部审计的概念与内容

内部审计是指单位内部的一种独立客观的监督和评价活动，它通过单位内部独立的审计机构和审计人员审查和评价本部门、本单位财务收支和其他经营活动及内部控制的适当性、合法性和有效性来促进单位目标的实现。

内部审计的内容是一个不断发展变化的范畴，主要包括财务审计、经营审计、经济责任审计、管理审计和风险管理等。

2. 内部审计的特点与作用

内部审计的审计机构和审计人员都设在本单位内部，审计的内容更侧重于经营过程是否有效、各项制度是否得到遵守与执行。审计结果的客观性和公正性较低，并且以建议性意见为主。

内部审计在单位内部会计监督制度中的重要作用有：①预防保护作用；②服务促进作用；③评价鉴证作用。

真题精析

【多选题】内部审计是指单位内部一种独立客观的监督和评价活动。其内容是一个不断发展变化的范畴，主要包括(　　)和风险管理等。

A. 财务审计　　B. 经营审计

C. 经济责任审计　　D. 管理审计

【答案及解析】ABCD　内部审计是通过单位内部独立的审计机构及审计人员审查和评价本部门、本单位财务收支和其他经营活动以及内部控制的适当性、合法性和有效性来促进单位目标的实现。内部审计的内容主要包括：财务审计、经营审计、经济责任审计、管理审计和风险管理等。故选ABCD。

二、会计工作的政府监督

（一）会计工作的政府监督概念

会计工作的政府监督主要是指财政部门代表国家对单位和单位中相关人员的会计行为实施的监督检查，以及对发现的违法会计行为实施的行政处罚。会计工作的政府监督是一种外部监督。

国务院财政部门是《会计法》的执法主体，是会计工作的政府监督实施主体。此外，审计、税务、人民银行、保险监管、证券监管等部门依照有关法律、行政法规规定的职责和权限，可以对有关单位的会计资料实施监督检查。

（二）财政部门会计监督的主要内容

（1）对单位依法设置会计账簿的检查。

（2）对单位会计资料真实性、完整性的检查。

（3）对单位会计核算情况的检查。

（4）对单位会计人员从业资格和任职资格的检查。

（5）对会计师事务所出具的审计报告的程序和内容的检查。

三、会计工作的社会监督

（一）会计工作社会监督的概念

会计工作的社会监督主要是指由注册会计师及其所在的会计师事务所依法对委托单位的经济活动进行审计、鉴证的一种外部监督制度。此外，单位和个人检举违反《会计法》和国家统一的会计制度规定的行为，也属于会计工作社会监督的范畴。

真题精析

【单选题】注册会计师接受委托对单位的经济活动进行依法审计，并据实作出客观评价，这属于（　　）。

A. 内部会计监督　　B. 政府监督

C. 行业监督　　D. 社会监督

【答案及解析】D　会计工作的社会监督包括两部分：一是注册会计师及其所在的会计师事务所依法对委托单位的经济活动进行审计、鉴证的监督制度。二是单位和个人检举违反《会计法》和国家统一的会计制度规定的行为。故选D。

（二）注册会计师审计与内部审计的关系

注册会计师审计和内部审计之间的联系主要在于：①注册会计师审计和内部审计都是现代审计体系的重要组成部分；②均关注内部控制的健全性和有效性；③注册会计师审计中可能会涉及内部审计成果的利用等。

注册会计师审计和内部审计之间的区别主要在于：①审计独立性不同；②审计方式不同；③审计的职责和作用不同；④接受审计的自愿程度不同。

（三）注册会计师的业务范围

注册会计师执行业务，应当加入会计师事务所。注册会计师可以承办审计业务和会计咨询、会计服务业务。

真题精析

【多选题】在下列各项中，属于注册会计师及其所在的会计师事务所可依法承办的审计业务有（　　）。

A. 审查企业财务报表，出具审计报告

B. 验证企业资本、出具验资报告

C. 办理企业合并、分立、清算事宜中的审计业务，出具有关报告

D. 法律、行政法规规定的其他审计业务

【答案及解析】ABCD　注册会计师及其所在的会计师事务所可依法承办的审计业务具体包括：审查企业财务报表，出具审计报告；验证企业资本、出具验资报告；办理企业合并、分立、清算事宜中的审计业务，出具有关报告；法律、行政法规规定的其他审计业务。故选ABCD。

注册会计师承办业务，由其所在的会计师事务所统一受理并与委托人签订委托合同。会计师事务所对本所注册会计师承办的业务，承担民事责任。

真题精析

【判断题】会计师事务所对本所注册会计师承办的业务不承担民事责任，而由承接该业务的该注册会计师自行承担。（　　）

【答案及解析】× 会计师事务所对本所注册会计师承办的业务，承担民事责任。

第五节　会计机构和会计人员

一、会计机构的设置

（一）办理会计事务的组织方式

各单位办理会计事务的组织方式有三种。

①各单位应依据会计业务的需要，单独设置会计机构；②或者在有关机构中设置专职会计人员并指定会计主管人员；③不具备设置条件的，应委托经批准设立从事会计代理记账业务的中介机构代理记账。

（二）会计机构负责人（会计主管人员）的任职资格

根据《会计法》规定，规模很小、经济业务简单、业务量相对较少的单位，可以不单独设置会计机构，将会计工作岗位纳入其他职能部门并设置会计人员，同时指定会计主管人员。

会计主管人员不同于人们通常所说的“会计主管”、“主管会计”、“主办会计”等，而是指负责组织管理会计事务，行使会计机构负责人职权的负责人。

担任单位会计机构负责人（会计主管人员）的，除取得会计从业资格证书外，还应当具备会计师以上专业技术职务资格或者从事会计工作3年以上经历。

二、会计工作岗位设置

(一)会计工作岗位的概念

会计工作岗位是指单位会计机构内部根据业务分工而设置的从事会计工作、办理会计事项的具体职位。

(二)会计工作岗位设置的要求

(1) 根据本单位会计业务的需要设置会计工作岗位，按需设岗。

(2) 符合内部牵制制度的要求。会计工作岗位可以一人一岗、一人多岗或者一岗多人；出纳人员不得兼任稽核、会计档案保管和收入、费用、债权债务账目的登记工作。

(3) 对会计人员的工作岗位要有计划地进行轮岗，以促进会计人员全面熟悉业务和不断提高业务素质。

(4) 要建立岗位责任制。

(三)主要会计工作岗位

根据《会计基础工作规范》和有关制度的规定，会计工作岗位一般分为：总会计师岗位；会计机构负责人(会计主管人员)岗位；出纳岗位；稽核岗位；资本、基金核算岗位；收入、支出、债权债务核算岗位；工资核算、成本核算、财务成果核算岗位；财产物资的收发、增减核算岗位；总账岗位；对外财务会计报告岗位；会计电算化岗位；会计档案管理岗位。

三、会计人员的工作交接

会计人员工作调动、离职或因病暂时不能工作，应与接管人员办理交接手续。

(一)交接范围

(1) 临时离职或因病不能工作、需要接替或代理的，会计机构负责人(会计主管人员)或单位负责人必须指定专人接替或者代理，并办理会计工作交接手续。

(2) 临时离职或因病不能工作的会计人员恢复工作时，应当与接替或代理人员办理交接手续。

(3) 移交人员因病或其他特殊原因不能亲自办理移交手续的，经单位负责人批准，可由移交人委托他人代办交接，但委托人应当对所移交的会计凭证、会计账簿、财务报表和其他有关资料的真实性、完整性承担法律责任。

(二)交接的程序

办理会计工作交接，应按以下程序进行：①提出交接申请；②办理移交手续前的准备工作；③移交点收；④专人负责监交；⑤交接后的有关事宜。

一般会计人员办理交接手续，由单位的会计机构负责人(会计主管人员)负责监交。

会计机构负责人(会计主管人员)办理交接手续，由单位负责人负责监交，必要时上级主管部门可以派人会同监交。

(三)交接人员的责任

移交人员对其所移交的会计资料的真实性、完整性承担法律责任。

移交人员所移交的会计凭证、会计账簿、财务报表和其他会计资料是在其经办会计工作期间内发生的，应当对这些会计资料的合法性、真实性承担法律责任；即使接替人员在交接时因疏忽没有发现所接会计资料在合法性、真实性方面的问题，如事后发现仍由原移交人员负责，原移交人员不能以会计资料已经移交为理由而推脱责任。

真题精析

【判断题】某企业会计科出纳员小张因工作调动需办理工作交接手续，后发现银行存款日记账有问题，小张说已经办理完交接工作，不再对以前的账簿负责 (　　)。

【答案及解析】× 移交人员所移交的会计凭证、会计账簿、财务报表和其他会计资料如事后发现问题仍由原移交人员负责，原移交人员不能以会计资料已经移交为理由而推脱责任。

四、会计从业资格

（一）会计从业资格的概念

会计从业资格是指进入会计职业、从事会计工作的一种法定资质。会计从业资格证书是具备会计从业资格的证明文件，在全国范围内有效。

（二）会计从业资格证书适用范围

持有会计从业资格证书后可从事的会计工作岗位包括：

①会计机构负责人（会计主管人员）；②出纳；③稽核；④资本、基金核算；⑤收入、支出、债权债务核算；⑥职工薪酬、成本费用、财务成果核算；⑦财产物资的收发、增减核算；⑧总账；⑨财务报表编制；⑩会计机构内会计档案管理和其他会计工作。

真题精析

【单选题】下列工作不属于会计岗位，不需要取得会计从业资格证的是（　　）。

A. 超市收银员　　B. 资本、基金核算

C. 会计机构负责人　　D. 会计机构内的会计档案管理

【答案及解析】A　超市收银员不属于会计工作岗位，因此不需要取得会计从业资格证。故选A。

（三）会计从业资格的取得

（1）国家实行会计从业资格考试制度，会计从业资格考试大纲由财政部统一制定并公布。会计从业资格考试实行无纸化考试，科目为：《财经法规与会计职业道德》《会计基础》《初级会计电算化》（或者珠算五级）。考试科目一次性通过，考试合格即可获得会计从业资格证书。会计从业资格不实行全国统一考试。

（2）申请参加会计从业资格考试的人员，应当符合的基本条件包括：遵守会计和其他财经法律、法规；具备良好的道德品质；具备会计

专业基础知识和技能。

（3）会计从业资格考试全科合格的申请人，可以向会计从业资格考试所在地的县级以上地方财政部门申请取得会计从业资格证书。会计从业资格证书在全国范围内有效，持有会计从业资格证书的人员不得涂改、转让会计从业资格证书。

真题精析

【多选题】下列各项中，必须取得会计从业资格、持有会计从业资格证书方能从事的工作岗位是（　　）。

A. 出纳　　B. 稽核

C. 单位内部审计　　D. 会计机构内部会计档案保管

【答案及解析】ABD　本题考核会计从业资格证书的适用范围。本题中选项A、B、D的表述属于会计岗位，从业人员应取得会计从业资格证书。单位内部审计岗位不属于会计工作岗位。故选ABD。

（四）会计从业资格管理

1. 会计从业资格的管理机构

县级以上地方人民政府财政部门负责本行政区域内的会计从业资格管理。中共中央直属机关事务管理局、国家机关事务管理局、中国人民解放军总后勤部、中国人民武装警察部队后勤部等中央主管单位和新疆生产建设兵团财务局等按各自权限负责本部门（本系统）的会计从业资格的管理。

2. 信息化管理制度

会计从业资格实行信息化管理。会计从业资格管理机构应当建立持证人员从业档案信息系统，及时记载、更新持证人员的有关信息。

3. 监督检查制度

会计从业资格管理机构应当对会计从业资格证书的持有、换发、调转、变更登记等情况及持证人员继续教育、遵守会计法律和职业道德等情况实施监督检查。

4. 持证人员继续教育制度

持证人员应当接受继续教育。持证人员参加继续教育采取学分制管理制度。

5. 变更登记制度

持证人员的基础信息及继续教育、表彰奖励等情况发生变化的，应到所属会计从业资格管理机构办理从业档案信息变更。

6. 调转登记制度

持证人员所属会计从业资格管理机构发生变化的，应当及时办理调转登记手续。

7. 定期换证制度

会计从业资格证书实行6年定期换证制度。持证人员应当在会计从业资格证书到期前6个月内，到所属会计从业资格管理机构办理换证手续。

8. 会计从业资格的撤销

有下列情形之一的，会计从业资格管理机构可以撤销持证人员的会计从业资格：

①会计从业资格管理机构工作人员滥用职权、玩忽职守，作出给予持证人员会计从业资格决定的；

②超越法定职权或者违反法定程序，作出给予持证人员会计从业资格决定的；

③对不具备会计从业资格的人员，作出给予会计从业资格决定的。持证人员以欺骗、贿赂、舞弊等不正当手段取得会计从业资格的，会计从业资格管理机构应当撤销其会计从业资格。

9. 会计从业资格的注销

持证人员死亡或者丧失行为能力及会计从业资格被依法吊销的，会计从业资格管理机构应当注销其会计从业资格。

会计人员继续教育是指取得会计从业资格的人员定期接受理论知识、专业技能和职业道德的教育和培训活动，从而保持和不断提高其专业能力和职业道德水平。

五、会计专业职务与会计专业技术资格

(一)会计专业技术资格

会计专业技术资格分为初级资格、中级资格和高级资格三个级别。

初级、中级会计资格的取得实行全国统一考试制度；高级会计师资格实行考试与评审相结合制度。

(二)会计专业职务

会计专业职务是区别会计人员业务技能的技术等级。会计专业职务分为高级会计师、会计师、助理会计师和会计员。高级会计师为高级职称，会计师为中级职称，助理会计师和会计员为初级职称。

第六节 法律责任

一、法律责任概述

法律责任是指违反法律规定的行为应当承担的法律后果，也就是对违法者的制裁。

《会计法》规定的法律责任有两种形式：一种是行政责任；另一种是刑事责任。

(一)行政责任

行政责任是指犯有一般违法行为的单位或个人，依照法律、法规应承担的法律责任。

行政责任主要有行政处罚和行政处分两种方式。

(1) 行政处罚。行政处罚是指特定的行政主体基于一般行政管理职权，对违反行政法上的强制性义务、违反行政管理程序的行政管理相对人所实施的一种行政制裁措施。

行政处罚主要分为六种：警告；罚款；没收违法所得；没收非法财物；责令停产停业；暂扣或吊销许可证；暂扣或吊销执照；行政拘留等。

(2) 行政处分。行政处分是指国家工作人员违反行政法律规范所应

承担的一种行政法律责任，是行政机关对国家工作人员故意或者过失侵犯行政相对人合法权益所实施的法律制裁。

行政处分的形式有：警告，记过，记大过，降级，撤职，开除等。

(二)刑事责任

刑事责任是指犯罪行为应当承担的法律责任。

《刑法》规定的刑罚主要包括主刑和附加刑。

(1) 主刑。主刑是对犯罪分子适用的主要刑罚方法，只能独立适用，不能附加适用，对犯罪分子只能判处一种主刑。主刑分为管制、拘役、有期徒刑、无期徒刑和死刑。

(2) 附加刑。附加刑是既可独立适用又可以附加适用的刑罚方法。也就是说，对同一犯罪既可以在主刑之后判处一个或两个以上的附加刑，也可以独立判处一个或两个以上的附加刑。

附加刑分为罚金、剥夺政治权利、没收财产。

对犯罪的外国人，也可以独立或附加适用驱逐出境。

真题精析

【多选题】违反《企业财务报表条例》的法律责任，既包括行政责任，也包括刑事责任。 ( )

【答案及解析】√ 会计法律制度由会计法律、会计行政法规、部门规章和地方性法规四部分构成。《企业财务报表条例》就属于会计行政法规。法律责任是指违反法律规定的行为应当承担的法律后果，也就是对违法者的法律制裁。法律责任有两种形式：一种是行政责任；一种是刑事责任。

二、不依法设置会计账簿等会计违法行为的法律责任

(一)违法行为

违法行为分为以下几种。

(1) 不依法设置会计账簿。

(2) 私设会计账簿。

（3）未按照规定填制、取得原始凭证或者填制、取得的原始凭证不符合规定。

（4）以未经审核的会计凭证为依据登记会计账簿或者登记会计账簿不符合规定。

（5）随意变更会计处理方法。

(6)向不同的会计资料使用者提供的财务报表编制依据不一致。

(7)未按照规定使用会计记录文字或者记账本位币。

(8)未按照规定保管会计资料，致使会计资料毁损、灭失。

(9)未按照规定建立并实施单位内部会计监督制度或者拒绝依法实施的监督或者不如实提供有关会计资料及有关情况。

(10)任用会计人员不符合《会计法》的规定。

(二)违反会计制度规定行为应承担的法律责任

承担的责任分为以下几种。

（1）责令限期改正。

（2）罚款。县级以上人民政府财政部门根据违法行为人的违法性质、情节危害程度，在责令限期改正的同时，有权对单位并处 3 000 元以上 5 万元以下的罚款，对其直接负责的主管人员和其他直接责任人员，处 2 000 元以上 2 万元以下的罚款。

（3）给予行政处分。

（4）吊销会计人员会计从业资格证书。

（5）构成犯罪的，依法追究刑事责任。

真题精析

【多选题】违反会计制度规定行为应承担的法律责任包括（　　）。

A. 给予行政处分

B. 吊销会计人员会计从业资格证书

C. 构成犯罪的，依法追究刑事责任

D. 责令限期改正

【答案及解析】ABCD　题中四个选项均为违反会计制度规定行为应承担的法律责任，故选 ABCD。

三、其他会计违法行为的法律责任

(一)伪造、变造会计凭证，会计账簿，编制虚假财务报表的法律责任

1. 行为特征

(1) 伪造会计凭证的行为，是指以虚假的经济业务或者资金往来为前提，编制虚假的会计凭证的行为。

(2) 变造会计凭证的行为，是指采取涂改、挖补以及其他方法改变会计凭证真实内容的行为。

(3) 伪造会计账簿的行为，是指违反《会计法》和国家统一的会计制度的规定，根据伪造或者变造的会计凭证填制会计账簿，或者不按要求登记账簿，或者对内对外采用不同的确认标准、计量方法等手段编造虚假的会计账簿的行为。

(4) 变造会计账簿的行为，是指采取涂改、挖补或者其他手段改变会计账簿的真实内容的行为。

(5) 编制虚假财务报表的行为，是指违反《会计法》和国家统一的会计制度的规定，根据虚假的会计账簿记录编制财务报表，或者凭空捏造虚假的财务报表及对财务报表擅自进行没有依据的修改的行为。

2. 构成犯罪的，依法追究刑事责任

偷税数额占应纳税额10%～30%，并且偷税数额在1万～10万元，或者二次偷税受到行政处罚又偷税的，处3年以下有期徒刑或拘役，并处偷税数额1～5倍罚金。

偷税数额占应纳税额30%以上，并且偷税数额在10万元以上，处3～7年有期徒刑，并处偷税数额1～5倍罚金。

3. 不构成犯罪的，承担行政责任

(1) 通报。由县级以上人民政府财政部门采取通报的方式对违法行为人予以批评、公告。

(2) 罚款。县级以上人民政府财政部门可以对单位并处5 000元以上10万元以下罚款，对其直接负责的主管人员和其他直接责任人员，可以处3 000元以上5万元以下的罚款。

(3) 国家工作人员，依法给予行政处分。

(4) 会计人员吊销会计从业资格证书。

(二)隐匿或者故意销毁依法应当保存的会计凭证、会计账簿、财务报表的法律责任

隐匿是指故意转移、隐藏依法应当保存的会计凭证、会计账簿、财务报表的行为。

故意销毁是指故意将依法应当保存的会计凭证、会计账簿、财务报表予以销毁的行为。

《会计法》第四十四条规定:“隐匿或者故意销毁依法应当保存的会计凭证、会计账簿、财务报表,构成犯罪的,依法追究刑事责任。有前款行为,尚不构成犯罪的,由县级以上人民政府财政部门予以通报,可以对单位并处5 000元以上10万元以下的罚款;对其直接负责的主管人员和其他直接责任人员,可以处3 000元以上5万元以下的罚款;属于国家工作人员的,还应当由其所在单位或者有关单位依法给予撤职直至开除的行政处分;对违法的会计人员,由县级以上人民政府财政部门吊销会计从业资格证书。”

(三)授意、指使、强令会计机构、会计人员及其他人员伪造、变造会计凭证、会计账簿、编制虚假财务报表或者隐匿、故意销毁依法应当保存的会计凭证、会计账簿、财务报表的法律责任

授意是指暗示他人按其意思行事;指使是指通过明示方式,指示他人按其意思行事;

强令是指明知其命令是违反法律的,而强迫他人执行命令的行为。

《会计法》第四十五条规定:“授意、指使、强令会计机构、会计人员及其他人员伪造、变造会计凭证、会计账簿,编制虚假财务报表或者隐匿、故意销毁依法应当保存的会计凭证、会计账簿、财务报表,构成犯罪的,依法追究刑事责任;尚不构成犯罪的,可以处5 000元以上5万元以下的罚款;属于国家工作人员的,还应当由其所在单位或者有关单位依法给予降级、撤职、开除的行政处分。”

(四)单位负责人对依法履行职责、抵制违反《会计法》规定行为的会计人员实行打击报复的法律责任以及对受打击报复的会计人员的补救措施

打击报复主要是指单位负责人对依法履行职责、抵制违反《会计法》

规定行为的会计人员，通过降级、撤职、调动工作岗位、解聘或者开除等方式进行打击报复的行为。

（1）构成犯罪，承担刑事责任。根据《刑法》规定，打击报复会计人员的，处3年以下有期徒刑或者拘役。

（2）尚不构成犯罪的，承担行政责任。由其所在单位或者有关单位依法给予行政处分。

（3）对受打击报复的会计人员的补救措施：①恢复其名誉。受打击报复的会计人员的名誉受到损害的，其所在单位或者其上级单位有关部门应当要求打击报复者向受打击报复的会计人员赔礼道歉，并澄清事实，消除影响，恢复名誉。②恢复原有职位、级别。会计人员受到打击报复，被调离工作岗位、解聘或者开除的，应当在征得会计人员同意的前提下，恢复其工作；被撤职的，应当恢复其原有职务；被降级的应当恢复其原有级别。

真题精析

【案例分析题】 2014年3月，公司董事长胡某主持召开董事会会议，研究进一步加强会计工作问题。根据公司经理的提名，会议决定增设1名副经理主管财会工作，现任总会计师配合其工作。5月，公司会计科负责收入、费用账目登记工作的会计张某提出休产假。因会计科科长出差在外，主管财会工作的副经理指定出纳员兼管张某的工作，并让出纳员与张某自行办理会计工作交接手续。

该公司董事长胡某指使会计科在会计报表上做一些"技术处理"，致使公司由亏损变为盈利。胡某需要承担的法律责任有哪些？对外报出的财务报表，公司董事长是否应该签字？

【答案及解析】（1）该公司增设主管财会工作的副经理的做法不符合法律规定。根据《总会计师条例》的规定，设置总会计师的单位，不应当再设置与总会计师职责重叠的行政副职。

（2）第一处错误为该公司指定出纳员与张某自行办理会计工作交接不符合法律规定。根据《会计基础工作规范》的规定，一般会计人员办理工作交接，应由单位会计机构负责人监交。第二处错误为会计不可以兼职出纳。

（3）根据《会计法》的规定，单位负责人对本单位的会计工作和会计资料的真实性、完整性负责；应当保证财务会计报告真实、完整；应当保证会计机构和会计人员依法履行职责，不得授意、指使、强令会计机构和会计人员违法办理会计事项。

（4）根据《会计法》的规定，授意、指使、强令会计机构、会计人员及其他人员伪造、变造会计凭证、会计账簿，编制虚假财务会计报告，构成犯罪的，依法追究刑事责任；尚不构成犯罪的，可以处5 000元以上5万元以下的罚款；属于国家工作人员的，还应当给予行政处分。

（5）该公司董事长胡某应当在对外报出的财务会计报告上签名并盖章。根据《会计法》的规定，单位负责人应当保证本单位财务会计报告真实、完整，单位负责人应当在财务会计报告上签名并盖章。

同步强化练习题库

一、单项选择题

1. 会计行政法规是由（　　）制定发布的规范性文件。

A. 国务院

B. 财政部门

C. 直辖市人民代表大会

D. 省人民代表大会或常务委员会

2. 下列不属于会计工作的行政管理内容的是（　　）。

A. 制定国家统一的会计准则制度　B. 会计市场管理

C. 会计专业人才评价　D. 制定会计法律

3. 关于会计凭证的说法错误的是（　　）。

A. 会计凭证是指记录经济业务发生或者完成情况的书面证明

B. 会计凭证是登记账簿的依据

C.《会计法》对会计凭证的种类、取得、审核、更正等内容进行了规定

D. 公司可以根据自己的意愿填制和编写会计凭证

4. 关于会计工作交接的有关说法错误的是（ ）。

A. 办理交接手续的第一步是提出交接申请

B. 交接人员对其移交的会计资料的真实性、完整性承担法律责任

C. 如果会计人员在本部门调动就不需要工作交接

D. 会计人员工作调动、离职或因病暂时不能工作，应办理交接手续

5. 下列不属于申请会计资格的考试条件的是（ ）。

A. 遵守会计和其他财经法律、法规

B. 具备良好的思想道德

C. 具备会计专业基本知识和技能

D. 具备会计工作两年实习经验

6. 财政部门对会计从业资格的取得进行的条件设定，称之为（ ）。

A. 会计培训市场的管理　　B. 会计市场准入管理

C. 会计市场运作管理　　D. 会计市场退出管理

7. 根据《会计法》的规定，行使会计工作管理职能的政府部门是（ ）。

A. 税务部门　　B. 财政部门

C. 审计部门　　D. 证券监管部门

8. 根据《会计法》的规定，主管全国会计工作的部门是（ ）。

A. 全国人大常务委员会　　B. 中国会计学会

C. 国务院财政部门　　D. 中国注册会计师协会

9.（ ）。应当对本单位的会计工作和会计资料的真实性、完整性负责。

A. 审计人员　　B. 会计机构负责人

C. 总会计师　　D. 单位负责人

10. 违反《中华人民共和国会计法》的要求私设会计账簿，县级以上人民政府财政部门可以对其直接负责的主管人员和其他直接责任人员处以的罚款金额是(　　)。

A. 1 000 元以上 2 万元以下

B. 2 000 元以上 2 万元以下

C. 2 000 元以上 5 万元以下

D. 5 000 元以上 5 万元以下

11. 根据《会计法》的规定，从事会计工作的人员必须取得(　　)。

A. 会计师资格证书　　B. 会计从业资格证书

C. 中专以上毕业证书　　D. 注册会计师资格证书

12. 单位会计机构负责人，除了取得会计从业资格证书外，还应当具备会计师以上专业技术职务资格或从事会计工作(　　)年以上经历。

A. 2　　B. 1　　C. 3　　D. 5

13. 根据《会计法》的规定，会计机构和会计人员应当按照国家统一的会计制度的规定对原始凭证进行认真审核，对不真实、不合法的原始凭证有权不予接受，并向(　　)报告。

A. 总会计师　　B. 会计机构负责人

C. 单位负责人　　D. 内部审计机构负责人

14. 以下(　　)不属于内部审计在单位内部会计监督制度中所发挥的重要作用。

A. 预防保护作用　　B. 服务促进作用

C. 监督检查作用　　D. 评价鉴证作用。

15. 内部会计监督的对象是(　　)。

A. 单位的经济活动　　B. 会计行为

C. 内部控制　　D. 会计机构和会计人员

16. 下列不属于不相容职务的有(　　)。

A. 出纳与记账　　B. 出纳与现金保管

C. 财物保管与记账　　D. 业务经办与财物保管

17. 现金和银行存款日记账的保管期限是(　　)年。

A. 3　　B. 5　　C. 15　　D. 25

18. 对于填制有误的原始凭证，（ ）负有更正和重新开具的法律义务。

A. 填写人　　B. 开具单位

C. 接受单位　　D. 开具单位或接受单位

19.《会计法》规定，会计账簿包括（ ）。

A. 总账、明细账、现金账、其他辅助账簿

B. 总账、明细账、日记账、现金账

C. 总账、明细账、日记账、其他辅助账簿

D. 总账、明细账、现金账、银行存款账

20. 下列各项中，不属于会计档案的是（ ）。

A. 会计移交清册　　B. 原始凭证

C. 月度财务计划　　D. 记账凭证

21. 根据《会计档案管理办法》的规定，会计档案保管期限分为永久和定期两类。定期保管的会计档案，其最短期限是（ ）。

A. 1 年　　B. 2 年　　C. 3 年　　D. 5 年

二、多项选择题

1. 注册会计师审计与内部审计的关系有（ ）。

A. 都是现代审计体系的重要组成部分

B. 都关注内部控制的健全性和有效性

C. 注册会计师审计可能涉及对内部审计成果的利用

D. 注册会计师审计和内部审计的责任和作用不同

2. 会计从业资格的管理制度有（ ）。

A. 信息化管理制度　　B. 转调登记制度

C. 变更登记制度　　D. 持证人员计息教育制度

3. 行政处罚的方式主要有（ ）。

A. 罚款　　B. 责令期限改正

C. 警告　　D. 撤职

4. 下列属于会计违反法律责任行为的是（ ）。

A. 授意会计人员伪造会计凭证

B. 不依法设置会计账簿

C. 隐匿或销毁应当保存的会计凭证

D. 编制虚假财务会计报告

5. 国务院财政部门和省、自治区、直辖市人民政府财政部门依法对(　　)进行监督指导。

A. 注册会计师协会

B. 会计师事务所

C. 注册会计师

D. 会计师事务所出具的审计报告的程序和内容

6. 会计工作管理体制包括(　　)。

A. 会计行政管理　　B. 会计行业的自律管理

C. 单位内部的会计工作管理　　D. 税务机关的管理

7. 国家统一的会计管理制度包括(　　)。

A. 会计核算制度　　B. 会计监督制度

C. 会计工作管理制度　　D. 会计机构、会计人员管理制度

8. 下列属于会计市场准入的事项有(　　)。

A. 会计从业资格　　B. 会计专业技术资格考试

C. 会计师事务所的设立　　D. 代理记账机构的设立

9. 下列有关记账凭证填制的说法中，错误的有(　　)。

A. 填制记账凭证时，应当对记账凭证连续编号

B. 除结账和更正错误的记账凭证可以不附原始凭证外，其他记账凭证必须附有原始凭证

C. 一张原始凭证所列支出需要几个单位共同负担的，应当将原件复印后交给对方单位

D. 登记入账前填制记账凭证时发生金额错误的，应当重新填制，发生金额以外其他错误的，可以直接更正并在更正处签名或盖章

10. 会计监督检查的作用包括(　　)。

A. 规范会计秩序，打击违法行为

B. 保证会计信息质量

C. 保护国家、投资者、债权人、社会公众利益

D. 维护社会主义市场经济秩序

11. 单位内部会计监督制度的基本内容包括(　　)。

A. 进行财产清查

B. 重大经济业务事项的决策和执行程序应当明确

C. 对会计资料进行外部审计

D. 会计事项相关人员的职责权限应当明确

12. 根据《会计法》的规定，财政部门对各单位实施会计监督检查的内容包括(　　)。

A. 是否依法设置会计账簿

B. 会计凭证、会计账簿、财务报表和其他会计资料是否真实、完整

C. 会计核算是否符合《会计法》和国家统一的会计制度的规定

D. 从事会计工作的人员是否具备会计从业资格

13. 根据《中华人民共和国注册会计师法》的规定，注册会计师及其会计师事务所依法承办的审计业务包括(　　)。

A. 审查企业财务报表，出具审计报告

B. 验证企业资本，出具验资报告

C. 办理企业合并、分立的审计业务

D. 办理企业清算的审计业务

14. 永久保管的会计档案包括(　　)。

A. 月、季度财务报告　　B. 年度财务报告

C. 会计档案保管清册　　D. 会计档案销毁清册

15. 根据我国《会计法》的规定，下列各项中，属于出纳人员不得兼任的工作有(　　)。

A. 稽核　　B. 会计档案保管

C. 登记固定资产卡片　　D. 办理纳税申报

16. 根据我国《会计法》的规定，对外报送的会计报表必须由单位有关负责人签名并盖章，以明确责任。下列各项中，属于应当在会计报表上签名并盖章的有关责任人有(　　)。

A. 单位领导人　　B. 单位内部审计负责人

C. 总会计师　　D. 会计主管人员

17. 下列(　　)属于变造会计凭证的行为。

A. 某业务员将购货发票上的金额50万元修改为80万元报账

B. 某企业为一客户虚开销货发票一张，并按票面金额的20%收取好处费

C. 某企业出纳将一张报销凭证上的金额6 000元涂改为8 000元

D. 购货部门转来一张购货发票，原金额计算有误，出票单位已作更正并加盖出票单位公章

18. 根据《会计法》的规定，账目核对要做到(　　)。

A. 账证相符　　B. 账实相符

C. 账账相符　　D. 账表相符

19. 按照《会计从业资格管理办法》的规定，下列说法正确的有(　　)。

A. 会计机构内会计档案管理人员不需要持有会计从业资格证书

B. 持证人员从事会计工作，应当自从事会计工作之日起90日内办理注册登记

C. 持证人员离开会计工作岗位超过5个月应当向原注册登记的会计从业资格管理机构备案

D. 持证人员的学历发生变更的，应向所属会计从业资格管理机构办理从业档案信息变更登记

20. 内部审计是指单位内部一种独立客观的监督和评价活动。其内容是一个不断发展变化的范畴，主要包括(　　)和风险管理等。

A. 财务审计　　B. 经营审计

C. 经济责任审计　　D. 管理审计

21. 根据我国《会计法》的规定，下列各项中，应当追究当事人法律责任的行为有(　　)。

A. 故意销毁依法应当保存的会计档案

B. 提供虚假财务报表

C. 隐匿依法应当保存的会计凭证

D. 在法定会计账簿之外私设会计账簿

22. 授意、指使、强令他人伪造、变造或者隐匿、故意销毁会计资料的国家工作人员，应当由其所在单位或者其上级单位或者行政监察部门给予(　　)。

A. 撤职　　B. 留用察看

C. 开除　　D. 降级

23. 根据《行政处罚法》的规定，行政处罚主要包括(　　)。

A. 警告　　B. 罚款

C. 没收非法财物　　D. 没收违法所得

三、判断题

1.《会计法》规定，国有的和国有资产占控股地位或者主导地位的大、中型企业可以设置总会计师。(　　)

2. 根据《会计法》规定，不具备设置会计机构和会计人员条件的，应当委托从事会计代理记账业务的中介机构代理记账。(　　)

3. 如实向委托的会计事务所提供会计资料和有关情况，是委托人的责任和义务。(　　)

4.《会计法》要求建立的三位一体的会计监督体系是财政监督、审计监督和税务监督。(　　)

5. 从《会计法》规定的单位内部会计监督制度的内容来看，其本质是一种内部控制制度。(　　)

6. 各级财政部门销毁会计档案时，可以不由审计部门派人监销。(　　)

7.《企业财务会计报告条例》规定，会计期间分为年度、半年度、季度和月度，以满足单位经营管理和投资者对会计资料的需要。(　　)

8. 会计人员如果在填制记账凭证时发生错误，应当重新填制。(　　)

9. 用计算机进行会计核算与手工会计核算，在会计法律上的规定是不同的。(　　)

10. 会计法律是由全国各地人民代表大会或其常务委员会制定的。(　　)

11. “小金库”属于私设会计账簿的行为。（ ）

12.《中华人民共和国会计法》规定各单位应当根据会计业务的需要，设置会计机构，或者在有关机构中设置会计人员并指定会计主管人员，但不具备设置会计机构或会计人员条件的单位应当委托经批准设立从事代理记账业务的中介机构代理记账。（ ）

13. 单位负责人必须保证对外提供的财务会计报告的真实、完整。（ ）

14. 我国目前有两部会计法律，分别是《中华人民共和国会计法》和《中华人民共和国注册会计师法》。（ ）

15. 原始凭证是登记会计账簿的直接依据。（ ）

16. 记账凭证基本要素包括：填制日期、所附原始凭证的张数、记账人员和会计主管人员的签名或盖章等。（ ）

17. 各单位是否单独设置会计机构，由各单位根据会计业务需要自主决定。（ ）

18. 保管期满但未结清的债权债务原始凭证，经单位负责人批准后可以销毁。（ ）

19. 内部会计监督的对象是各单位会计机构和会计人员的违法行为。（ ）

20. 会计人员对违反国家统一会计制度的会计事项，有权拒绝办理或按照职权予以纠正。（ ）

21. 采用电子计算机进行会计核算的单位，只需保存电子数据和会计软件资料。（ ）

22. 各级人民政府财政部门和档案行政管理部门共同负责会计档案工作的指导和检查。（ ）

23. 在会计工作交接中，接替会计人员在交接时因疏忽没有发现所接受的会计资料在真实性、完整性方面存在问题，如果事后在这方面发现了问题，则应由接替会计人员承担相应的责任。（ ）

24. 伪造会计凭证，是指用涂改、挖补等手段来改变会计凭证的真实内容，歪曲事实真相的行为。（ ）

25. 持证人员离开会计工作岗位超过 3 个月应当向原注册登记的会

计从业资格管理机构备案。（　）

26. 财政部门有权对会计师事务所出具的审计报告的程序和内容进行监督。（　）

27. 甲公司因特殊情况需要借用乙公司原始凭证，经乙公司会计机构负责人批准，可以将原始凭证借给甲公司。（　）

28. 行政责任是指犯有一般违法行为的单位或个人，依照法律、法规的规定应承担的法律责任。（　）

29. 年度财务报告(决算)要保留 15 年。（　）

四、案例分析题

1. 天泽公司是一家新成立的会计师事务所，4 月 23 日，经过严格考核，公司招聘了一名会计实习生王丽。王丽刚毕业于某财经学院会计系，但是王丽尚未取得会计从业资格证书，故领导要求王丽在今年内必须取得从业资格证书，否则将予以辞退。

6 月，事务所一名工作两年的会计小张因意外事故受伤，无法正常工作，因此事务所人员进行了变动：让刚来公司不久的王丽接手原来小张的工作；原做出纳的小刘，接管稽核工作，由稽核员老袁负责监交。

要求：根据上述资料，回答下列问题。

(1) 从事会计工作的人员，必须取得(　　)。

A. 专科毕业证书　　B. 会计专业毕业证(中专毕业)

C. 会计从业资格证书　　D. 会计专业资格证书

(2) 会计工作岗位，可以(　　)。

A. 一人一岗　　B. 一人多岗

C. 一岗多人　　D. 多岗多人

(3) 关于会计小张的突然无法正常工作，下列表述不正确的是(　　)。

A. 会计人员交接只要将工作交代清楚就可以了，但是接替人必须有会计从业资格证书

B. 会计小张突然无法正常工作，应该找个专业人士，只要工作不出错就可以了

C. 移交人员必须将本人经管的会计工作，在规定的期限内，全部向接管人员移交清楚。接管人员应认真按照移交清册逐项点收

D. 实行会计电算化的单位，交接双方应在计算机上对有关数据进行实际操作，确认有关数字正确无误后，方可交接

(4) 出纳人员不得兼管(　　)。

A. 稽核　　B. 会计档案保管

C. 债权债务账目的登记　　D. 收入、费用的登记

(5) 关于题目中的“岗位变动”，下列表述正确的有(　　)。

A. 会计人员的工作岗位应当有计划地进行轮换

B. 会计人员的工作岗位不应当进行轮换

C. 一般会计人员交换，由单位会计机构负责人、会计主管人员负责监交

D. 单位岗位变动，派稽核员负责监交，是符合会计法律制度规定的

2. 第一化工有限公司是国有大型企业。2013 年 12 月 31 日完成了全年的业务，在对账、结账后编制了年度财务会计报告；该公司委托符合资质要求的金星会计师事务所进行年度审计，并出具了无保留意见审计报告；次年 3 月 31 日同级财政部门完成了对该企业会计工作的检查。

要求：根据上述资料，回答下列问题。

(1) 关于企业编制年度财务会计报告，下列表述中正确的是(　　)。

A. 年度财务会计报告的会计期间是 1 月 1 日起至 12 月 31 日止

B.《会计法》关于会计年度的规定，仅适用于内资企业

C. 年度结账日为公历 12 月 31 日

D. 年度结账日为公历次年 3 月 31 日

(2) 该企业委托金星会计师事务所进行年度审计，属于会计工作的(　　)。

A. 政府监督　　B. 社会监督

C. 单位内部会计监督　　D. 行业监督

(3) 注册会计师及其所在的会计师事务所的业务范围主要包括(　　)。

A. 依法承办审计业务

B. 承办会计咨询、服务业务

C. 检查企业会计工作情况

D. 检查企业执行会计法规情况

(4) 同级财政部门对该企业进行会计人员的检查内容包括(　　)。

A. 是否依法设置会计账簿

B. 会计凭证、会计账簿、财务会计报告和其他会计资料是否真实、完整

C. 会计核算是否符合《会计法》和国家统一的会计制度的规定

D. 从事会计工作的人员是否具备从业资格

(5) 根据《会计专业职务试行条例》的规定，下列各项中不属于会计专业职务的是(　　)。

A. 总会计师　　B. 注册会计师

C. 会计师　　D. 助理会计师

同步强化练习题库答案解析

一、单项选择题

1. 【答案及解析】　A　本题考核会计行政法规。会计行政法规是指由国家最高行政管理机关——国务院制定并发布，或者国务院有关部门拟订并经国务院批准发布，调整经济生活中某些方面会计关系的法律规范。故选A。

2. 【答案及解析】　D　会计法律是由全国人民代表大会及其常务委员会制定的。会计工作的行政管理包括四个方面的内容：制定国家统一的会计准则制度；会计市场管理；会计专业人才评价；会计监督检查。故选D。

3.【答案及解析】 D 每个企业都必须按一定的程序填制和审核会计凭证，根据审核无误的会计凭证进行账簿登记，如实反映的经济业务。故选D。

4.【答案及解析】 C 无论在不在本部门，会计工作变动都需要工作交接。故选C。

5.【答案及解析】 D 申请会计资格考试的人员应当符合三个条件：遵守会计和其他财经法律、法规；具备良好的道德品质；具备会计专业基本知识和技能。故选D。

6.【答案及解析】 B 本题考核会计市场准入管理。会计市场准入管理，是指财政部门对会计从业资格的取得、代理记账机构的设立、注册会计师资格的取得及注册会计师事务所的设立等所进行的条件设定。故选B。

7.【答案及解析】 B 本题考核会计工作的主管部门。财政部门是会计工作的主管部门。国务院财政部门主管全国的会计工作，县级以上地方各级人民政府财政部门管理本行政区域内的会计工作。故选B。

8.【答案及解析】 C 本题考核会计工作管理体制。我国会计工作管理体制遵循的是"统一领导，分级管理"的原则，由国务院财政部门主管全国的会计工作，县级以上地方各级人民政府财政部门管理本行政区域内的会计工作。故选C。

9.【答案及解析】 D 本题考核单位内部的会计工作管理。根据规定，单位负责人对本单位的会计工作和会计资料的真实性、完整性负责。故选D。

10.【答案及解析】 B 对于私设会计账簿的行为，对其直接负责的主管人员和其他直接责任人员，可以处2 000元以上2万元以下的罚款。故选B。

11.【答案及解析】 B 从事会计工作的人员，必须取得会计从业资格证书。故选B。

12.【答案及解析】 C 根据规定，单位会计机构负责人，除了取得会计从业资格证书外，还应当具备会计师以上专业技术职务资格或从事会计工作 3 年以上经历。故选 C。

13.【答案及解析】　C　会计机构和会计人员应当按照国家统一的会计制度的规定对原始凭证进行认真审核，对不真实、不合法的原始凭证有权不予接受，并向单位负责人报告。故选 C。

14.【答案及解析】　C　内部审计在单位内部会计监督制度中的重要作用体现在三个方面：①预防保护作用；②服务促进作用；③评价鉴证作用。不包括监督检查作用，故选 C。

15.【答案及解析】　A　内部会计监督的对象是单位的经济活动；政府监督的对象是会计行为。故选 A。

16.【答案及解析】　B　记账人员、经济业务或会计事项的审批人员、经办人员、财物保管人员属于不相容的职责。出纳人员的职责之一就是保管现金。故选 B。

17.【答案及解析】　D　现金和银行存款日记账的保管期限是 25 年。故选 D。

18.【答案及解析】　B　原始凭证开具单位应当依法开具准确无误的原始凭证，对于填制有误的原始凭证，负有更正和重新开具的法律义务，不得拒绝。故选 B。

19.【答案及解析】　C　会计账簿包括总账(根据总账科目开设)、明细账(根据明细科目设置)、日记账(包括现金和银行存款日记账)、备查账。故选 C。

20.【答案及解析】　C　会计档案是指会计凭证、会计账簿、财务报告等会计核算专业资料。故选 C。

21.【答案及解析】　C　企业定期保管的会计档案其期限共有 3 年、5 年、10 年、15 年和 25 年。故选 C。

二、多项选择题

1.【答案及解析】　ABCD　注册会计师审计和内部审计的联系是：都是现代审计体系重的要组成部分；都关注内部控制的健全性和有效性；注册会计师审计可能涉及对内部审计成果的利用等。二者的区别有：审计独立性不同；审计方式不同；审计的职责和作用不同；接受审计的自愿程度不同。故选ABCD。

2.【答案及解析】 ABCD 会计从业资格的管理制度有六个方面：信息化管理制度、监督检查制度、持证人员继续教育制度、变更登记制度、转调登记制度、定期换证制度。故选ABCD。

3.【答案及解析】 AB 行政处罚的方式有罚款、责令期限改正、吊销会计从业资格证书。CD属于行政处罚的方式。故选AB。

4.【答案及解析】 ABCD 以上都属于会计违反法律责任的行为。会计的违法行为有不依法设置会计账簿；伪造、变造会计凭证、会计账簿，编制虚假财务会计报告；隐匿或者故意销毁依法应当保存的会计凭证、会计账簿、财务会计报告；授意、指使、强令会计机构、会计人员及其他人员伪造、变造会计凭证、会计账簿，编制虚假财务会计报告或者隐匿、故意销毁依法应当保存的会计凭证、会计账簿、财务会计报告；单位负责人对会计人员实行打击报复。故选ABCD。

5.【答案及解析】 ABCD 本题考核政府监督。政府监督可以对社会监督进行监督。财政部可以依法对注册会计师、会计师事务所和注册会计师协会进行监督指导。财政部门可以对会计师事务所出具审计报告的程序和内容进行监督。故选ABCD。

6.【答案及解析】 ABC 会计工作管理体制包括会计行政管理、会计行业的自律管理、单位内部的会计工作管理三个方面。故选ABC。

7.【答案及解析】 ABCD 本题考核国家统一的会计管理制度的定义。故选ABCD。

8.【答案及解析】 ACD 本题考核会计市场管理准入制度。故选ACD。

9.【答案及解析】 CD 本题考核记账凭证的填制。根据规定，一张原始凭证所列支出需要几个单位共同负担的，应当将其他单位负担的部分，开给对方原始凭证分割单进行结算，选项C错误；如果在填制记账凭证时发生错误，应当重新填制。如果是已经登记入账的记账凭证，则按照规定的更正方法进行更正，选项D错误。故选CD。

10.【答案及解析】 ABCD 会计监督检查的作用包括：保护国家、投资者、债权人、社会公众利益；保证会计信息质量；维护社会主义市场经济秩序；规范会计秩序，打击违法行为。故选 ABCD。

11.【答案及解析】 ABD 单位内部会计监督制度的基本内容包括对会计资料定期进行内部审查，重大经济业务事项的决策和执行程序应当明确，会计事项相关人员的职责权限应当明确，并不含外部审查的规定。故选 ABD。

12.【答案及解析】 ABCD 政府部门实施会计监督的内容：①是否依法设置会计账簿；②会计凭证、会计账簿、财务报表和其他会计资料是否真实、完整；③会计核算是否符合《会计法》和国家统一的会计制度的规定；④从事会计工作的人员是否具备会计从业资格。故选 ABCD。

13.【答案及解析】 ABCD 注册会计师依法承办的审计业务包括审查企业财务报表，出具审计报告；验证企业资本，出具验资报告；办理企业合并、分立、清算事宜中的审计业务并出具有关的报告；法律、行政法规规定的其他审计业务。故选 ABCD。

14.【答案及解析】 BCD 月、季度财务报告的保管期限是 3 年。故选 BCD。

15.【答案及解析】 AB 《会计法》第三十七条规定，出纳人员不得兼稽核、会计档案保管和收入、费用、债权债务账目的登记工作。故选 AB。

16.【答案及解析】 ACD 对外报送的财务报告，应当依次编定页码，加具封面，装订成册，加盖公章，并由单位领导人、总会计师、会计机构负责人或会计主管人员签名并盖章。故选 ACD。

17.【答案及解析】 AC 变造会计凭证是指用涂改、挖补等手段来改变会计凭证的真实内容、歪曲事实真相的行为。AC 选项行为属于变造会计凭证行为。故选 AC。

18.【答案及解析】 ABCD 账目核对(对账)包括账实相符、账证相符、账账相符和账表相符。故选 ABCD。

19.【答案及解析】 BD 会计机构内会计档案管理属于会计岗位，

必须持有会计从业资格证书；持证人员离开会计工作岗位超过6个月应当向原注册登记的会计从业资格管理机构备案。故选BD。

20.【答案及解析】 ABCD 内部审计是通过单位内部独立的审计机构及审计人员审查和评价本部门、本单位财务收支和其他经营活动以及内部控制的适当性、合法性和有效性来促进单位目标的实现。内部审计的内容主要包括：财务审计、经营审计、经济责任审计、管理审计和风险管理等。故选ABCD。

21.【答案及解析】 ABCD 根据《会计法》的规定，A、B、C、D项行为都是违法行为。故选ABCD。

22.【答案及解析】 ACD 授意、指使、强令他人伪造、变造或者隐匿、故意销毁会计资料的国家工作人员，应当由其所在单位或者其上级单位或者行政监察部门给予降级、撤职或者开除的行政处分。故选ACD。

23.【答案及解析】 ABCD 行政处罚主要分为：警告、罚款、没收违法所得、没收非法财物、责令停产停业、暂扣或者吊销许可证、暂扣或者吊销营业执照、行政拘留。此外，还有法律、行政法规规定的其他行政处罚。故选ABCD。

三、判 断 题

1.【答案及解析】 × 《会计法》第三十六条第二款规定：“国有的和国有资产占控股地位或者主导地位的大、中型企业必须设置总会计师。”

2.【答案及解析】 × 各单位应当根据会计业务的需要，设置会计机构，或者在有关机构中设置会计人员并指定会计主管人员；不具备设置条件的，应当委托经批准设立从事会计代理记账业务的中介机构代理记账。

3.【答案及解析】 √ 如实向委托的会计事务所提供会计资料和有关情况，是委托人的责任和义务。

4.【答案及解析】 × 我国实行的是单位内部监督、政府监督和社会监督“三位一体”的会计监督体系。

5.【答案及解析】 √ 从《会计法》规定的单位内部会计监督制度

的内容来看，其本质是一种内部控制制度。

6.【答案及解析】　×　各级财政部门销毁会计档案时，应当由同级审计部门共同监销。

7.【答案及解析】　√　《企业财务会计报告条例》规定，会计期间分为年度、半年度、季度和月度，以满足单位经营管理和投资者对会计资料的需要。

8.【答案及解析】　√　会计人员如果在填制记账凭证时发生错误，应当重新填制。

9.【答案及解析】　×　用计算机进行会计核算与手工会计核算，在会计法律上的规定是相同的。

10.【答案及解析】　×　会计法律是由全国人民代表大会及其常务委员会经过一定立法程序制定的有关会计工作的法律。

11.【答案及解析】　√　“小金库”属于私设会计账簿的行为。

12.【答案及解析】　√　《中华人民共和国会计法》规定各单位应当根据会计业务的需要，设置会计机构，或者在有关机构中设置会计人员并指定会计主管人员，但不具备设置会计机构或会计人员条件的单位应当委托经批准设立从事代理记账业务的中介机构代理记账。

13.【答案及解析】　√　单位负责人必须保证对外提供的财务会计报告的真实、完整。

14.【答案及解析】　√　我国目前有两部会计法律，分别是《中华人民共和国会计法》和《中华人民共和国注册会计师法》。

15.【答案及解析】　×　本题考核记账凭证。记账凭证是登记会计账簿的直接依据。

16.【答案及解析】　√　记账凭证基本要素包括：填制日期、所附原始凭证的张数、记账人员和会计主管人员的签名或盖章等。

17.【答案及解析】　√　会计工作岗位，是指一个单位会计机构内部根据业务分工而设置的职能岗位。对于会计工作岗位的设置，《会计基础工作规范》提出了 4 条示范性要求，包括根据本单位会计业务的需要设置会计工作岗位；符合内部牵制制度的要求；对会计人员的工作岗位要有计划地进行轮岗；要建立岗位责任制。

18.【答案及解析】 × 根据会计档案保管的规定，保管期满但尚未结清的债权债务原始凭证不得销毁；正在项目建设期间的建设单位，其保管期满的会计档案也不得销毁。

19.【答案及解析】 × 内部会计监督的对象是单位的经济活动。

20.【答案及解析】 √ 我国《会计法》规定：会计机构、会计人员对违反本法和国家统一的会计制度规定的会计事项，有权拒绝办理或者按照职权予以纠正。

21.【答案及解析】 × 实行会计电算化的单位，有关电子数据、会计软件资料应当作为会计档案进行保管，同时应保存打印出的纸质会计档案。

22.【答案及解析】 × 各级人民政府财政部门和档案行政管理部门共同负责会计档案工作的指导、监督和检查。其责任不仅是指导和检查，还具有监督的责任。

23.【答案及解析】 × 在会计工作交接中，接替会计人员在交接时因疏忽没有发现所接受的会计资料在真实性、完整性方面存在问题，如果事后在这方面发现了问题，仍然由原移交人员负责。

24.【答案及解析】 × 变造会计凭证是指用涂改、挖补等手段来改变会计凭证的真实内容、歪曲事实真相的行为。

25.【答案及解析】 × 持证人员离开会计工作岗位超过 6 个月应当向原注册登记的会计从业资格管理机构备案。

26.【答案及解析】 √ 财政部门对会计师事务所出具的审计报告有监督的责任。

27.【答案及解析】 × 《会计档案管理办法》规定，各单位保存的会计档案不得借出。如有特殊需要，经本单位负责人批准，可以提供查阅或者复制，并办理登记手续。

28.【答案及解析】 √ 行政责任是指犯有一般违法行为的单位或个人，依照法律、法规的规定应承担的法律责任。行政责任主要有行政处罚和行政处分两种方式。

29.【答案及解析】　×　年度财务报告、会计档案保管清册、会计档案销毁清册都要永久保存。

四、综 合 题

1.(1)【答案及解析】　C　从事会计工作的人员，必须取得会计从业资格证书。王丽尚未取得该证书，故不能从事该公司的会计工作。故选C。

(2)【答案及解析】　ABC　会计工作岗位，可以一人一岗、一人多岗或者一岗多人。故选ABC。

(3)【答案及解析】　CD　第一，交接表要写清楚。看交接表上的内容与事实是否相符。第二，发票要看仔细。发票本数与事实相符。企业账要与银行账相符。现实和实务往来是否相符。保管账与实务是否相符。要清点仓库。固定资产也要盘点。第三，有时间的话，单位往来账要相核对。个人账要核对。会计工作交接完毕后，必须在移交清单上签名或盖章的人有监交人、移交人、接交人。故选CD。

(4)【答案及解析】　ABCD　出纳人员不得兼管稽核、会计档案保管和收入、费用、债权债务账目的登记工作。故选ABCD。

(5)【答案及解析】　AC　会计人员的工作岗位应当有计划地进行轮换。一般会计人员交接，由单位会计机构负责人、会计主管人员负责监交。而该单位派稽核员老袁负责监交，不符合规定。故选AC。

2.(1)【答案及解析】　AC　根据《会计法》规定，我国年度财务会计报告的会计期间是1月1日起至12月31日止，年度结账日为公历每年12月31日。故选AC。

(2)【答案及解析】　B　会计工作的社会监督主要是指由注册会计师及其所在的会计师事务所依法对委托单位的经济活动进行的审计、鉴证的一种监督制度。该企业委托金星会计师事务所进行年度审计，属于会计工作的社会监督。故选B。

(3)【答案及解析】　AB　注册会计师及其所在的会计师事务所的

业务范围主要包括依法承办审计业务和承办会计咨询、服务业务。故选 AB。

（4）【答案及解析】 ABCD 根据《会计法》第三十二条的规定，财政部门实施会计监督的内容包括以下四项：①监督各单位是否依法设置会计账簿；②监督各单位的会计资料是否真实、完整；③监督各单位的会计核算是否符合法定要求；④监督各单位从事会计工作的人员是否具备从业资格。故选 ABCD。

（5）【答案及解析】 AB 根据《会计专业职务试行条例》的规定，会计专业职务分为高级会计师、会计师、助理会计师和会计员。故选 AB。

第二章
结算法律制度

本章复习提纲

1. 了解支付结算的相关概念及其法律构成
2. 了解银行结算账户的开立、变更和撤销
3. 熟悉票据的相关概念
4. 熟悉各银行结算账户的概念、使用范围和开户要求
5. 掌握现金管理的基本要求和现金的内部控制
6. 掌握票据和结算凭证填写的基本要求
7. 掌握支票、商业汇票、银行卡、汇兑结算方式的规定，并能综合分析具体案例

本章知识结构

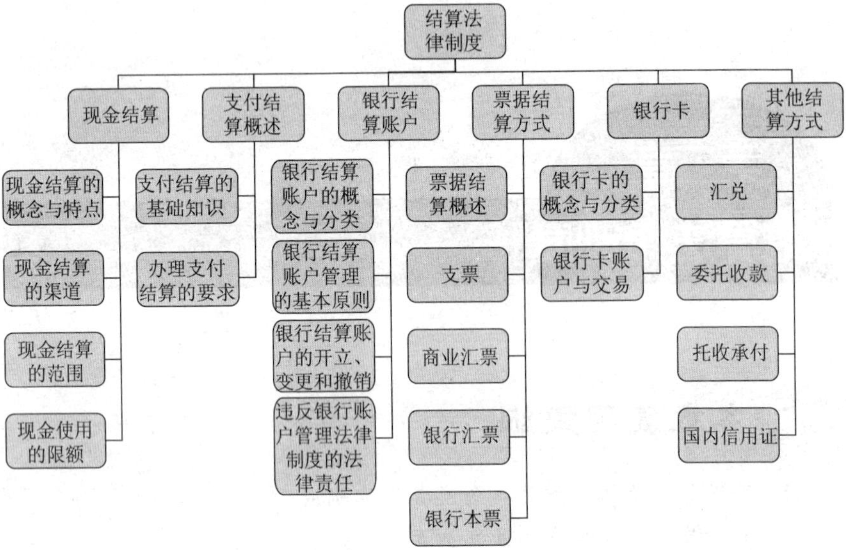

本章考点提炼

第一节 现金结算

在企业的所有各项资产中，现金的流动性最强，现金的管理在企业日常会计工作乃至经营管理活动中至关重要。现金包括铸币、纸币和信用货币。我国的现金是指人民币(包括纸币和金属铸币)。

一、现金结算的概念与特点

（一）现金结算的概念

现金结算是指在商品交易、劳务供应等经济往来中，直接使用现金进行应收应付款结算的一种行为。在我国主要适用于单位与个人之间的款项收付，以及单位之间的转账结算起点金额以下的零星小额收付。

（二）现金结算的特点

现金结算具有直接便利、不安全性、不易宏观控制和管理、费用较高等特点。

真题精析

【判断题】现金结算具有直接便利、安全性高等特点。（　）

【答案及解析】×　现金结算具有直接便利、不安全性、不易宏观控制和管理、费用较高等特点。

二、现金结算的渠道

现金结算的渠道有：①付款人直接将现金支付给收款人；②付款人委托银行、非银行金融机构或者非金融机构将现金支付给收款人。

三、现金结算的范围

单位可用现金支付的款项如下。

（1）支付职工工资、津贴。

（2）支付个人劳务报酬。

（3）根据国家规定颁发给个人的科学技术、文化艺术、体育等各种奖金。

（4）支付劳保、福利费用以及国家规定的对个人的其他支出。

（5）向个人收购农副产品和其他物资支付的价款。

（6）出差人员必须随身携带的差旅费。

（7）结算起点以下的零星支出。

(8) 中国人民银行确定需要支付现金的其他支出。

上述款项结算起点为1 000元。结算起点的调整，由中国人民银行确定，报国务院备案。除上述第(5)、(6)项外，开户单位支付给个人的款项，超过使用现金限额的部分，应当以支票或者银行本票支付；确定需全额支付现金的，经开户银行审核后，予以支付现金。

真题精析

【多选题】公司可以在如下范围使用现金(　　)。

A. 支付职工工资、津贴

B. 支付个人劳务报酬

C. 向个人收购农副产品和其他物资支付的价款

D. 出差人员需要携带的货款

【答案及解析】ABCD　单位可以使用现金的范围是：①支付职工工资和津贴；②支付个人劳务报酬；③根据国家规定办法给个人的科学技术、文化艺术、体育等各种奖金；④支付各种劳保、福利费用及国家规定的对个人的其他支出；⑤向个人收购农副产品和其他物资支付的价款；⑥出差人员必须随身携带的差旅费；⑦结算起点以下的零星支出；⑧中国人民银行确定需要支付现金的其他支出。故选ABCD。

四、现金使用的限额

现金使用的限额是指为了保证开户单位日常零星开支的需要，允许单位留存现金的最高数额。这一限额由开户行根据单位的实际需要核定，一般按照单位3～5天日常零星开支所需确定。边远地区和交通不便地区的开户单位，其库存现金限额可多于5天，但不得超过15天的日常零星开支。

经核定的库存现金限额，开户单位必须严格遵守。

对没有在银行单独开立账户的附属单位也要实行现金管理，必须保留的现金，也要核定限额，其限额包括在开户单位的库存限额之内。商业和服务行业的找零备用现金也要根据营业额核定定额，但不包括在开户单位的库存现金限额之内。

现金管理的相关规定如下。

（1）开户单位现金收入应当于当日送存开户银行，当日送存确有困难的，由开户银行确定送存时间。

（2）开户单位支付现金，可以从本单位库存现金限额中支付或从开户银行提取，不得从本单位的现金收入中直接支付，即不得“坐支”现金，因特殊情况需要坐支现金的，应当事先报经开户银行审查批准，由开户银行核定坐支范围和限额。

真题精析

【判断题】企业支付超过现金限额以外的款项时，可以从收取的现金中支付。（ ）

【答案及解析】× 从现金收入中直接支付叫做“坐支”，属于违法行为。

（3）开户单位根据规定从开户银行提取现金时，应如实写明提取现金的用途，由本单位财会部门负责人签名、盖章，并经开户银行审核后予以支付现金。

（4）因采购地点不确定、交通不便、生产或者市场急需，抢险救灾以及其他特殊情况必须使用现金的，应当向开户银行提出申请，由本单位财会部门负责人签名、盖章，并经开户银行审核后，予以支付现金。

（5）各单位在购买国家规定的专控商品时，一律采用转账方式支付，不得以现金支付。国家专控商品销售单位不得收取现金。

（6）开户单位应当建立健全现金账目，逐笔记载现金支付；账目应当日清月结，账款相符。

（7）开户单位在销售活动中，不得对现金结算予以比转账结算优惠的待遇；不得拒收支票、银行汇票和银行本票。转账凭证在经济往来中具有同现金相同的支付能力。

（8）一个单位在几家银行开户的，由一家开户银行负责现金管理工作。

(9) 开户单位不得用不符合会计制度规定的凭证顶替库存现金；不得相互借用现金；不得利用账户代其他单位和个人套取现金；不得将单位的现金收入以个人名义存蓄；不得保留账外小金库；未经批准，不得随意坐支或者超范围、超限额坐支现金。

(10) 实行大额现金支付登记备案制度。

第二节 支付结算概述

一、支付结算的概念和特征

(一) 支付结算的概念

支付结算是指单位、个人在社会经济活动中使用票据、信用卡和汇兑、托收承付、委托收款等结算方式进行货币给付及其资金清算的行为。

银行、城市信用合作社、农村信用合作社(以下简称银行)以及单位(含个体工商户)和个人是办理支付结算的主体。其中，银行是支付结算和资金清算的中介机构。

支付结算的方式：支票、银行本票、银行汇票、商业汇票、汇兑、委托收款、托收承付、信用卡、信用证。

真题精析

【多选题】《支付结算办法》规定的支付结算的方式有(　　)。

A. 汇兑　　B. 银行汇票

C. 支票　　D. 商业汇票

【答案及解析】 ABCD 《支付结算办法》规定的支付结算的方式有票据结算方式(如汇票、本票和支票)和非票据结算方式(如汇兑、托收承付、委托收款)。故选 ABCD。

(二) 支付结算的特征

(1) 支付结算必须通过中国人民银行批准的金融机构进行，未经中国人民银行批准的非银行金融机构和其他单位不得作为中介机构经营支付结算业务。

（2）支付结算的发生取决于委托人的意志。

（3）支付结算实行统一领导和分级管理相结合的管理体制。

（4）支付结算是一种要式行为。

（5）支付结算必须依法进行。

二、支付结算的主要法律依据

现行的适用支付结算的法律、行政法规以及部门规章和政策性规定主要有：《中华人民共和国票据法》(以下简称《票据法》)、《票据管理实施办法》、《支付结算办法》、《现金管理暂行条例》、《中国人民银行银行卡业务管理办法》、《人民币银行结算账户管理办法》、《异地托收承付结算办法》、《电子支付指引(第一号)》等。

三、支付结算的基本原则

支付结算原则为：①恪守信用，履约付款原则；②谁的钱进谁的账，由谁支配原则；③银行不垫款原则。

真题精析

【单选题】支付结算的主要功能是完成资金从一方当事人向另一方当事人的转移，包括以下基本原则，除了(　　)。

A. 恪守信用，履约付款原则

B. 谁的钱进谁的账，由谁支配原则

C. 诚实守信原则

D. 银行不垫款

【答案及解析】C　支付结算原则是：①恪守信用，履约付款；②谁的钱，进谁的账，由谁支配；③银行不垫款。故选C。

四、办理支付结算的要求

（一）办理支付结算的基本要求

（1）办理支付结算必须使用中国人民银行统一规定的票据和结算凭

证，未使用中国人民银行统一规定的票据，票据无效；未使用中国人民银行统一规定的结算凭证，银行不予受理。

（2）办理支付结算必须按统一的规定开立和使用账户。

（3）填写票据和结算凭证应当全面规范，做到数字正确，要素齐全，不错不漏，字迹清楚，防止涂改。票据和结算凭证金额以中文大写和阿拉伯数码同时记载，二者必须一致，否则，银行不予受理。

（4）票据和结算凭证上的签章和记载事项必须真实，不得变造伪造。

（二）支付结算凭证填写的要求

（1）票据的出票日期必须使用中文大写。月为壹、贰和壹拾的，日为壹至玖和壹拾、贰拾和叁拾的，应在其前面加“零”；日为拾壹至拾玖的，应在其前面加“壹”。票据出票日期使用小写填写的，银行不予受理。大写日期未按要求规范填写的，银行可予受理；但由此造成损失的，由出票人自行承担。

（2）中文大写金额数字应用正楷或行书填写，不得自造简化字。如果金额数字书写中使用繁体字，也应受理。

（3）中文大写金额数字前应标明“人民币”字样，大写金额数字应紧接“人民币”字样填写，不得留有空白。

（4）中文大写金额数字到“元”为止的，在“元”之后应写“整”（或“正”）字，到“角”为止的，在“角”之后可以不写“整”（或“正”）字。大写金额数字有“分”的，“分”后面不写“整”（或“正”）字。

真题精析

【多选题】下列关于票据的各项表述中，符合规定的有（　　）。

A. 票据的中文大写金额数字应用正楷或行书填写

B. 票据的中文大写金额数字前应标明“人民币”字样

C. 票据的出票日期应使用小写填写

D. 票据中的中文大写金额数字到“元”为止的，在“元”之后，应写“整”（或“正”）字

【答案及解析】ABD　票据的中文大写金额数字应用正楷或行书填写；票据的中文大写金额数字前应标明“人民币”字样；票据的出票日期必须使用中文大写；票据中的中文大写金额数字到“元”为止的，在“元”之后，应写“整”（或“正”）字。故选 ABD。

【多选题】根据《支付结算办法》的规定，下列各项中属于无效票据的有（　　）。

A. 更改签发日期的票据

B. 更改收款单位名称的票据

C. 中文大写金额和阿拉伯数字不一致的票据

D. 使用的签章与预留银行签章不符的票据

【答案及解析】ABC　票据的金额、日期、收款人不得更改，更改的票据无效，故选项 A 正确。中文大写与阿拉伯数码不一致的票据无效，故选项 C 正确。出票人使用签章与预留银行签章不符的支票，并不导致票据无效，银行应予以退票，并按票面金额处以 5%但不低于 1 000 元的罚款，故选项 D 错误。故选 ABC。

第三节　银行结算账户

一、银行结算账户的概念与分类

银行结算账户是指存款人在经办银行开立的办理资金收付结算的人民币活期存款账户。

银行结算账户的分类：

基本存款账户、一般存款账户、专用存款账户、临时存款账户、个人银行结算账户、异地银行结算账户，共 6 种。

（一）基本存款账户

基本存款账户是存款人因办理日常转账结算和现金收付需要开立的银行结算账户。

1. 基本存款账户使用范围

一个单位只能选择一家银行的一个营业机构开立基本存款账户，开立基本存款账户是开立其他银行结算账户的前提。

真题精析

【判断题】单位银行结算账户的存款人只能在银行开立一个基本存款账户。（　　）

【答案及解析】√　单位银行结算账户的存款人只能在银行开立一个基本存款账户。

使用范围：存款人日常经营活动的资金收付及其工资、奖金和现金的支取。

2. 基本存款账户开户要求

凡是具有民事权利能力和民事行为能力，并依法独立享有民事权利和承担民事义务的法人和其他组织，均可以开立基本存款账户。如个体工商户、单位附属独立核算的食堂、招待所、幼儿园等，也可以开立基本存款账户。

根据规定，下列存款人可以申请开立基本存款账户：

企业法人、非法人企业、机关、事业单位、团级(含)以上军队、武警部队及分散执勤的支(分)队、社会团体、民办非企业组织、异地常设机构、私营企业、外国驻华机构个体经济户、居民委员会、村民委员会、社区委员会及单位设计的独立核算的附属机构、其他组织。

真题精析

【单选题】下列不能申请开立基本存款账户的是(　　)。

A. 事业单位　　B. 村民委员会　　C. 居民委员会　　D. 未成年人

【答案及解析】D　凡是具有民事权利能力和民事行为能力，并依法独立享有民事权利和承担民事义务的法人和其他组织，均可以开立基本存款账户。未成年人不具备独立享有民事权利和承担民事义务的资格。故选D。

3. 开立基本存款账户的程序

存款人申请开立基本存款账户的，应填制开户申请书，提供规定的证件。送交盖有存款人印章的卡片，经银行审核同意、并凭中国人民银行当地分支机构核发的开户许可证，即可开立该账户。

（二）一般存款账户概念

一般存款账户是企业因借款或其他结算需要，在基本存款账户开户银行以外的银行营业机构开立的银行结算账户。

1. 一般存款账户使用范围

一般存款账户主要用于办理存款人借款转存、借款归还和其他结算的资金收付。一般存款账户可以办理现金缴存，但不得办理现金支取。

真题精析

【单选题】一般存款账户不可以办理（　　）。

A. 现金缴存　　B. 存款人借款转存

C. 现金支取　　D. 存款人借款归还

【答案及解析】C　一般存款账户是指存款人因借款或其他结算需要，在基本存款账户开户银行以外的银行营业机构开立的银行结算账户。主要用于办理存款人借款转存、借款归还和其他结算的资金收付。此外，该账户还可以办理现金缴存，但不得办理现金支取。故选C。

2. 一般存款账户开户要求

（1）开立一般存款账户的存款人资格。

开立基本存款账户的存款人都可以开立一般存款账户。根据规定，只要存款人具有借款或其他结算需要，都可以申请开立一般存款账户，且没有数量限制。

（2）开立一般存款账户所需的证明文件。

①开立基本存款账户规定的证明文件。

②基本存款账户开户登记证。

③存款人因向银行借款需要，应出具借款合同。

④存款人因其他结算需要，应出具有关证明。

3. 开立一般存款账户的程序

一般存款账户的程序为存款人填交开户申请书，提供相应的证明文件，送交盖有存款人印章的印鉴卡片，经银行审核同意后，即可开立该账户。

（三）专用存款账户

专用存款账户，是指存款人按照法律、行政法规和规章，对有特定用途资金进行专项管理和使用而开立的银行结算账户。

1. 专用存款账户使用范围

专用存款账户用于办理各项专用资金的收付。适用于基本建设资金，更新改造资金，财政预算外资金，粮、棉、油收购资金，证券交易结算资金，期货交易保证金，信托基金，金融机构存放同业资金，政策性房地产开发资金，单位银行卡备用金，住房基金，社会保障基金，收入汇缴资金，业务支出资金，党、团、工会设在单位的组织机构经费等专项管理和使用的资金。

真题精析

【多选题】根据人民币银行结算账户管理的有关规定，下列专用存款账户中，经过中国人民银行批准可以支取现金的有（　　）。

A. 信托基金　　B. 金融机构存放同业资金

C. 社会保障基金　　D. 政策性房地产开发资金

【答案及解析】ABCD 《人民币银行结算账户管理办法》第35条规定，单位银行卡账户的资金必须由其基本存款账户转账存入，该账户不得办理现金收付业务。财政预算外资金、证券交易结算资金、期货交易保证金和信托基金专用存款账户不得支取现金。基本建设资金、更新改造资金、政策性房地产开发资金、金融机构存放同业资金账户需要支取现金的，应在开户时报中国人民银行当地分支行批准。故选ABCD。

2. 专用存款账户开户要求

根据规定，存款人申请开立专用存款账户，应向银行出具其开立基本存款账户规定的证明文件、基本存款账户开户登记证和下列证明文件。

（1）基本建设资金、更新改造资金、政策性房地产开发资金、住房基金、社会保障基金，应出具主管部门批文。

（2）财政预算外资金，应出具财政部门的证明。

（3）粮、棉、油收购资金，应出具主管部门批文。

（4）单位银行卡备用金，应按照中国人民银行批准的银行卡章程的规定出具有关证明和资料。

（5）证券交易结算资金，应出具证券公司或证券管理部门的证明。

（6）期货交易保证金，应出具期货公司或期货管理部门的证明。

（7）金融机构存放同业资金，应出具其证明。

（8）收入汇缴资金和业务支出资金，应出具基本存款账户存款人有关的证明。

（9）党、团、工会设在单位的组织机构经费，应出具该单位或有关部门的批文或证明。

（10）其他按规定需要专项管理和使用的资金，应出具有关法规、规章或政府部门的有关文件。

3. 开立专用存款账户的程序

填制开户申请书，提供相应的证明文件，送交盖有存款人印章的印鉴卡片，经中国人民银行当地分支机构核发的开户许可证，即可开立该账户。

单位银行卡账户的资金必须由其基本存款账户转账存入，该账户不得办理现金收付业务。财政预算外资金、证券交易结算资金、期货交易保证金和信托基金专用存款账户不得支取现金。基本建设资金、更新改造资金、政策性房地产开发资金、金融机构存放同业资金账户需要支取现金的，应在开户时报中国人民银行当地分支行批准。

（四）临时存款账户

1. 临时存款账户使用范围

临时存款账户是存款人因临时需要并在规定期限内使用而开立的银行结算账户。临时存款账户用于办理临时机构以及存款人临时经营活动发生的资金收付。

2. 临时存款账户开户要求

有下列情况的，存款人可以申请开立临时存款账户。

(1) 设立临时机构。

(2) 异地临时经营活动。

(3) 注册验资(注册验资的临时存款账户在验资期间只收不付)。

(4) 境外(含港澳台地区)机构在境内从事经营活动等。

3. 开立临时存款账户的程序

开立临时存款账户的程序为：填制开户申请书，提供相应的证明文件，送交盖有存款人印章的印鉴卡片，经银行审核同意后，凭中国人民银行当地分支机构核发的开户许可证，即可开户。

4. 临时存款账户使用中应注意的问题

(1) 临时存款账户应根据有关开户证明文件确定的期限或存款人的需要确定其有效期限。临时存款账户的有效期最长不得超过2年。

真题精析

【判断题】临时存款账户用于办理临时机构以及存款人临时经营活动发生的资金收付，有效期最长不得超过1年。 (　　)

【答案及解析】× 临时存款账户用于办理临时机构以及存款人临时经营活动发生的资金收付，有效期最长不得超过2年。

(2) 临时存款账户支取现金，应按照国家现金管理的规定办理。

(3) 注册验资的临时存款账户在验资期间只收不付，注册验资资金的汇缴人应与出资人的名称一致。

(五) 个人银行结算账户

个人银行结算账户是自然人因投资、消费、结算等开立的可办理支付结算业务的存款账户。下列情况，可以申请开立个人银行结算账户。

(1) 使用支票、信用卡等信用支付工具的。

(2) 办理汇兑、定期借记、定期贷记、借记卡等结算业务的。

自然人可根据需要申请开立个人银行结算账户，也可以在已开立的储蓄账户中选择并向开户银行申请确认为个人银行结算账户。

1. 个人银行结算账户使用范围

个人银行结算账户用于办理个人转账收付和现金支取，储蓄账户仅限于办理现金存取业务，不得办理转账业务。

2. 个人银行结算账户开户要求

存款人申请开立个人银行结算账户，应向银行出具下列证明文件。

（1）中国居民，应出具居民身份证或临时身份证。

（2）中国人民解放军军人，应出具军人身份证件。

（3）中国人民武装警察，应出具武警身份证件。

（4）中国香港、澳门特别行政区居民，应出具港澳居民往来内地通行证；中国台湾地区居民，应出具中国台湾地区居民来往大陆通行证或者其他有效旅行证件。

（5）外国公民，应出具护照。

（6）法律、法规和国家有关文件规定的其他有效证件。

银行为个人开立银行结算账户时，根据需要还可要求申请人出具户口簿、驾驶执照、护照等有效证件。

3. 开立临时存款账户的程序

存款人申请开立个人银行结算账户存款账户时，应填制开户申请书，提供规定的证明文件；送交盖有存款人印章的印鉴卡片，经银行审核同意后，即可开立账户。

（六）异地银行结算账户

异地银行结算账户是指存款人符合法定条件，根据需要在异地开立相应的银行结算账户。

1. 异地银行结算账户使用范围

单位或个人只要符合下列相关条件，均可根据需要在异地开立相应的单位银行结算账户或个人银行结算账户。

2. 异地银行结算账户开户要求

开立异地银行结算账户除应按照前述规定的程序办理并提交有关证明文件外，开立异地单位银行结算账户，存款人还应出具下列相应的证明文件。

（1）经营地与注册地不在同一行政区域的存款人，在异地开立基本存款账户的，应出具注册地中国人民银行分支行的未开立基本存款账户的证明。

(2) 异地借款的存款人，在异地开立一般存款账户的，应出具在异地取得贷款的借款合同。

(3) 因经营需要在异地办理收入汇缴和业务支出的存款人，在异地开立专用存款账户的，应出具隶属单位的证明。

3. 开立异地银行结算账户的程序

根据其账户的种类不同，开立程序与前述相关账户开立的程序相同。

二、银行结算账户管理应当遵守的基本原则

（一）一个基本账户原则

即存款人只能在银行开立一个基本存款账户，不能多头开立基本存款账户。

（二）自主选择原则

即存款人可以自主选择银行开立银行结算账户。除国家法律、行政法规和国务院规定外，任何单位和个人不得强制干预存款人和银行开立或使用账户。

（三）守法合规原则

银行结算账户的开立和使用应当遵守法律、行政法规规定，不得利用银行结算账户进行偷逃税款、逃避债务、套取现金及其他违法犯罪活动。

（四）存款信息保密原则

即银行应依法为存款人的银行结算账户信息保密。对单位银行结算账户和个人银行结算账户的存款和有关资料，除国家法律、行政法规另有规定外，银行有权拒绝任何单位或个人查询、冻结、扣划存款人账户内存款。

三、银行结算账户的开立、变更和撤销

（一）银行结算账户的变更

存款人银行结算账户有法定变更事项的，应于5日内书面通知开户

银行并提供有关证明；开户银行办理变更手续并于2日内向中国人民银行当地分支行报告。

（二）银行结算账户的撤销

银行结算账户的撤销包括以下几种情形：

①被撤并、解散、宣告破产或关闭的；②注销、被吊销营业执照的；③因迁址需要变更开户银行的；④其他原因需要撤销银行结算账户的。

存款人有以上第①、②项情形的，应于5个工作日内向开户银行提出撤销银行结算账户的申请。

真题精析

【单选题】存款人存在以下情形中(　　)时，不得申请撤销该银行结算账户。

A. 撤并、解散、宣告破产或关闭的

B. 注销、被吊销营业执照的

C. 因迁址需要变更开户银行的

D. 存款人尚未清偿该开户银行债务

【答案及解析】D　存款人尚未清偿其开户银行债务的，不得申请撤销银行结算账户。故选D。

四、银行结算账户的管理

（一）中国人民银行的管理

中国人民银行是银行结算账户的监督管理部门，负责对银行结算账户的开立、使用、变更和撤销进行检查监督。

（二）银行的管理

银行对银行结算账户的管理主要有：

（1）负责所属营业机构银行结算账户开立和使用的管理，监督和检查其执行《账户管理办法》的情况，纠正违规开立和使用银行结算账户的行为。

（2）明确专人负责银行结算账户的开立、使用和撤销的审查与管理，负责对存款人开户申请资料的审查，并按照银行账户管理的规定及时报送存款人开销户信息资料，建立、健全开销户登记制度，建立银行结算账户管理档案，按会计档案进行管理。银行结算账户管理档案的保管期限为银行结算账户撤销后10年。

（3）对已开立的单位银行结算账户实行年检制度，检查开立的银行结算账户的合规性，核实开户资料的真实性；对不符合账户管理规定开立的单位银行结算账户，应予以撤销。对经核实的各类银行结算账户的资料变动情况，应及时报告中国人民银行当地分支行。

（4）对存款人使用银行结算账户的情况进行监督，对存款人的可疑支付应按照中国人民银行规定的程序及时报告。

（三）存款人的管理

（1）存款人应加强对预留银行签章的管理。

（2）存款人应加强对开户许可证的管理。

（3）存款人应妥善保管其密码。

五、违反银行账户管理法律制度的法律责任

（一）存款人违反账户管理制度的处罚

（1）存款人在开立、撤销银行结算账户过程中，有法定违法行为的，对于非经营性的存款人，给予警告并处以1 000元的罚款；对于经营性的存款人，给予警告并处以1万元以上3万元以下的罚款；构成犯罪的，移交司法机关依法追究刑事责任。

①违反规定开立银行结算账户。

②伪造、变造证明文件欺骗银行开立银行结算账户。

③违反规定不及时撤销银行结算账户。

（2）存款人在使用银行结算账户过程中，有下列行为之一的，对于非经营性的存款人，给予警告并处以1 000元的罚款；对于经营性的存款人，给予警告并处以5 000元以上3万元以下的罚款。

①违反规定将单位款项转入个人银行结算账户。

②违反规定支取现金。

③利用开立银行结算账户逃避银行债务。

④出租、出借银行结算账户。

⑤从基本存款账户之外的银行结算账户转账存入、将销货收入存入或现金存入单位信用卡账户。

真题精析

【单选题】违反规定将单位款项转入个人银行结算账户，对于经营性的存款人，给予警告并处以(　　)的罚款。

A. 1 000 元　　B. 3 000 元

C. 5 000 元以上 30 000 元以下　　D. 10 000 元以上 50 000 元以下

【答案及解析】C　根据《人民币银行结算账户管理办法》第 65 条的规定，非经营性的存款人出租、出借银行结算账户的，给予警告并处以 1 000 元罚款；经营性的存款人出租、出借银行结算账户的，给予警告并处以 5 000 元以上 30 000 元以下的罚款。故选 C。

(3) 存款人的法定代表人或主要负责人、存款人地址以及其他开户资料的变更事项未在规定期限内通知银行的，给予警告并处以 1 000 元的罚款。

(4) 存款人违反规定，伪造、变造、私自印制开户登记证的，属非经营性的处以 1 000 元罚款；属经营性的处以 1 万元以上 3 万元以下的罚款；构成犯罪的，移交司法机关依法追究刑事责任。

(二) 银行及其有关人员违反账户管理制度的处罚

(1) 银行在银行结算账户的开立过程中，有下列行为之一的，给予警告，并处以 5 万元以上 30 万元以下的罚款；对该银行直接负责的高级管理人员、其他直接负责的主管人员、直接责任人员按规定给予纪律处分；情节严重的，中国人民银行有权停止对其开立基本存款账户的核准，责令该银行停业整顿或者吊销经营金融业务许可证；构成犯罪的，移交司法机关依法追究刑事责任：

①违反规定为存款人多头开立银行结算账户。

②明知或应知是单位资金，而允许以自然人名称开立账户存储。

(2) 银行在银行结算账户的使用中，有下列行为之一的，给予警告，并处以5 000元以上3万元以下的罚款；对该银行直接负责的高级管理人员、其他直接负责的主管人员、直接责任人员按规定给予纪律处分；情节严重的，中国人民银行有权停止对其开立基本存款账户的核准；构成犯罪的，移交司法机关依法追究刑事责任。

第四节 票据结算方式

一、票据结算概述

（一）票据的概念

票据是指《中华人民共和国票据法》所规定的由出票人依法签发的、约定自己或者委托人在见票时或指定的日期向收款人或持票人无条件支付一定金额并可转让的有价证券。

（二）票据的种类

在我国，票据包括银行汇票、商业汇票、银行本票和支票。票据具有信用、支付、汇兑、结算和融资等职能。

（三）票据的特征与功能

票据的特征有：①票据是债券凭证和资金凭证；②票据是设权证券；③票据是文义证券。

（四）票据行为

票据行为是指票据当事人以发生票据债务为目的的、以在票据上签名或盖章为权利与义务成立要件的法律行为，包括出票、背书、承兑和保证四种。

真题精析

【判断题】票据行为包括出票、背书、付款和保证四种。 （ ）

【答案及解析】× 票据行为包括出票、背书、承兑和保证四种。

出票人在票据上的签章不符合《票据法》等规定的，票据无效；承兑人、保证人在票据上的签章不符合《票据法》等规定的，其签章无效，但不影响其他符合规定签章的效力。

背书人在票据上的签章不符合《票据法》等规定的，其签章无效，但不影响其前手符合规定签章的效力。

背书按照目的不同分为转让背书和非转让背书。转让背书是以持票人将票据权利转让给他人为目的；非转让背书是将一定的票据权利授予他人行使，包括委托收款背书和质押背书。

（五）票据当事人

票据当事人可分为基本当事人和非基本当事人。基本当事人包括出票人、付款人和收款人。非基本当事人包括承兑人、背书人、被背书人、保证人等。

（六）票据权利与责任

票据权利是指票据持票人向票据债务人请求支付票据金额的权利，包括付款请求权和追索权。

真题精析

【多选题】票据权利是指票据持票人向票据债务人请求支付票据金额的权利，包括（　　）。

A. 付款请求权　　B. 追索权　　C. 付款义务　　D. 偿还义务

【答案及解析】AB　票据权利是指票据持票人向票据债务人请求支付票据金额的权利，包括付款请求权和追索权。C、D属于票据义务。故选AB。

（七）票据签章

票据签章是指票据有关当事人在票据上签名、盖章或签名加盖章的行为

（八）票据记载事项

票据记载事项可分为绝对记载事项、相对记载事项和任意记载事项等。

（九）票据的丧失

票据丧失后可以采取挂失止付、公示催告、普通诉讼三种形式补救。

二、支票

（一）支票的概念及适用范围

支票是指由出票人签发的、委托办理支票存款业务的银行在见票时无条件支付确定的金额给收款人或持票人的票据。支票的基本当事人包括出票人、付款人和收款人。

真题精析

【单选题】支票的金额可以由（　　）授权补记，未补记的支票，不得使用。

A. 出票人　B. 持票人　C. 背书人　D. 被背书人

【答案及解析】A　支票中有两个绝对记载事项，可以由出票人授权补记。一个是金额，另一个是收款人名称。故选A。

单位和个人的各种款项结算，均可以使用支票。2007年7月8日，中国人民银行宣布，支票可以实现全国范围内互通使用。

支票在其票据交换区域可以背书转让，但用于支取现金的支票不能背书转让。

（二）支票的种类

支票可分为现金支票、转账支票和普通支票三种。转账支票不得支取现金，只能转账。现金支票只能用于支取现金，不得背书转让，普通支票既可用于支取现金，也可以用于转账。在普通支票左上角划两条平行线的，为划线支票，划线支票只能用于转账，不能支取现金。

真题精析

【单选题】在普通支票左上角划两条平行线的，为划线支票，划线支票可以当作（　　）使用。

A. 普通支票　B. 以上三种均可　C. 现金支票　D. 转账支票

【答案及解析】D 在普通支票左上角划两条平行线的，为划线支票，划线支票只能用于转账，不得支取现金。转账支票只能用于转账，不能提取现金。故划线支票可以当作转账支票使用。故选D。

（三）支票的出票

（1）支票的绝对记载事项

①表明“支票”的字样。②无条件支付的委托。③确定的金额。④付款人名称。⑤出票日期。⑥出票人签章。支票的金额、收款人名称可以由出票人授权补记。未补记前不得背书转让和提示付款。

（2）支票的相对记载事项

①付款地。支票上未记载付款地的，付款人的营业场所为付款地。②出票地。支票上未记载出票地的。出票人的营业场所、住所或者经营居住地为出票地。

此外，支票上可以记载非法定记载事项，但这些事项并不发生支票上的效力。

（3）出票的效力

出票人做成支票并交付之后，出票人必须在付款人处存有足够可处分的资金，以保证支票票款的支付；当付款人对支票拒绝付款或者超过支票付款提示期限的，出票人应向持票人承担付款责任。

（四）支票的付款

支票属于见票即付的票据，没有到期日的规定。《票据法》明确规定，支票限于见票即付，不得另行记载付款日期。另行记载付款日期的，该记载无效。

（1）提示付款期限。支票的持票人应当自出票日起10日内提示付款；异地使用的支票，其提示付款的期限由中国人民银行另行规定。超过提示付款期限提示付款的，付款人可以不予付款；但是付款人不予付款的，出票人仍应当对持票人承担票据责任。

（2）付款

出票人在付款人处的存款足以支付支票金额时，付款人应当在见票当日足额付款。

（3）付款责任的解除。付款人依法支付支票金额的，对出票人不再承担委托付款的责任，对持票人不再承担付款的责任。但是，付款人恶意或者有重大过失付款的除外。

（五）支票的办理要求

（1）签发支票的要求。①签发支票应使用黑色碳素墨水笔或墨汁填写，中国人民银行另有规定的除外。②签发现金支票和用于支取现金的普通支票，必须符合国家现金管理的规定。③支票的出票人签发支票的金额不得超过付款时在付款人处实有的存款金额。禁止签发空头支票。④支票的出票人预留银行签章是银行审核支票付款的依据。银行也可以与出票人约定使用支付密码，作为银行审核支付支票金额的条件。⑤出票人不得签发与其预留银行签章不符的支票；使用支付密码的，出票人不得签发支付密码错误的支票。⑥出票人签发空头支票、签章与预留银行签章不符的支票，使用支付密码地区的支付密码错误的支票，银行应予以退票，并按票面金额处以5%但不低于1 000元的罚款；持票人有权要求出票人赔偿支票金额2%的赔偿金。对屡次签发的，银行应停止其签发支票。

真题精析

【单选题】根据《支付结算办法》的规定，单位和个人签发空头支票，持票人有权要求出票人赔偿的金额为(　　)。

A. 支票金额的1%　　B. 支票金额的2%

C. 支票金额的5%　　D. 支票金额的10%

【答案及解析】B　单位和个人签发空头支票或者签发与其预留银行的签章不符的支票，不以骗取财物为目的的，由中国人民银行处以票面金额5%但不低于1 000元的罚款；持票人有权要求出票人赔偿支票金额2%的赔偿金。故选B。

（2）兑付支票的要求。①持票人可以委托开户银行收款或直接向付款人提示付款。用于支取现金的支票仅限于收款人向付款人提示付款。

②持票人委托开户银行收款时，应写委托收款背书，在支票背面背书人签章栏签章，记载“委托收款”字样、背书日期，在被背书人栏记载开户银行名称，并将支票和填制的进账单送交开户银行。③持票人持有并用于转账的支票向付款人提示付款时，应在支票背面背书人签章栏签章，并将支票和填制的进账单交送出票人开户银行。

收款人持用于支取现金的支票向付款人提示付款时，应在支票背面“收款人签章”处签章，持票人为个人的，还需交验本人身份证件，并在支票背面注明证件名称、号码及发证机关。

三、商业汇票

汇票是出票人签发的、委托付款人在见票时或者在指定日期无条件支付确定的金额给收款人或者持票人的票据。汇票可分为商业汇票和银行汇票。

（一）商业汇票的概念和种类

商业汇票是指由出票人签发的，委托付款人在指定日期无条件支付确定金额给收款人或者持票人的票据。商业汇票的付款期限，最长不得超过 6 个月；商业汇票的提示付款期限，自汇票到期日起 10 日。

真题精析

【单选题】商业汇票的付款期限，由交易双方确定，最长不超过（　　）。

A. 1 年　　B. 2 年　　C. 3 个月　　D. 6 个月

【答案及解析】D　商业汇票的付款期限，最长不得超过 6 个月。故选 D。

根据承兑人不同，商业汇票分为商业承兑汇票和银行承兑汇票。商业承兑汇票由银行以外的付款人承兑，银行承兑汇票由银行承兑。商业汇票的付款人为承兑人。

（二）商业汇票的出票

商业汇票的出票是指出票人签发商业汇票并将其交付给收款人的票据行为。

（1）商业汇票出票人的确定。商业承兑汇票的出票人，为在银行开立存款账户的法人及其他组织，与付款人具有真实的委托付款关系。银行承兑汇票的出票人必须具备下列条件：①在承兑银行开立存款账户的法人及其他组织。②与承兑银行具有真实的委托付款关系。③资信状况良好，具有支付汇票金额的可靠资金来源。

（2）商业汇票的绝对记载事项，缺一无效：①表明商业承兑汇票或银行承兑汇票的字样，②无条件支付的委托，③确定的金额，④付款人名称，⑤收款人名称，⑥出票日期，⑦出票人签章。

真题精析

【单选题】出票银行签发的，由其在见票时按照实际结算金额无条件支付给收款人或者持票人的票据是（　　）。

A. 银行汇票　　B. 银行本票

C. 支票　　D. 商业汇票

【答案及解析】A　银行汇票是出票银行签发的，由其在见票时按照实际结算金额无条件支付给收款人或者持票人的票据。故选A。

（3）商业汇票的相对记载事项。

相对记载事项的内容主要包括：①汇票上未记载付款日期的，视为见票即付；②汇票上未记载付款地的，付款人的营业场所、住所或者经常居住地为付款地；③汇票上未记载出票地的，出票人的营业场所、住所或者经常居住地为出票地。

此外，汇票上可以记载非法定记载事项，但这些事项不具有汇票上的效力。

真题精析

【判断题】商业汇票的相对记载事项一样具有汇票上的效力。（　　）

【答案及解析】×　汇票上可以记载非法定记载事项，但这些事项不具有汇票上的效力。

(4) 商业汇票出票的效力。①对收款人的效力。收款人取得出票人发出的汇票后，即取得票据权利，一方面就票据金额享有付款请求权；另一方面在该请求权不能满足时，即享有追索权。同时，收款人享有依法转让票据的权利。②对付款人的效力。出票行为是单方行为，付款人并不因此而有付款义务。只是基于出票人的付款委托使其具有承兑人的地位，在其对汇票进行承兑后，即成为汇票上的主债务人。③对出票人的效力。出票人签发汇票后，即承担保证该汇票承兑和付款的责任。出票人在汇票得不到承兑或者付款时，应当向持票人清偿法律规定的金额和费用。

(三) 商业汇票的承兑

承兑是指汇票付款人承诺在汇票到期日支付汇票金额的票据行为。承兑是汇票特有的制度，本票和支票都没有承兑。商业承兑汇票可以由付款人签发并承兑，也可以由收款人签发交由付款人承兑。

1. 承兑的程序

(1) 提示承兑。

定日付款或者出票后定期付款的汇票，持票人应当在汇票到期日前向付款人提示承兑；见票后定期付款的汇票，持票人应当自出票日起1个月内向付款人提示承兑；汇票未按规定期限提示承兑的，持票人丧失对其前手的追索权；见票即付的汇票无须提示承兑。

(2) 承兑成立。

①承兑时间。付款人对向其提示承兑的汇票，应当自收到提示承兑的汇票之日起3日内承兑或者拒绝承兑。如果付款人在3日内不作承兑与否表示的，则应视为拒绝承兑。持票人可以请求其作出拒绝承兑证明，向其前手行使追索权。

②接受承兑。付款人收到持票人提示承兑的汇票时，应当向持票人签发收到汇票的回单。回单上应当记明汇票提示承兑日期并签章。回单是付款人向持票人出具的已收到请求承兑汇票的证明。

③承兑的格式。付款人承兑汇票的，应当在汇票正面记载“承兑”字样和承兑日期并签章；见票后定期付款的汇票，应当在承兑时记载付款日期。汇票上未记载承兑日期的，以3天承兑期的最后一日为承兑日

期。上列应记载事项必须记载于汇票的正面。

④退回已承兑的汇票。付款人依承兑格式填写完毕应记载事项并将已承兑的汇票退回持票人后才产生承兑的效力。

真题精析

【多选题】付款人办理商业汇票承兑手续时，应在汇票上记载承兑的事项包括(　　)。

A. 承兑人签章　　B. 承兑日期

C. 承兑文句　　D. 承兑条件

【答案及解析】ABC　付款人办理承兑手续时，应在汇票上记载承兑的事项包括承兑文句、承兑日期、承兑人签章。承兑文句和承兑人签章是绝对应记载事项。故选 ABC。

2. 承兑的效力

①承兑人于汇票到期日必须向持票人无条件地支付汇票上的金额，否则其必须承担迟延付款责任；②承兑人必须对汇票上的一切权利人承担责任，该等权利人包括付款请求权人和追索权人；③承兑人不得以其与出票人之间的资金关系来对抗持票人，拒绝支付汇票金额；④承兑人的票据责任不因持票人未在法定期限提示付款而解除。

3. 承兑不得附有条件

付款人承兑商业汇票，不得附有条件；承兑附有条件的，视为拒绝承兑。银行承兑汇票的承兑银行，应当按照票面金额向出票人收取万分之五的手续费。

（四）商业汇票的付款

商业汇票的付款是指付款人依据票据文义支付票据金额，以消灭票据关系的行为。

（1）提示付款。付款提示是指持票人向付款人或承兑人出示票据，请求付款的行为。持票人只有在法定期限内为付款提示的，才产生法律效力。

《票据法》规定，持票人应当按照下列法定期限提示付款：①见票即付的汇票，自出票日起 1 个月内向付款人提示付款。②定日付款、出票后定期付款或者见票后定期付款的汇票，自到期日起 10 日内向承兑人提示付款。持票人未按照上述规定期限提示付款的，在作出说明后，承兑人或者付款人仍应当继续对持票人承担付款责任。

真题精析

【判断题】商业汇票持票人只有在法定期限内为付款提示的，才产生法律效力。（　　）

【答案及解析】√　商业汇票持票人只有在法定期限内为付款提示的，才产生法律效力。

（2）支付票款。持票人付款提示后，付款人依法审查无误后必须无条件地在当日按票据金额足额支付给持票人。否则，应承担迟延付款的责任。

（3）付款的效力。付款人依法足额付款后，全体汇票债务人的责任解除。

（五）商业汇票的背书

商业汇票的背书是指以转让商业汇票权利或者将一定的商业汇票权利授予他人行使为目的，按照法定的事项和方式在商业汇票背面或者粘单上记载有关事项并签章的票据行为。如果出票人在汇票上记载“不得转让”字样，则该汇票不得转让。对于记载“不得转让”字样的票据，其后手以此票据进行贴现、质押的，通过贴现、质押取得票据的持票人主张票据权利的，人民法院予支持。如果收款人或持票人将出票人作禁止背书的汇票转让的，该转让不发生票据法上的效力，出票人和承兑人对受让人不承担票据责任。

（六）商业汇票的保证

票据保证即票据债务人以外的第三人，以担保特定债务人履行票据债务为目的，而在票据上所承担的一种附属票据行为。

（1）保证的当事人。保证的当事人为保证人与被保证人。保证应由汇票债务人以外的他人承担。

（2）保证的格式。保证人必须在汇票或粘单上记载下列事项：表明“保证”的字样，保证人名称和住所，被保证人的名称，保证日期，保证人签章。

（3）保证的效力。保证一旦成立，即在保证人与被保证人之间产生法律效力，保证人必须对保证行为承担相应的责任。

①保证人的责任。被保证的汇票，保证人应当与被保证人对持票人承担连带责任。

②共同保证人的责任。保证人为两人以上的，保证人之间承担连带责任。

③保证人的追索权。保证人清偿汇票债务后，可以行使持票人对被保证人及其前手的追索权。

真题精析

【多选题】下列关于商业汇票保证的说法正确的是（　　）。

A. 保证必须由汇票债务人以外的他人承担

B. 被保证的汇票，保证人应当与被保证人对持票人承担连带责任

C. 保证人为两人以上的，保证人之间承担连带责任

D. 保证人清偿汇票债务后，可以行使持票人对被保证人及其前手的追索权

【答案及解析】ABCD　保证必须由汇票债务人以外的他人承担；被保证的汇票，保证人应当与被保证人对持票人承担连带责任；保证人为两人以上的，保证人之间承担连带责任；保证人清偿汇票债务后，可以行使持票人对被保证人及其前手的追索权。故选ABCD。

四、银行汇票

（一）银行汇票的概念和适用范围

银行汇票是由出票银行签发的，在见票时按照实际结算金额无条件支付给收款人或者持票人的票据。单位和个人在异地、同城或同一票据交换区域的各种款项结算，均可使用银行汇票。

（二）银行汇票的记载事项

银行汇票的记载事项有：①表明“银行汇票”的字样。②无条件支付的承诺；③确定的金额；④付款人名称；⑤收款人名称；⑥出票日期；⑦出票人签章。

汇票上未记载上述事项之一的，汇票无效。

（三）银行汇票的基本规定

（1）银行汇票可以用于转账，标明现金字样的“银行汇票”也可以提取现金。

真题精析

【判断题】银行汇票不可以用于转账，填写“现金”字样的银行汇票可以用于支取现金。（ ）

【答案及解析】× 银行汇票可以用于转账，填写“现金”字样的银行汇票也可以用于支取现金。

（2）银行汇票的付款人为银行汇票的出票银行，银行汇票的付款地为代理付款人或出票人所在地。

真题精析

【单选题】根据《支付结算办法》的规定，银行汇票的付款人为（ ）。

A. 汇票的持有人　　B. 汇票的背书人

C. 汇票申请人　　D. 出票银行

【答案及解析】D 银行汇票的付款人为银行汇票的出票银行，银行汇票的付款地为代理付款人或出票人所在地。故选D。

（3）银行汇票的出票人在票据上的签章，应为经中国人民银行批准使用的该银行汇票专用章加其法定代表人或其授权经办人的签名或者盖章。

（4）银行汇票的提示付款期限自出票日起一个月内。持票人超过付款期限提示付款的，代理付款人（银行）不予受理。

（5）银行汇票可以背书转让，但填明“现金”字样的银行汇票不得背书转让。

（6）填明“现金”字样和代理付款人的银行汇票丧失，可以由失票人通知付款人或者代理付款人挂失止付。

（7）银行汇票丧失，失票人可以凭人民法院出具的其享有票据权利的证明，向出票银行请求付款或退款。

（四）银行汇票申办和兑付的基本规定

收款人受理银行汇票依法审查无误后，应在出票金额以内，根据实际需要的款项办理结算，并将实际结算金额和多余金额填入银行汇票和解讫通知的有关栏内。未填明实际结算金额和多余金额或实际结算金额超过出票金额的，银行不予受理。银行汇票的实际结算金额不得更改，更改实际结算金额的银行汇票无效。

持票人向银行提示付款时，必须同时提交银行汇票和解讫通知，缺少任何一联，银行不予受理。

持票人超过提示付款期限向代理付款银行提示付款不获付款的，必须在票据权利时效内向出票银行作出说明，并提供本人身份证件或单位证明，持银行汇票和解讫通知向出票银行请求付款。

真题精析

【多选题】下列票据中，不得背书转让的有（　　）。

A. 被拒绝付款的票据

B. 用于支取现金的支票

C. 超过付款提示期限的票据

D. 填明“现金”字样的银行汇票

【答案及解析】ABCD　票据可以背书转让，但填明“现金”字样的银行汇票、银行本票和用于支取现金的支票不得背书转让；票据被拒绝承兑、拒绝付款或者超过付款提示期限的，不得背书转让。故选ABCD。

五、银行本票

（一）银行本票的概念

银行本票是出票人签发的，承诺自己在见票时无条件支付确定的金额给收款人或者持票人的票据。

（二）银行本票的适用范围

单位和个人在同一票据交换区域需要支付的各种款项，均可以使用银行本票。银行本票可以用于转账，注明“现金”字样的银行本票可以用于支取现金。

（三）银行本票的记载事项

银行本票必须记载下列事项：表明“银行本票”的字样；无条件支付的承诺；确定的金额；收款人名称；出票日期；出票人签章。

申请人或收款人为单位的，不得申请签发现金银行本票。

（四）银行本票的基本规定

（1）银行本票可以用于转账，注明“现金”字样的银行本票可以用于支取现金。

（2）银行本票的付款地为出票人所在地。银行本票的出票人为中国人民银行当地分支行批准办理银行本票业务的银行机构。

（3）银行本票分为不定额本票和定额本票两种。

（4）银行本票的提示付款期限自出票日起最长不得超过 2 个月。持票人超过付款期限提示付款的，代理付款人不予受理。

（5）银行本票在其票据交换区内可以背书转让，但填明“现金”字样的本票不得背书转让。

（6）填明“现金”字样的银行本票丧失，可以挂失止付。未填明“现金”字样的银行本票丧失，不得挂失止付。

（7）银行本票的丧失，失票人可以凭人民法院出具的享有票据权利的证明，向出票银行请求付款或退款。

本票的持票人未按照规定期限提示见票的，丧失对出票人以外的前手的追索权。

第五节 银行卡

一、银行卡的概念与分类

（一）银行卡的概念

银行卡是指经批准由商业银行（含邮政金融机构）向社会发行的具有消费信用、转账结算、存取现金等全部或部分功能的信用支付工具。

（二）银行卡的分类

（1）按照发行主体是否在境内分为境内卡和境外卡。

（2）按照是否给予持卡人授信额度分为信用卡和借记卡。

（3）按照账户币种的不同分为人民币卡、外币卡和双币种卡。

（4）按信息载体不同分为磁条卡和芯片卡。

真题精析

【单选题】具备透支功能的银行卡是（　　）。

A. 信用卡　　B. 借记卡　　C. 银行卡　　D. 个人卡

【答案及解析】A　银行卡分为两类，借记卡和贷记卡，信用卡（贷记卡）有透支功能，借记卡没有透支功能。故选A。

二、银行卡账户与交易

（一）银行卡交易的基本规定

（1）单位人民币卡可办理商品交易和劳务供应款项的结算，但不得透支。单位卡不得支取现金。

（2）发卡银行对贷记卡的取现应当每笔进行授权，每卡每日累计取现不得超过限定额度。

（3）发卡银行应当依照法律规定遵守信用卡业务风险控制指标。

（4）准贷记卡的透支期限最长为60天。贷记卡的首月最低还款额不得低于其当月透支余额的10%。

（5）发卡银行通过下列途径追偿透支款项和诈骗款项：扣减持卡人保证金、依法处理抵押物和质押物；向保证人追索透支款项；通过司法机关的诉讼程序进行追偿。

真题精析

【多选题】按银行卡交易的基本规定，下列正确的有哪几项？（ ）

A. 单位人民币卡可办理商品交易和劳务供应款项的结算，但不得透支

B. 准贷记卡的透支期限最长为90天

C. 贷记卡的首月最低还款额不得低于其当月透支余额的10%

D. 发卡银行可以通过依法处理抵押物和质押物进行追偿

【答案及解析】ACD 根据银行卡交易的基本规定，单位人民币卡可办理商品交易和劳务供应款项的结算，但不得透支；单位卡不得支取现金。A项正确。准贷记卡的透支期限最长为60天；贷记卡的首月最低还款额不得低于其当月透支余额的10%。B项错误，C项正确。发卡银行通过下列途径追偿透支款项和诈骗款项：扣减持卡人保证金、依法处理抵押物和质押物；向保证人追索透支款项；通过司法机关的诉讼程序进行追偿。D项正确。故选ACD。

（二）银行卡的资金来源

单位卡账户的资金，一律从其基本存款账户转账存入，不得交存现金，不得将销货收入的款项存入其账户。

个人卡在使用过程中，需要向其账户续存资金的，只限于其持有的现金存入和工资性款项以及属于个人的劳务报酬收入转账存入。严禁将单位的款项存入个人卡账户。

（三）银行卡的计息和收费

1. 计息

（1）发卡银行对准贷记卡及借记卡（不含储值卡）账户内的存款，按照中国人民银行规定的同期同档次存款利率及计息办法计付利息。

（2）发卡银行对贷记卡账户的存款、储值卡（含IC卡的电子钱包）

内的币值不计付利息。

(3) 贷记卡持卡人非现金交易享受如下优惠条件：

第一，免息还款期待遇。银行记账日至发卡行规定的到期还款日之间为免息还款期。最长为60天。

第二，最低还款额待遇。持卡人在到期还款日前偿还所使用全部银行款项有困难的，可按发卡行规定的最低还款额还款。

贷记卡选择最低还款或超过批准的信用额度用卡，不得享受免息还款期待遇。贷记卡支取现金、准贷记卡透支，不享受免息还款期和最低还款额待遇。贷记卡透支按月计收复利，准贷记卡按月计收单利。透支利率为日利率0.05%。

2. 收费

收费是指商业银行办理银行卡收单业务向商户收取结算手续费。

(四) 银行卡申领、注销和挂失

1. 银行卡的申领

凡在中国境内金融机构开立基本存款账户的单位，可凭中国人民银行核发的开户许可证申领单位卡。单位卡可申领若干张，持卡人资格由申领单位法定代表人或其委托的代理人书面指定和注销。凡具有完全民事行为能力的公民，可凭本人有效身份证件及发卡银行规定的相关证明文件申领个人卡。个人卡的主卡持卡人，可为其配偶及年满18周岁的亲属申领附属卡，申领的附属卡最多不得超过两张，也有权要求注销其附属卡。

2. 银行卡的注销

持卡人在还清全部交易款项、透支本息和有关费用后，有下列情形之一的，可申请办理销户：

(1) 信用卡有效期满45天后，持卡人不更换新卡的；

(2) 信用卡挂失满45天后，没有附属卡又不更换新卡的；

(3) 信用卡被列入止付名单，发卡银行已收回其信用卡45天的；

(4) 持卡人死亡，发卡银行已收回其信用卡45天的；

(5) 持卡人要求销户或担保人撤销担保，并已交回全部信用卡45天的；

(6) 信用卡账户两年(含)以上未发生交易的；

(7) 持卡人违反其他规定，发卡银行认为应该取消资格的。

销户时，单位卡账户余额转入其基本存款账户，不得提取现金；个人卡账户可以转账结清，也可以提取现金。

真题精析

【多选题】持卡人在还清全部交易款项、透支本息和有关费用后，有(　　)情形之一的，可申请办理销户。

A. 信用卡有效期满60天后，持卡人不更换新卡的

B. 持卡人死亡，发卡银行已收回其信用卡45天的

C. 信用卡账户两年(含)以上未发生交易的

D. 信用卡挂失满45天后，没有附属卡又不更换新卡的

【答案及解析】BCD　持卡人在还清全部交易款项、透支本息和有关费用后，有下列情形之一的，可申请办理销户：①信用卡有效期满45天后，持卡人不更换新卡的；②信用卡挂失满45天后，没有附属卡又不更换新卡的；③信用卡被列入止付名单，发卡银行已收回其信用卡45天的；④持卡人死亡，发卡银行已收回其信用卡45天的；⑤持卡人要求销户或担保人撤销担保，并已交回全部信用卡45天的；⑥信用卡账户两年(含)以上未发生交易的；⑦持卡人违反其他规定，发卡银行认为应该取消资格的。故选BCD。

3. 银行卡的挂失

持卡人丧失银行卡，应立即持本人身份证件或其他有效证明，并按规定提供有关情况，向发卡银行或代办银行申请挂失。

第六节　其他结算方式

一、汇兑

(一) 汇兑的概念和分类

汇兑是汇款人委托银行将其款项支付给收款人的结算方式。单位和

个人的各种款项的结算，均可使用汇兑结算方式。根据支付方式不同，汇兑可分为信汇、电汇两种。

（二）办理汇兑的程序

1. 签发汇兑凭证

签发汇兑凭证必须记载下列事项：①表明“信汇”或“电汇”的字样；②无条件支付的委托；③确定的金额；④收款人名称；⑤汇款人名称；⑥汇入地点、汇入行名称；⑦汇出地点、汇出行名称；⑧委托日期；⑨汇款人签章。

汇款人和收款人均为个人，需要在汇入银行支取现金的，应在信、电汇凭证的汇款金额大写栏，先填写“现金”字样，后填写汇款金额。

2. 银行受理

汇出银行受理汇款人签发的汇兑凭证，经审查无误后，应及时向汇入银行办理汇款，并向汇款人签发汇款回单。汇款回单只能作为汇出银行受理汇款的依据，不能作为该笔汇款已转入收款人账户的证明。

真题精析

【单选题】汇出银行受理汇款人签发的（　　）凭证，经审查无误后，应及时向汇入银行办理汇款，并向汇款人签发（　　）。

A. 转账转账回单　　　　B. 委托汇款回单

C. 承兑承兑回单　　　　D. 汇兑汇款回单

【答案及解析】D　汇出银行受理汇款人签发的汇兑凭证，经审查无误后，应及时向汇入银行办理汇款，并向汇款人签发汇款回单。汇款回单只能作为汇出银行受理汇款的依据，不能作为该笔汇款已转入收款人账户的证明。故选D。

3. 汇入处理

汇入银行对开立存款账户的收款人，应将汇入款项直接转入收款人账户，并向其发出收账通知。收账通知是银行将款项确已收入收款人账户的凭据。

（三）汇兑的撤销和退汇

（1）汇兑的撤销。汇款人对汇出银行尚未汇出的款项可以申请撤销。汇出银行查明确未汇出款项的，收回原信、电汇回单，方可办理撤销。

(2) 申请退汇。汇款人对汇出银行已经汇出的款项可以申请退汇。

汇入银行对于向收款人发出取款通知，经过2个月无法交付的汇款，应主动办理退汇。

二、委托收款

(一) 委托收款的概念

委托收款是指收款人委托银行向付款人收取款项的结算方式。单位和个人凭已承兑的商业汇票、债券、存单等付款人债务证明办理款项的结算，均可以使用委托收款结算方式，委托收款在同城、异地均可以使用，其结算款项的划回方式分为邮寄和电报两种，由收款人选用。

(二) 委托收款的记载事项

委托收款的记载事项包括以下几种。

(1) 表明“委托收款”的字样。

(2) 确定的金额。

(3) 付款人名称。

(4) 收款人名称。

(5) 委托收款凭据名称及附寄单证张数。

(6) 委托日期。

(7) 收款人签章。

(三) 委托收款的基本规定

1. 委托收款办理方法

(1) 以银行为付款人的，银行应在当日将款项主动支付给收款人。

(2) 以单位为付款人的，银行通知付款人后，付款人应于接到通知当日书面通知银行付款。

银行在办理划款时，付款人存款账户不能足额支付的，应通过被委托银行向收款人发出未付款项通知书。

真题精析

【判断题】以单位为付款人的，银行通知付款人后，付款人应通知银行付款。（　　）

【答案及解析】× 以单位为付款人的，银行通知付款人后，付款人应于接到通知当日书面通知银行付款。此语句的表达中丢失了行为时间“接到通知当日”，以及行为的方式，应该要“书面形式通知”。

2. 委托收款的注意事项

（1）付款人审查有关债务证明后，对收款人委托收取的款项需要拒绝付款的，有权提出拒绝付款。

（2）收款人收取公用事业费，必须具有收付双方事先签订的经济合同，由付款人向开户银行授权，并经开户银行同意，报经中国人民银行当地分支行批准，可以使用同城特约委托收款。

三、托收承付

（一）托收承付的概念

托收承付是指根据购销合同由收款人发货后委托银行向异地付款人收取款项，由付款人向银行承付的结算方式。

使用托收承付结算方式的收款单位和付款单位，必须是国有企业、供销合作社及经营管理较好，并经开户银行审查同意的城乡集体所有制工业企业。

办理托收承付结算的款项，必须是商品交易及因商品交易而产生的劳务供应的款项。代销、寄销、赊销商品的款项不得办理托收承付结算。

托收承付结算每笔的金额起点为 1 万元，新华书店系统每笔的金额起点为 1 000 元。

（二）托收承付的结算规定

托收承付凭证记载事项有：①表明“托收承付”的字样；②确定的金额；③付款人的名称和账号；④收款人的名称和账号；⑤付款人的开

户银行名称；⑥收款人的开户银行名称；⑦托收附寄单证张数或册数；⑧合同名称、号码；⑨委托日期；⑩收款人签章。

收付双方使用托收承付结算方式必须签有符合《合同法》的购销合同，并在合同上订明使用托收承付结算款项的划回方法，分为邮寄和电报，由收款人选用。

（三）托收承付的办理方法

1. 托收

收款人按照签订的购销合同发货后，应将托收凭证并附发运凭证或其他符合托收承付结算的有关证明和交易单证送交银行。

2. 承付

购货单位承付货款有验单承付和验货承付两种方式。验单承付期为3天，从购货单位开户银行发出通知的次日算起(承付期内遇法定节假日顺延)。验货付款的承付期为10天，从运输部门向付款人发出提货通知的次日算起，付款人在承付期内，未向银行表示拒绝付款，银行即视作承付，在承付期满的次日上午将款项划给收款人。

真题精析

【判断题】 代销、寄销、赊销商品的款项可以办理托收承付结算。（　　）

【答案及解析】 ×　代销、寄销、赊销商品的款项不得办理托收承付结算。

3. 逾期付款

（1）付款人开户银行对付款人逾期支付的款项，应当根据逾期付款金额和逾期天数，按每天万分之五计算逾期付款赔偿金。

（2）赔偿金实行定期扣付，每月计算一次。

（3）付款人开户银行对逾期未付的托收凭证，负责进行扣款的期限为三个月。

4. 拒绝付款

（1）没有签订购销合同或购销合同未订明托收承付结算方式的款项。

(2) 未经双方事先达成协议，收款人提前交货或因逾期交货，付款人不再需要该货物的款项。

(3) 未按合同规定的到货地址发货的款项。

(4) 代销、寄销、赊销商品的款项。

(5) 验单付款，经查验货物与合同规定或与发货清单不符的款项。

(6) 验货付款，发现不符的款项。

(7) 货款已支付或计算有错误的款项。

四、国内信用证

(一) 国内信用证的概念

国内信用证(简称信用证)是适用于国内贸易的一种支付结算方式，是开证银行依照申请人(购货方)的申请向受益人(销货方)开出的有一定金额、在一定期限内凭信用证规定的单据支付款项的书面承诺。

(二) 国内信用证的结算方式

国内信用证结算方式只适用于国内企业之间商品交易产生的货款结算，并且只能用于转账结算，不得支取现金。

(三) 国内信用证的办理基本程序

1. 开证申请

开证行决定受理开证业务时，应向申请人收取不低于开证金额20%的保证金，并可根据申请人资信情况要求其提供抵押、质押或由其他金融机构出具保函。

2. 受理开证

开证银行如受理，则应向申请人收取不低于开证金额 20%的保证金。

3. 信用证的通知

通知行收到信用证审核无误后，应填制信用证通知书，连同信用证交付受益人。

4. 议付

议付，是指信用证指定的议付行在单证相符条件下，扣除议付利息后向受益人给付对价的行为。议付行必须是开证行指定的受益人开户行。议付仅限于延期付款信用证。

议付行议付后，应将单据寄开证行索偿资金。议付行议付信用证后，对受益人具有追索权。到期不获付款的，议付行可从受益人账户收取议付金额。

5. 付款

开证行对议付行寄交的凭证、单据等审核无误后，对即期付款信用证，从申请人账户收取款项支付给受益人；对延期付款信用证，应向议付行或受益人发出到期付款确认书，并于到期日从申请人账户收取款项支付给议付行或受益人。

申请人交存的保证金和其存款账户余额不足支付的，开证行仍应在规定的付款时间内进行付款。对不足支付的部分作逾期贷款处理。

真题精析

【单选题】信用证是开证银行依照申请人(　　)的申请向受益人(　　)开出的有一定金额、在一定期限内凭信用证规定的单据支付款项的书面承诺。

A. 销货方购货方　　　　B. 付款人收款人

C. 收款人付款人　　　　D. 购货方销货方

【答案及解析】D　信用证是适用于国内贸易的一种支付结算方式，是开证银行依照申请人(购货方)的申请向受益人(销货方)开出的有一定金额、在一定期限内凭信用证规定的单据支付款项的书面承诺。故选D。

【案例分析题】

1. 2014年甲公司发生了下列事项。

(1) 甲公司销售给乙公司一批货物，甲公司按合同约定按期交货，乙公司签发一张金额为15万元的转账支票交给甲公司。甲公司到银行提示付款时，发现是张空头支票。甲公司主张：中国人民银行应对乙公司处以罚款，并要求乙公司给予经济赔偿。

(2) 甲公司向乙公司购买一批产品，向其交付了一张45万元的银行汇票，该汇票的收款人为乙公司，付款人为丙银行。因受市场变化的影响，该业务的实际结算金额变为 50 万元。乙公司接受此银行汇票后，到丙银行提示付款时，丙银行拒绝付款。

（3）甲公司某采购人员持由该公司开户银行签发的、不能用于支取现金的银行本票，购置一批价值 20 万元的产品。由于该采购人员保管不善，在途中将该银行本票丢失。随后，甲公司根据该采购人员的报告，将银行本票遗失情况通知公司开户银行，要求挂失止付，但公司开户银行对上述情况进行审查后拒绝办理挂失止付。

（4）甲公司和乙公司签订一项购销合同，甲公司向乙公司开出 1 个月付款的银行汇票。乙公司将汇票背书后向丁公司转让，丁公司又背书后向己公司转让。

（5）甲公司 7 月从现金收入中直接支取 6 万元用于职工福利。

要求：结合上述资料，根据我国《金融法》的相关规定，回答下列问题。

（1）乙公司应被中国人民银行处以(　　)元的罚款，给予甲公司经济赔偿(　　)元。

A. 7 500，3 000　　B. 4 000，10 000

C. 10 000，10 000　　D. 4 000，4 000

（2）关于丙银行的做法，下列选项正确的是(　　)。

A. 丙银行做法正确

B. 丙银行不应拒绝付款，应按照实际结算金额支付

C. 丙银行不应拒绝付款，应按照银行汇票上填写的金额支付

D. 由于银行汇票的实际结算金额超过出票金额，所以丙银行才不予受理

（3）关于开户银行拒绝挂失止付的说法，正确的是(　　)。

A. 开户银行拒绝挂失止付的行为是正确的

B. 甲公司不能用于支取现金的银行本票不适用挂失止付

C. 银行由于无法确认此银行本票丢失的真实性才拒绝挂失止付

D. 挂失止付是票据丧失后采取的必要措施

（4）如果乙公司未履行供货义务，下列说法正确的是（　　）。

A. 甲公司有权要求银行停止支付该汇票

B. 甲公司无权要求银行停止支付该汇票

C. 银行对汇票当事人之间的纠纷不承担责任

D. 票据债务人不得以其与持票人前手之间的抗辩理由对抗持票人

（5）关于甲公司从现金收入中直接支取 6 万元用于职工福利的做法，下列说法正确的是（　　）。

A. 由于来回转账不方便，所以甲公司的做法符合规定

B. 甲公司的做法为坐支现金

C. 开户单位支付现金，可以从本单位库存现金限额中支付或从开户银行提取，只有会计主管同意时才能从现金收入中直接支付

D. 开户单位支付现金，可以从本单位库存现金限额中支付或从开户银行提取，不得从本单位现金收入中直接支付。

【答案及解析】（1）A　签发空头支票或者签发与其预留的签章不符的支票，不以骗取财物为目的的，由中国人民银行处以票面金额 5%但不低于 1 000 元的罚款；持票人有权要求出票人赔偿支票金额 2%的赔偿金。因此，中国人民银行应处乙公司 150 000×5%＝7 500（元）的罚款，乙公司应赔偿甲公司 150 000×2%＝3 000（元）。故选 A。

（2）AD　丙银行的做法是正确的。根据《支付结算办法》第 61 条的规定，银行汇票的实际结算金额超过出票金额的，银行不予受理。故选 AD。

（3）AB　开户银行拒绝挂失止付是正确的。挂失止付是指失票人将丧失票据的情况通知付款人或代理付款人，由接受通知的付款人或代理付款人审查后暂停支付的一种方式。只有确定付款人或代理付款人的票据丧失时，才可以进行挂失止付，具体包括已承兑的商业汇票、支票、填明“现金”字样和代理付款人的银行汇票以及填明“现金”字样的银行本票四种。甲公司不能用于支取现金的银行本票不适用挂失止付。挂失止付并不是票据丧失后采取的必经措施。故选 AB。

(4) BCD 甲公司无权要求银行停止支付该汇票。因为付款银行的责任只限于按照汇票记载事项支付汇票金额，对汇票当事人之间的纠纷不承担责任。根据票据法律制度相关规定，票据债务人不得以其与持票人前手之间的抗辩理由对抗持票人。故选 BCD。

(5) BD 甲公司从现金收入中直接支取 6 万元用于职工福利的做法不符合规定。开户单位支付现金。可以从本单位库存现金限额中支付或者从开户银行提取，不得从本单位的现金收入中直接支付(即坐支)。故选 BD。

2. 甲公司向乙公司开出转账支票，其他记载事项填列正确、齐全，只有金额一项书面授权甲公司销售经理进行补记，且规定补记金额不得超过本次购货金额。实际甲公司从乙公司购货金额为 16 万元，销售经理补记金额为 18 万元。乙公司收到该支票后又背书转让给丙公司，背书人签章，被背书人名称记录正确，但未注明日期，该支票出票日为 8 月 15 日，丙公司于 8 月 20 日向付款人提示付款。甲公司以该票据代理人超越代理权限为由拒绝付款，丙公司向乙公司行使追索权，乙公司以背书记载事项不全、背书无效为由拒绝承担连带责任。

要求：试分析甲公司和乙公司的拒绝付款理由是否成立。

【答案及解析】甲公司和乙公司拒绝付款理由均不成立。票据是一种要式证券，只要票据记载事项填列齐全、格式正确、持票人取得票据程序合法，出票人就具有按票据记载无条件支付的义务。代理人超越代理权限不能成为付款人对抗持票人的合法理由。其中，背书日期属于非绝对记载事项，是否记载不影响背书转让的有效性。无论甲公司还是乙公司，均有无条件付款的义务。若甲公司按票据金额支付 18 万元给丙公司，则付款金额超过购货金额的部分由代理人承担责任；若乙公司将 18 万元支付给丙公司，可向甲公司追索 16 万元，甲公司应无条件支付。如果乙公司全额向甲公司追索，则甲公司可行使抗辩权，因为乙公司是票据关系中的直接相对人，且乙公司只发了 16 万元货，未完全给付对价。

同步强化练习题库

一、单项选择题

1. 下列关于汇兑的说法，错误的是（　　）。
A. 汇款人对汇出银行尚未汇出的款项可以申请撤销
B. 汇兑结算适用于各种经济内容的异地提现和结算
C. 汇兑是汇款人委托银行将其款项支付给收款人的结算方式
D. 汇款人对汇出银行已经汇出的款项不可以申请退汇
2. 既能用于支取现金，又能用于转账的支票是（　　）。
A. 划线支票　　B. 普通支票
C. 现金汇票　　D. 转账支票
3. 关于支票的办理要求，说法错误的是（　　）。
A. 支票的出票人签发支票的金额不得超过付款时在付款人处实有的存款金额
B. 支票的出票人预留银行签章是银行审核支票付款的依据
C. 出票人不得签发与其预留银行签章不符的支票
D. 根据需要，可以签发空头支票
4. 关于银行汇票的说法错误的是（　　）。
A. 银行汇票可以用于转账，但不可以用于提取现金
B. 银行汇票的付款人为银行汇票的出票银行
C. 银行汇票的提示付款期限自出票日起一个月内
D. 银行汇票可以背书转让
5. 对于经营性存款人，在使用银行结算账户的过程中，违反规定支取现金的，给予（　　）处罚措施。
A. 警告并处以 3 000 元以上 1 万元以下罚款
B. 警告并处以 5 000 元以上 1 万元以下罚款
C. 警告并处以 5 000 元以上 3 万元以下罚款
D. 警告并处以 3 万元以上 5 万元以下罚款

6. 根据《人民币银行结算账户管理办法》的规定，下列各项中，符合申请开立临时存款账户条件的是(　　)。

A. 办理注册验资　　　　B. 办理基本建设资金

C. 办理更新改造资金　　D. 办理汇兑

7. 根据《人民币银行结算账户管理办法》的规定，存款人申请开立专用存款账户时，下列各项正确的是(　　)。

A. 同一个证明文件，可以开立三个专用存款账户

B. 同一个证明文件，可以开立四个专用存款账户

C. 同一个证明文件，只能开立一个专用存款账户

D. 同一个证明文件，可以开立两个专用存款账户

8. 一般存款账户是指存款人因(　　)需要，在基本存款账户开户银行以外的银行营业机构开立的银行结算账户。

A. 日常转账结算　　　　B. 借款或其他结算需要

C. 现金收支　　　　　　D. 特定用途

9. 根据《人民币银行结算账户管理办法》的规定，不得申请撤销银行结算账户的情况是(　　)。

A. 存款人因迁址需要变更开户银行的

B. 存款人被注销、被吊销营业执照的

C. 存款人尚未清偿其开户银行债务，拟宣告破产的

D. 存款人被撤并、解散的

10. (　　)是银行结算账户的监督管理部门。

A. 银监会　　　　　　B. 中国人民银行总行

C. 财政局　　　　　　D. 国资委

11. ￥17 000.53的中文大写方法是(　　)。

A. 壹万柒仟元零伍角叁分

B. 人民币壹万柒仟元零伍角叁分

C. 壹万柒仟元整零伍角叁分

D. 人民币壹万零柒仟元整零伍角叁分

12. 根据票据法律制度的规定，下列有关汇票未记载事项的表达中，正确的是(　　)。

A. 汇票上未记载付款日期的，为出票后 3 个月内付款

B. 汇票上未记载付款地的，出票人的营业场所、住所或者经常居住地为付款地

C. 汇票上未记载收款人名称的，经出票人授权可以补记

D. 汇票上未记载出票日期的，该汇票无效

13. 银行本票的提示付款期限自出票日起最长不得超过（　　）。持票人超过付款期限提示付款的，代理付款人不予受理。本票的（　　）未按照规定期限提示见票的，丧失对出票人以外的前手的追索权。

A. 3 个月持票人　　B. 2 个月出票人

C. 3 个月出票人　　D. 2 个月持票人

14. 银行汇票的提示付款期限是（　　）。

A. 自出票日起 6 个月　　B. 自出票日起 1 个月

C. 自出票日起 15 日　　D. 自出票日起 7 个月

15. 下列不属于银行汇票绝对应记载的事项是（　　）。

A. 确定的金额　　B. 付款人名称

C. 付款日期　　D. 出票日期

16. 银行汇票的付款地为（　　）所在地。

A. 持票人　　B. 背书人

C. 保证人　　D. 出票人

17. 付款人对向其提示承兑的汇票，应当自收到提示（　　）承兑或者拒绝承兑。如果付款人在此时间内不作承兑与否表示的，则应视为拒绝承兑。持票人可以请求其作出拒绝承兑证明，向其前手行使追索权。

A. 承兑的汇票之日起 15 日内

B. 承兑的汇票之日起 6 日内

C. 承兑的汇票之日起 1 个月内

D. 承兑的汇票之日起 3 日内

18. 对没有在银行单独开立账户的附属单位也要实行（　　），必须保留的现金，也要（　　），其限额包括在开户单位的库存限额之内。

A. 现金管理在库存现金限额之内

B. 现金管理核定限额

C. 现金管理根据营业额核定定额

D. 现金管理固定限额

19. 某企业收款人持有一张于2012年3月10日开具的付款支票，其最晚应于(　　)前到银行提示付款。

A. 3月10日　　B. 3月15日

C. 3月19日　　D. 3月20日

20. 开户银行对已开户一年，但未发生任何业务的账户，应通知存款人自发出通知(　　)日内到开户银行办理销户手续。

A. 15　　B. 20

C. 30　　D. 60

21. 填写票据出票日期时，“2月12日”应填写为(　　)。

A. 贰月拾贰日　　B. 零贰月拾贰日

C. 零贰月壹拾贰日　　D. 贰月壹拾贰日

22. (　　)是指票据当事人行使付款请求权遭到拒绝或其他法定原因存在时，向其前手请求偿还票据金额及其他法定费用的权利。

A. 票据追索权　　B. 付款请求权

C. 付款义务　　D. 偿还义务

23. (　　)是指存款人按照法律、行政法规和规章，对有特定用途资金进行专项管理和使用而开立的银行结算账户。

A. 临时存款账户　　B. 专用存款账户

C. 一般存款账户　　D. 基本存款账户

24. 票据行为是指票据当事人以发生票据债务为目的的、以在票据上签名或盖章为权利与义务成立要件的法律行为，包括出票、背书、(　　)和保证四种。

A. 汇兑　　B. 承兑

C. 转账　　D. 支付

25. 下列关于转账支票的叙述中，错误的是(　　)。

A. 可用于转账结算

B. 可背书转让

C. 可用于支取现金

D. 只能在付款人所在票据交换区域内使用

26. 下列关于支票的提示付款期限的表述中，正确的是(　　)。

A. 自出票日起10日内

B. 自出票日起20日内

C. 自出票日起30日内

D. 自出票日起60日内

二、多项选择题

1. 商业汇票相对记载事项包括(　　)。

A. 无条件支付的委托

B. 表明商业承兑汇票或银行承兑汇票的字样

C. 汇票上未记载付款日期的，视为见票即付

D. 汇票上未记载出票地的，出票人的营业场所、住所或者经常居住地为出票地

2. 关于商业汇票的承兑说法正确的有(　　)。

A. 承兑是指汇票付款人承诺在汇票到期日支付汇票金额的票据行为

B. 承兑是汇票特有的制度

C. 见票即付的汇票无需提示承兑

D. 付款人承兑商业汇票，不得附有条件

3. 保证人必须在汇票或粘单上记载(　　)。

A. 表明“保证”的字样　　B. 保证人名称和住所

C. 被保证人的名称　　D. 保证日期

4. 关于银行本票的说法正确的是(　　)。

A. 单位和个人在同一票据交换区域需要支付的各种款项，均可以使用银行本票

B. 申请人或收款人为单位的，不得申请签发现金银行本票

C. 银行本票的提示付款期限自出票日起最长不得超过2个月

D. 银行本票是出票人签发的，承诺自己在见票时无条件支付确定

的金额给收款人或者持票人的票据

5. 按照账户币种的不同，银行卡分为(　　)。

A. 境内卡　　B. 境外卡

C. 人民币卡　　D. 外币卡

6. 可以申请注销银行卡的情况有(　　)。

A. 信用卡有效期满 45 天后，持卡人不更换新卡的

B. 信用卡挂失满 45 天后，没有附属卡又不更换新卡的

C. 信用卡被列入止付名单，发卡银行已收回其信用卡 45 天的

D. 持卡人死亡，发卡银行已收回其信用卡 45 天的

7. 下列属于托收承付记载事项的有(　　)。

A. 收款人的名称和账户

B. 付款人的开户银行名称

C. 收款人的开户银行名称

D. 托收附寄单证张数和册数

8. 根据《现金管理暂行条例》的规定，下列项目可以使用现金支付(　　)。

A. 职工工资、津贴

B. 出差人员必须随身携带的差旅费

C. 各种劳保、福利费用以及国家规定的对个人的其他支出

D. 向单位收购农副产品和其他物资的价款

9. 下列各项关于￥8 090.70 的中文大写的写法中，正确的有(　　)。

A. 人民币捌仟零玖拾元柒角整

B. 人民币捌仟零玖拾元零柒角

C. 人民币捌仟零玖拾元零柒角整

D. 人民币捌仟零玖拾元柒角

10. 下列各项中，(　　)是支付结算的法律依据。

A. 与支付结算有关的法律

B. 与支付结算有关的行政法规及部门规章

C. 与支付结算有关的地方性规定

D. 中国人民银行颁布的有关支付结算的政策性文件

11. 办理支付结算时，必须符合(　　)基本要求。

A. 单位、个人和银行应当按照《人民币银行结算账户管理办法》的规定开立、使用账户

B. 办理支付结算必须使用按中国人民银行统一规定印制的票据和结算凭证

C. 票据和结算凭证的填写应当规范、清晰，并防止涂改

D. 票据和结算凭证上的签章和其他记载事项应当真实

12. 根据《支付结算办法》的规定，签发汇兑凭证必须记载的事项有(　　)。

A. 表明“信汇”或“电汇”的字样

B. 无条件支付的委托和确定的金额

C. 收款人名称、汇款人名称、汇入地点、汇入行名称

D. 汇出地点、汇出行名称、委托日期和汇款人签章

13. 签发商业汇票必须记载(　　)。

A. 出票日期

B. 表明商业承兑汇票或银行承兑汇票的字样

C. 付款人名称

D. 出票人签章

14. 票据权利是指票据持票人向票据债务人请求支付票据金额的权利，包括(　　)。

A. 付款请求权　　B. 追索权

C. 付款义务　　D. 偿还义务

15. 行使付款请求权的持票人可以是(　　)。

A. 票载收款人

B. 代为清偿票据债务的保证人

C. 最后被背书人

D. 代为清偿票据债务的背书人

16. 票据的非基本当事人包括(　　)。

A. 承兑人　　B. 背书人

C. 收款人　　D. 出票人

17. 在商品交易、劳务供应等经济往来中，现金结算是指(　　)。

A. 单位与个人之间的款项收付

B. 单位之间的转账

C. 零星小额收付

D. 单位之间的转账结算起点金额以下的零星小额收付

18. 存款人有下列(　　)情形可开立异地银行结算账户。

A. 营业执照注册地与经营地不在同一行政区域，需要开立基本存款账户的

B. 办理异地借款和其他结算需要开立一般存款账户

C. 存款人因附属的非独立核算单位或派出机构发生的收入汇缴或业务支出需要开立专用存款账户的

D. 异地临时经营活动需要开立临时存款账户

19. 票据丧失后可以采取的补救方式有(　　)。

A. 挂失止付　　B. 公示催告

C. 向银行索赔　　D. 普通讼诉

20. 在办理支付结算的基本要求中，正确的说法是(　　)。

A. 未使用中国人民银行统一规定的结算凭证，银行不予受理

B. 办理支付结算必须按统一的规定开立和使用账户

C. 票据和结算凭证金额以阿拉伯数码记载

D. 票据和结算凭证上的签章和记载事项必须真实

21. 银行、单位和个人在办理结算过程中，必须遵守的基本原则包括(　　)。

A. 恪守信用，履约付款

B. 必须提供担保

C. 谁的钱进谁的账，由谁支配

D. 银行不垫款

22. 银行汇票的记载事项中应包括以下(　　)。

A. 表明“银行汇票”的字样

B. 无条件支付的承诺

C. 金额、付款人和收款人名称

D. 出票日期以及出票人签章

23. 存款人有下列(　　)情形之一的，应向开户银行提出撤销银行结算账户的申请。

A. 被撤并、解散、宣告破产或关闭的

B. 注销、被吊销营业执照的

C. 因迁址需要变更开户银行的

D. 存款人尚未清偿开户银行债务的

24. 存款人申请开立一般存款账户，应向银行出具(　　)。

A. 开立基本存款账户规定的证明文件

B. 基本存款账户开户登记证

C. 存款人因向银行借款需要，应出具借款合同

D. 存款人因其他结算需要，应出具有关证明

25. 下列属于临时存款账户开户要求的是(　　)。

A. 设立临时机构

B. 异地临时经营活动

C. 注册验资(注册验资的临时存款账户在验资期间只收不付)

D. 境外(含港澳台地区)机构在境内从事经营活动等

26. 根据《银行账户管理办法》的规定，下列存款人中，可以申请开立基本存款账户的是(　　)。

A. 企业法人内部单独核算的单位

B. 居民委员会

C. 单位附设的招待所

D. 个体工商户

27. 银行卡分个人卡和单位卡，其申领的相关表述正确的是(　　)。

A. 公民可凭本人有效身份证件及发卡银行规定的相关证明文件申领单位卡

B. 个人卡的主卡持卡人申领的附属卡最多不得超过两张

C. 主卡持卡人有权要求注销其附属卡

D. 单位卡可申领若干张

28. 银行汇票中未记载付款地的，以付款人的以下法定地点为付款地（　　）。

A. 营业场所　　B. 住所

C. 经常居住地　　D. 主要财产所在地

三、判断题

1. 单位银行卡账户的资金可以由基本存款账户转账存入，也可以以收到的现金存入。（　　）

2. 根据《票据法》的规定，背书是指收款人或持票人为将票据权利转让给他人或者将一定的票据权利授予他人行使而在票据背面或者粘单上记载有关事项并签章的行为。（　　）

3. 甲企业在其银行存款不足1万元的情况下，向业务单位开出一张1.5万元的转账支票，银行可对其处于1 000元罚款。（　　）

4. 根据《支付结算办法》的规定，支票的出票日期是支票的相对记载事项。（　　）

5. 现金支票不得背书转让。（　　）

6. 银行汇票的出票银行为银行汇票的付款人，银行汇票的付款地为代理付款人或出票人所在地。（　　）

7. 挂失止付是票据丧失后采取的必须措施。（　　）

8. 出票人、付款人和收款人是票据的基本当事人，是在票据作成和交付时就业已存在的当事人，是构成票据法律关系的必要主体。（　　）

9. 银行汇票、银行本票和商业汇票的签发人均为银行。（　　）

10. 为了加强对住房基金和社会保障基金的管理，存款人应依法申请在银行开立专用存款账户。（　　）

11. 单位、个人和银行都应当按照《银行账户管理办法》的规定开立、使用账户。（　　）

12. 根据《人民币银行结算账户管理办法》的规定，中国人民银行是银行结算账户的监督管理部门。（　　）

13. “1月15日”出票的票据，票据的出票日期“零壹月壹拾伍日”符合票据和结算凭证填写要求。（　　）

14. 所有银行汇票既可以转账，也可以用于支取现金。（　　）

15. 根据《支付结算办法》的规定，商业汇票未按规定期限提示承兑的，持票人丧失对其前手的追索权。（　　）

16. 根据《票据法》的规定，票据的收款人(或持票人)，是指从出票人(或背书人)那里接受票据并有权向付款人请求付款的人。（　　）

17. 现金结算具有直接便利、安全性高等特点。（　　）

18. 银行卡销户时，单位卡账户余额和个人卡账户余额都可以转账结清，也可以提取现金。（　　）

19. 票据出票日期使用小写的，银行可以受理，但由此造成的损失由出票人承担。（　　）

20. 存款人更改名称，但不改变开户银行以及账号，应于2个工作日内向开户银行提出银行结算账户的变更申请。（　　）

21. 个体工商户凭营业执照字号或经营者姓名开立的银行结算账户纳入单位银行结算账户管理。（　　）

22. 一般存款账户不办理现金支取。（　　）

23. 个人银行结算账户和储蓄账户都可以用于办理个人转账收付和现金支取。（　　）

24. 因经营需要在异地办理收入汇缴和业务支出的存款人在异地开立专用存款账户的，应出具隶属单位的证明。（　　）

25. 一个单位只能在一家银行的一个营业机构开设一个基本存款账户。（　　）

26. 个人银行结算账户用于办理个人转账收付和现金支取，储蓄账户用于办理现金存取业务，也可以办理转账业务。（　　）

27. 挂失止付并不是票据丢失后采取的必经措施，而仅仅是一种暂时的预防措施。（　　）

28. 银行汇票可以用于转账，但不可用于支取现金。 ( )

29. 注明“现金”字样的银行汇票不得背书转让。 ( )

30. 收款人收取公用事业费，由付款人向开户银行授权，并经开户银行同意，报经中国人民银行当地分支行批准，可以使用同城特约委托收款。 ( )

31. 使用托收承付结算款项的划回方法，分为邮寄和电报，由收款人选用。 ( )

32. 国内信用证结算方式只适用于国内企业之间商品交易产生的货款结算，可以转账结算，也可支取现金。 ( )

四、案例分析

乙公司 2015 年 3 月发生如下业务。

(1) 3 月 3 日，向 B 公司购买一批货物，向银行申请“现金银行汇票”用于结算货款。

(2) 3 月 7 日，与 C 公司签订一份彩电购销合同。该合同规定：由 C. 公司在 10 日内向乙公司提供彩电 10 台，共计贷款 25 万元。双方约定用人民银行汇票进行支付。

(3) 3 月 15 日，C 公司将 100 台彩电交付乙公司，乙遂向其开户银行 A. 申请签发银行汇票。

(4) 3 月 20 日，人民银行遂发出了出票人、付款人为人民银行，收款人为 C 公司，票面金额 25 万元，付款期限为 6 个月的银行汇票。但由于疏忽，银行工作人员未记载出票日期。乙公司将该汇票和解讫通知交付 C 公司。此后，C 公司又将该汇票转让给 D 公司。9 月 4 日，D 公司持该汇票向代理付款银行提示付款。

(5) 3 月 22 日，将工会经费存入其在某商业银行的专用账户。

根据上述情况，回答下列问题：

(1) 银行存款账户按用途划分，可分为( )。

A. 基本存款账户　　B. 一般存款账户

C. 临时存款账户　　　　　　D. 专用存款账户

(2) 下列各项中，属于专用账户使用范围的有(　　)。

A. 因借款或其他结算需要设立的银行结算账户

B. 为社会保障基金、住房基金设立的银行结算账户

C. 为基本建设、更新改造资金设立的银行结算账户

D. 为财政预算外资金、证券交易结算资金、期货交易保证金设立的银行结算账户

(3) 下列各项中，属于银行结算账户撤销事由的有(　　)。

A. 注销、被吊销营业执照

B. 因迁址需要变更开户银行

C. 被撤并、解散、宣告破产或关闭

D. 存款人尚未清偿开户银行债务的

(4) C公司的行为属于(　　)。

A. 保证　　　　　　B. 出票

C. 背书　　　　　　D. 交付

(5) 商业汇票的付款期限最长不得超过(　　)。

A. 1年　　　　　　B. 6个月

C. 1个月　　　　　D. 3个月

同步强化练习题库答案解析

一、单项选择题

1. 【答案及解析】　D　汇款人对汇出银行已经汇出的款项可以申请退汇。转汇银行不得受理汇款人或汇出银行对汇款的撤销或退汇。故选D。

2. 【答案及解析】　B　普通支票可以用于支取现金，也可用于转账；在普通支票左上角划两条平行线的，为划线支票，划线支票只能用于转账，不能支取现金。故选B。

3.【答案及解析】 D 本题考查支票办理的要求。选项D说法错误，不可以办理空头支票。故选D。

4.【答案及解析】 A 银行汇票可以用于转账，标明现金字样的“银行汇票”也可以提取现金。故选A。

5.【答案及解析】 C 本题考核存款人违反账户管理制度的处罚。故选C。

6.【答案及解析】 A 本题考核临时存款账户的开户要求。故选A。

7.【答案及解析】 C 本题考核专用存款账户的开户。故选C。

8.【答案及解析】 B 本题考核一般存款账户的内容。故选B。

9.【答案及解析】 C 存款人尚未清偿其开户银行债务，不得申请撤销银行结算账户。故选C。

10.【答案及解析】 B 本题考核中国人民银行总行的职能。故选B。

11.【答案及解析】 B 本题考核办理支付结算的具体要求。故选B。

12.【答案及解析】 D 选项A，汇票上未记载付款日期的，为见票即付；选项B，汇票上未记载付款地的，付款人的营业场所、住所或者经常居住地为付款地；选项C，汇票收款人名称不可以授权补记。故选D。

13.【答案及解析】 D 银行本票的提示付款期限自出票日起最长不得超过2个月。持票人超过付款期限提示付款的，代理付款人不予受理。本票的持票人未按照规定期限提示见票的，丧失对出票人以外的前手的追索权。故选D。

14.【答案及解析】 B 银行汇票的提示付款期限自出票日起1个月。持票人超过付款期限提示付款的，代理付款人银行不予受理。故选B。

15.【答案及解析】 C 签发银行汇票必须记载下列事项：表明“银行汇票”的字样，无条件支付的承诺，出票金额，付款人名称，收款人名称，出票日期，出票人签章等。故选C。

16.【答案及解析】　D　银行汇票的付款地为代理付款人或出票人所在地。故选D。

17.【答案及解析】　D　按照承兑时间的要求，付款人对向其提示承兑的汇票，应当自收到提示承兑的汇票之日起3日内承兑或者拒绝承兑。如果付款人在3日内不作承兑与否表示的，则应视为拒绝承兑。持票人可以请求其作出拒绝承兑证明，向其前手行使追索权。故选D。

18.【答案及解析】　C　在银行结算中规定，对没有在银行单独开立账户的附属单位也要实行现金管理，必须保留的现金，也要核定限额，其限额包括在开户单位的库存限额之内。商业和服务行业的找零备用现金也要根据营业额核定定额，但不包括在开户单位的库存现金限额之内。故选C。

19.【答案及解析】　C　收款人应于3月19日前到银行提示付款，因为支票的提示付款期为自出票日起10日。故选C。

20.【答案及解析】　C　开户银行对已开户一年，但未发生任何业务的账户，应通知存款人自发出通知30日内到开户银行办理销户手续，逾期视同自愿销户。故选C。

21.【答案及解析】　C　在填写月日时，月为壹、贰和壹拾的，日为壹至玖和壹拾、贰拾和叁拾的，应在其前面加零，日为壹至拾玖的应在其前面加“壹”。故选C。

23.【答案及解析】　A　票据追索权是指票据当事人行使付款请求权遭到拒绝或其他法定原因存在时，向其前手请求偿还票据金额及其他法定费用的权利。故选A。

24.【答案及解析】　B　专用存款账户，是指存款人按照法律、行政法规和规章，对有特定用途资金进行专项管理和使用而开立的银行结算账户。故选B。

25.【答案及解析】　B　票据行为是指票据当事人以发生票据债务为目的的、以在票据上签名或盖章为权利与义务成立要件的法律行为，包括出票、背书、承兑和保证四种。故选B。

26.【答案及解析】 C 转账支票只能转账，不能支取现金。故选C。

27.【答案及解析】 A 支票的提示付款期限为自出票日起10日内。故选A。

二、多项选择题

1.【答案及解析】 CD 相对记载事项的内容主要包括：①汇票上未记载付款日期的，视为见票即付；②汇票上未记载付款地的，付款人的营业场所、住所或者经常居住地为付款地；③汇票上未记载出票地的，出票人的营业场所、住所或者经常居住地为出票地。故选CD。

2.【答案及解析】 ABCD 本题考查商业汇票的承兑。以上说法均正确。故选ABCD。

3.【答案及解析】 ABCD 保证人必须在汇票或粘单上记载下列事项：①表明“保证”的字样；②保证人名称和住所；③被保证人的名称；④保证日期；⑤保证人签章。故选ABCD。

4.【答案及解析】 ABCD 本题考核银行本票的内容。以上说法均正确故选ABCD。

5.【答案及解析】 CD 按照账户币种的不同分为人民币卡、外币卡和双币种卡。故选CD。

6.【答案及解析】 ABCD 持卡人在还清全部交易款项、透支本息和有关费用后，有下列情形之一的，可申请办理销户：①信用卡有效期满45天后，持卡人不更换新卡的；②信用卡挂失满45天后，没有附属卡又不更换新卡的；③信用卡被列入止付名单，发卡银行已收回其信用卡45天的；④持卡人死亡，发卡银行已收回其信用卡45天的；⑤持卡人要求销户或担保人撤销担保，并已交回全部信用卡45天的；⑥信用卡账户两年(含)以上未发生交易的；⑦持卡人违反其他规定，发卡银行认为应该取消资格的。故选ABCD。

7.【答案及解析】 ABCD 托收承付凭证记载事项有：①表明

“托收承付”的字样；②确定的金额；③付款人的名称和账号；④收款人的名称和账号；⑤付款人的开户银行名称；⑥收款人的开户银行名称；⑦托收附寄单证张数或册数；⑧合同名称、号码；⑨委托日期；⑩收款人签章。故选 ABCD。

8.【答案及解析】 ABC 选项 D，向“个人”收购农副产品和其他物资的价款可以使用现金。故选 ABC。

9.【答案及解析】 ABCD 阿拉伯金额数字万位和元位是“0”，或者数字中间连续有几个“0”，万位．元位也是“0”，但千位．角位不是“0”时，中文大写金额中可以只写一个零字，也可以不写“零”字。大写金额数字在“角”之后，可以不写“整”（或“正”）字。故选 ABCD。

10.【答案及解析】 ABCD 本题考核支付结算的法律依据。凡是与支付结算的各种结算方式有关的法律、行政法规以及各部门规章和地方性规定都是支付结算的法律依据。此外，中国人民银行颁布的有关支付结算的政策性文件亦是当事人进行支付结算必须遵守的规定。故选 ABCD。

11.【答案及解析】 ABCD 本题考核办理支付结算的基本要求。故选 ABCD。

12.【答案及解析】 ABCD 本题考核签发汇兑凭证必须记载的事项。故选 ABCD。

13.【答案及解析】 ABCD 本题考核商业汇票必须记载事项。故选 ABCD。

14.【答案及解析】 AB 票据权利是指票据持票人向票据债务人请求支付票据金额的权利，包括付款请求权和追索权。选项 C、D 属于票据义务。故选 AB。

15.【答案及解析】 AC 行使付款请求权的持票人可以是票载收款人和最后被背书人；行使追索权的当事人除票载收款人和最后被背书人外，还可能是代为清偿票据债务的保证人、背书人。故选 AC。

16.【答案及解析】 AB 选项 C、D 属于票据的基本当事人。选项A、B属于票据的非基本当事人。故选AB。

17.【答案及解析】 AD 现金结算是指在商品交易、劳务供应等经济往来中，直接使用现金进行应收应付款结算的一种行为。在我国主要适用于单位与个人之间的款项收付，以及单位之间的转账结算起点金额以下的零星小额收付。故选AD。

18.【答案及解析】 ABCD 存款人有下列情形之一可开立异地银行结算账户：营业执照注册地与经营地不在同一行政区域，需要开立基本存款账户的；办理异地借款和其他结算需要开立一般存款账户；存款人因附属的非独立核算单位或派出机构发生的收入汇缴或业务支出需要开立专用存款账户的；异地临时经营活动需要开立临时存款账户；自然人根据需要在异地开立个人银行结算账户。故选ABCD。

19.【答案及解析】 ABD 票据丧失后可以采取挂失止付、公示催告、普通讼诉三种形式进行补救。故选ABD。

20.【答案及解析】 ABD 办理支付结算的基本要求如下。①办理支付结算必须使用中国人民银行统一规定的票据和结算凭证，未使用中国人民银行统一规定的票据，票据无效；未使用中国人民银行统一规定的结算凭证，银行不予受理；②办理支付结算必须按统一的规定开立和使用账户；③填写票据和结算凭证应当全面规范，做到数字正确，要素齐全，不错不漏，字迹清楚，防止涂改。票据和结算凭证金额以中文大写和阿拉伯数码同时记载，二者必须一致，否则，银行不予受理；④票据和结算凭证上的签章和记载事项必须真实，不得变造伪造。故选ABD。

21.【答案及解析】 ACD 银行、单位和个人在办理结算过程中，必须遵守的基本原则包括：①恪守信用，履约付款；②必须提供担保；③银行不垫款。担保是办理结算的有关当事人之间的约定。故选ACD。

22.【答案及解析】 ABCD 银行汇票的记载事项有：①表明“银行汇票”的字样；②无条件支付的承诺；③确定的金额；④付款人名称；⑤收款人名称；⑥出票日期；⑦出票人签章。汇票上未记载上述事项之一的，汇票无效。故选 ABCD。

23.【答案及解析】 ABC 存款人有下列情形之一的，可以提出撤销账户申请：被撤并、解散、宣告破产或关闭的；注销、被吊销营业执照的；因迁址需要变更开户银行的；其他原因需要撤销银行结算账户的。存款人尚未清偿开户银行债务的，不得申请撤销银行结算账户。故选 ABC。

24.【答案及解析】 ABCD 存款人申请开立一般存款账户，应向银行出具开立基本存款账户规定的证明文件；基本存款账户开户登记证；存款人因向银行借款需要，应出具借款合同；存款人因其他结算需要，应出具有关证明。故选 ABCD。

25.【答案及解析】 ABCD 有下列情况的，存款人可以申请开立临时存款账户：设立临时机构；异地临时经营活动；注册验资(注册验资的临时存款账户在验资期间只收不付)；境外(含港澳台地区)机构在境内从事经营活动等。故选 ABCD。

26.【答案及解析】 ABCD 根据《银行账户管理办法》的规定，下列存款人中，可以申请开立基本存款账户的是：企业法人内部单独核算的单位；居民委员会；单位附设的独立核算的单位；个体工商户。故选 ABCD。

27.【答案及解析】 BCD 关于银行卡的申领相关规定是：凡在中国境内金融机构开立基本存款账户的单位，可凭中国人民银行核发的开户许可证申领单位卡。单位卡可申领若干张。凡具有完全民事行为能力的公民，可凭本人有效身份证件及发卡银行规定的相关证明文件申领个人卡。个人卡的主卡持卡人，可为其配偶及年满 18 周岁的亲属申领附属卡，申领的附属卡最多不得超过两张，也有权要求注销其附属卡。可见 A 项错误。故选 BCD。

28.【答案及解析】 ABC 汇票中未记载付款地的，付款人的营业场所、住所、经常居住地为付款地。故选 ABC。

三、判断题

1.【答案及解析】 × 单位卡账户的资金一律从其基本存款账户转账存入，不得交存现金。不得将其他存款账户和销货收入的款项存入单位卡账户。

2.【答案及解析】 √ 根据《票据法》的规定，背书是指收款人或持票人为将票据权利转让给他人或者将一定的票据权利授予他人行使而在票据背面或者粘单上记载有关事项并签章的行为。

3.【答案及解析】 × 空头支票是在付款时超过实有存款金额的情况，本题是签发时，因此不能予以处罚。

4.【答案及解析】 × 我国《票据法》规定，支票必须记载下列事项：表明“支票”的字样；无条件支付的委托；确定的金额；付款人名称；出票日期；出票人签章。未记载规定事项之一的，支票无效。

5.【答案及解析】 √ 现金支票不得背书转让。

6.【答案及解析】 √ 银行汇票的出票银行为银行汇票的付款人，银行汇票的付款地为代理付款人或出票人所在地。

7.【答案及解析】 × 挂失止付并不是票据丧失后采取的必经措施，而只是一种暂时的预防措施，最终要通过申请公示催告或提起普通诉讼来保护其权益。

8.【答案及解析】 √ 出票人、付款人和收款人是票据的基本当事人，是在票据作成和交付时就业已存在的当事人，是构成票据法律关系的必要主体。

9.【答案及解析】 × 商业汇票的签发人为出票人，商业汇票可以由付款人签发，也可以由收款人签发。

10.【答案及解析】 √ 为了加强对住房基金和社会保障基金的管理，存款人应依法申请在银行开立专用存款账户。

11.【答案及解析】 √ 单位、个人和银行都应当按照《银行账户管理办法》的规定开立、使用账户。

12.【答案及解析】 √ 根据《人民币银行结算账户管理办法》的规定，中国人民银行是银行结算账户的监督管理部门。

13.【答案及解析】 √ “1月15日”出票的票据，票据的出票日期“零壹月壹拾伍日”符合票据和结算凭证填写要求。

14.【答案及解析】 × 银行汇票可以用于转账，填明“现金”字样的银行汇票也可以用于支取现金。

15.【答案及解析】 √ 根据《支付结算办法》的规定，商业汇票未按规定期限提示承兑的，持票人丧失对其前手的追索权。

16.【答案及解析】 √ 根据《票据法》的规定，票据的收款人(或持票人)，是指从出票人(或背书人)那里接受票据并有权向付款人请求付款的人。

17.【答案及解析】 × 现金结算具有直接便利、不安全性、不易宏观控制和管理、费用较高等特点。

18.【答案及解析】 × 银行卡销户时，单位卡账户余额转入其基本存款账户，不得提取现金；个人卡账户可以转账结清，也可以提取现金。

19.【答案及解析】 × 票据出票日期必须使用中文大写填写，使用小写填写的，银行不予受理。

20.【答案及解析】 × 存款人更改名称，但不改变开户银行以及账号，应于5个工作日内向开户银行提出银行结算账户的变更申请。

21.【答案及解析】 √ 银行结算账户按存款人不同，分为单位银行结算账户和个人结算账户。个体工商户凭营业执照以字号或经营者姓名开立的银行结算账户纳入单位银行结算账户管理。个人银行结算账户是指存款人凭个人身份证件以自然人名称开立的银行结算账户。

22.【答案及解析】 √ 一般存款账户主要用于办理存款人借款转存、借款归还和其他结算的资金收付。一般存款账户可以办理现金缴存，但不得办理现金支取。

23.【答案及解析】 × 储蓄账户仅限于办理现金存取业务，不得办理转账业务。

24.【答案及解析】 √ 根据《银行账户管理办法》的规定，因经营需要在异地办理收入汇缴和业务支出的存款人在异地开立专用存款账户的，应出具隶属单位的证明。

25.【答案及解析】 √ 单位银行结算账户的存款人只能在银行开立一个基本存款账户，不能多头开立基本银行账户。

26.【答案及解析】 × 个人银行结算账户用于办理个人转账收付和现金支取，储蓄账户仅限于办理现金存取业务，不得办理转账业务。

27.【答案及解析】 √ 挂失止付是指票据丧失后，失票人以止付通知的方式告知付款人票据丧失的情形，并请求付款人在止付有效期内对票据不予付款的票据权利保全方法。

28.【答案及解析】 × 银行汇票可以用于转账，标明现金字样的“银行汇票”也可以提取现金。

29.【答案及解析】 √ 银行汇票可以背书转让，但填明“现金”字样的银行汇票不得背书转让。

30.【答案及解析】 × 收款人收取公用事业费，必须具有收付双方事先签订的经济合同，由付款人向开户银行授权，并经开户银行同意，报经中国人民银行当地分支行批准，可以使用同城特约委托收款。

31.【答案及解析】 √ 收付双方使用托收承付结算方式必须签有符合《合同法》的购销合同，并在合同上订明使用托收承付结算款项的划回方法，划回方式分为邮寄和电报，由收款人选用。

32.【答案及解析】 × 国内信用证结算方式只适用于国内企业之间商品交易产生的货款结算，并且只能用于转账结算，不得支取现金。

四、案例分析题

（1）【答案及解析】　ABCD　本题考核银行结算账户的分类。

（2）【答案及解析】　BCD　本题考核专用存款账户使用规定。专用存款账户适用于基本建设资金，更新改造资金，财政预算外资金，粮、食、油收购资金，证券交易结算资金，期货交易保证金，信托基金，住房基金，社会保障基金，收入汇缴资金，业务支出资金等专项管理和使用的资金。

（3）【答案及解析】　ABC　本题考核银行结算账户撤销的规定。存款人尚未清偿开户银行债务的，不得申请撤销银行账户。

（4）【答案及解析】　C　本题考核背书行为。

（5）【答案及解析】　B　商业汇票的付款期限最长不得超过 6 个月。

第三章
税收法律制度

本章复习提纲

1. 了解税收的概念及其分类
2. 了解税法及其构成要素
3. 熟悉税收征管的具体规定，包括税务登记管理、发票的要求、纳税申报及方式、税款征收方式等规定
4. 掌握增值税、营业税、消费税、企业所得税和个人所得税的相关原理及应纳税额的计算
5. 掌握营业税改征增值税试点方案的具体政策

本章知识结构

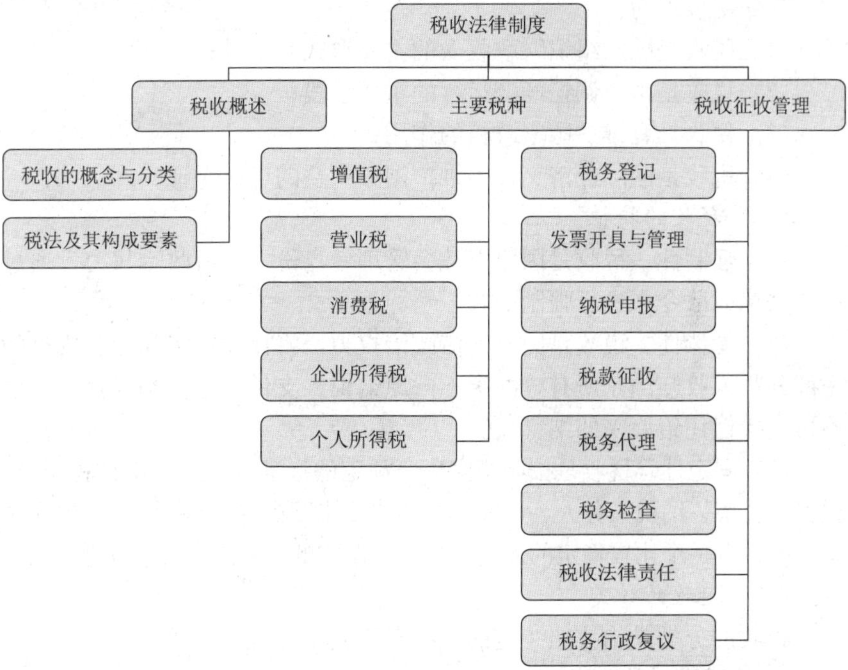

本章考点提炼

第一节 税收概述

一、税收的概念及其分类

（一）税收的概念与作用

税收，是国家为了满足一般的社会共同需要，凭借政治权力，按照国家法律规定的标准，强制地无偿取得财政收入的一种特定分配形式。它体现了国家与纳税人在征税、纳税的利益分配上的一种特殊关系，是一定社会制度下的一种特定分配关系。

其作用表现为：

(1) 税收是国家组织财政收入的主要形式和工具；

(2) 税收是国家调控经济运行的重要手段；

(3) 税收具有维护国家政权的作用；

(4) 税收是国际经济交往中维护国家利益的可靠保证。

(二) 税收的特征

(1) 强制性。税收是国家以社会管理者身份，凭借政治权力，通过颁布法律或政令来进行强制征收。

(2) 无偿性。税收是国家凭借政治权力，将社会集团和社会成员的一部分收入收归国家所有，国家不向原纳税人支付任何报酬或代价，也不再直接偿还给原来的纳税人。

(3) 固定性。税收是按照国家法令预定的标准征收的，即征税对象、税目、税率、纳税义务人、计算纳税办法和期限等都是税收法规预先规定了的，有一个比较稳定的适用期限，是国家的一种固定的连续性收入。

(三) 税收的分类

税收的分类是指按照一定的标准对不同税种进行归类。

1. 按征税对象分类

按征税对象分类，可将全部税收划分为流转税、所得税、财产税、资源税和行为税五种类型。

真题精析

【单选题】按照征税对象划分税种体系，房产税、契税属于(　　)。

A. 资源税类　　B. 所得税类

C. 财产税类　　D. 特定行为税类

【答案及解析】C　财产税类是以法人和自然人拥有和归其支配的财产为对象所征收的一类税收，包括房产税、城镇土地使用税、车船使用税、契税、耕地占用税、船舶吨税等税种。故选 C。

（1）流转税

流转税是指以货物或劳务的流转额为征税对象的一类税收。我国现行的增值税、消费税、营业税和关税等都属于流转税类。

真题精析

【多选题】以下属于流转额课税的有（　　）。

A. 印花税　　B. 车船税　　C. 关税　　D. 消费税

【答案及解析】CD　流转额课税包括增值税、消费税、营业税、关税。故选CD。

（2）所得税

所得税也称收益税，是指以纳税人的各种所得额为课税对象的一类税收。现阶段，我国所得税类主要包括企业所得税、个人所得税等。

（3）财产税

财产税是以纳税人所拥有或支配的特定财产为征税对象的一类税收。我国现行的房产税、车船使用税等属于财产税类。

（4）资源税

资源税是以自然资源和某些社会资源作为征税对象的一类税收。我国现行的资源税、土地增值税和城镇土地使用税等属于此类。

（5）行为税

行为税也称特定目的税，是指国家为了实现特定目的，以纳税人的某些特定行为为征税对象的一类税收。车辆购置税、城市维护建设税等属于此类税收。

真题精析

【判断题】车辆购置税属于财产税。（　　）

【答案及解析】×　行为税类有车辆购置税、城市维护建设税等。

2. 按征收管理的分工体系分类

按征收管理的分工体系，可分为工商税类、关税类。

（1）工商税类

工商税类由税务机关负责征收管理，是我国现行税制的主体部分。

（2）关税类

关税类是国家授权海关对出入关境的货物和物品为征税对象的一类税收。

3. 按照税收征收权限和收入支配权限分类，可分为中央税、地方税和中央与地方共享税。

（1）中央税

中央税是指由中央政府征收和管理使用或者地方政府征税后全部划归中央，由中央所有和支配的税收。消费税（含进口环节由海关代征的部分）、关税、海关代征的进口环节增值税等为中央税。

（2）地方税

地方税是由地方政府征收、管理和支配的一类税收。地方税主要包括城镇土地使用税、耕地占用税、土地增值税、房产税、车船使用税、契税等。

（3）中央与地方共享税

中央与地方共享税是指税收收入由中央和地方政府按比例分享的税收。如增值税、营业税、企业所得税和个人所得税等。

真题精析

【多选题】按照税收的征收权限和收入支配权限分类，可以将我国税种分为中央税、地方税和中央地方共享税。下列各项中，属于中央地方共享税的有（　　）。

A. 增值税　　B. 土地增值税　　C. 企业所得税　　D. 个人所得税

【答案及解析】ACD　选项A、C、D均属于中央地方共享税，B项属于地方税。故选ACD。

4. 按照计税标准不同分类，可分为从价税、从量税和复合税。

（1）从价税

从价税是以课税对象的价格作为计税依据，一般实行比例税率和累进税率，税收负担比较合理，如我国现行的增值税、营业税、企业所得税、个人所得税等税种。

（2）从量税

从量税是以课税对象的实物量作为计税依据征收的一种税，一般采用定额税率，如我国现行的车船使用税、土地使用税、消费税中的啤酒和黄酒等。

（3）复合税

复合税是指对征税对象采用从价和从量相结合的计税方法征收的一种税，如我国现行的消费税中对卷烟、白酒等征收的消费税。

二、税法及构成要素

（一）税法的概念

税法是国家制定的用以调整国家与纳税人之间在征纳税方面的权利与义务关系的法律规范的总称。税法是指税收法律制度，是国家法律的重要组成部分。

（二）税法的分类

1. 按照税法的功能作用的不同，将税法分为税收实体法和税收程序法。

（1）税收实体法是规定税收法律关系主体的实体权利、义务的法律规范总称。税收实体法具体规定了各种税种的征收对象、征收范围、税目、税率等，如《企业所得税法》、《个人所得税法》就属于实体法。

（2）税收程序法是税务管理方面的法律规范。税收程序法主要包括税收管理法、纳税程序法、发票管理法、税务机关组织法、税务争议处理法等。

真题精析

【多选题】下列属于税收程序法的是（　　）。

A.《纳税程序法》　　B.《发票管理法》

C.《企业所得税法》　　D.《税务机关组织法》

【答案及解析】ABD　题中C项属于税收实体法。故选ABD。

2. 按照主权国家行使税收管辖权的不同，可分为国内税法、国际税法、外国税法等。

（1）国内税法是指一国在其税收管辖权范围内，调整国家与纳税人之间权利义务关系的法律规范的总称，是由国家立法机关和经由授权或依法律规定的国家行政机关制定的法律、法规和规范性文件。

（2）国际税法是指两个或两个以上的课税权主体对跨国纳税人的跨国所得或财产征税形成的分配关系，并由此形成国与国之间的税收分配形式，主要包括双边或多边国家间的税收协定、条约和国际惯例。

（3）外国税法是指外国各个国家制定的税收法律制度。

3. 按照税法法律级次划分，分为税收法律、税收行政法规、税收行政规章和税收规范性文件。

（1）税收法律(狭义的税法)，由全国人民代表大会及其常务委员会制定，如《企业所得税法》、《个人所得税法》、《税收征收管理法》。

（2）税收行政法规，由国务院制定的有关税收方面的行政法规和规范性文件。

（3）税收行政规章和税收规范性文件——由国务院财税主管部门(财政部、国家税务总局、海关总署和国务院关税税则委员会)根据法律和国务院行政法规或者规范性文件的要求，在本部门权限范围内发布的有关税收事项的规章和规范性文件，包括命令、通知、公告、通告、批复、意见、函等文件形式。

（三）税法的构成要素

税法的构成要素，是指各种单行税法具有的共同的基本要素的总称。一般包括征税人、纳税义务人、征税对象、税目、税率、计税依据、纳税环节、纳税期限、纳税地点、减免税、法律责任等。其中，纳税义务人、征税对象、税率是构成税法的三个最基本的要素。

（1）征税人。征税人是指代表国家行使税收征管职权的各级税务机关和其他征收机关。因税种的不同，可能有不同的征税人，如增值税的征税人是税务机关，关税的征税人是海关。

（2）纳税义务人。纳税义务人也称纳税人，是指税法规定的直接负有纳税义务的单位和个人。纳税人和负税人是两个关系密切的概念。负税人是经济学中的概念，即税收的实际负担者，而纳税人是法律用语，即依法缴纳税收的人。税法只规定纳税人，不规定负税人。

（3）征税对象。征税对象又称课税对象，是指对什么征税，是税收法律关系中权利义务所指的对象。征税对象包括物或行为，它是区别不同类型税种的主要标志。因此，它是税法的最基本要素。

（4）税目。税目是指税法中规定的征税对象的具体项目，是征税的具体根据，它规定了征税对象的具体范围。凡列入税目的即为应税项目，未列入税目的，则不属于应税项目。

（5）税率。税率是指应纳税额与征税对象的比例或征收额度，它是计算税额的尺度。税率是税法的核心要素，税率的高低直接关系到国家收入的多少和纳税义务人的负担轻重。我国现行的税率主要有：比例税率、定额税率、累进税率。

真题精析

【多选题】下列各项中，（　　）属于按照税收的征收管理分工体系分类。

A. 工商税类　　B. 流转税类　　C. 财产税类　　D. 资源税类

【答案及解析】A　按照税收的征收管理分工体系分类可分为工商税类和关税类。故选A。

（6）计税依据。计税依据也称计税标准，是指计算应纳税额的依据或标准，即根据什么来计算纳税人应缴纳的税额。计税依据可以分为从价计征、从量计征、复合计征三种类型。

（7）纳税环节。纳税环节是指税法规定的征税对象在从生产到消费的流转过程中应当缴纳税款的环节。按照纳税环节的多少，可将税收课征制度划分为两类，即一次课征制度和多次课征制度。

（8）纳税期限。纳税期限指纳税人发生纳税义务后，应依法缴纳税款的期限。纳税期限可以分为三种：一是按期纳税；二是按次纳税；三是按期预缴和年终汇算清缴。

（9）纳税地点。纳税地点是指纳税人依据税法规定向征税机关申报纳税的具体地点。通常，在税法上规定的纳税地点主要是机构所在地、经济活动发生地、财产所在地、报关地等。如销售房地产，其营业税纳税地点为房地产所在地。

（10）减免税。减免税是指国家对某些纳税人和征税对象给予鼓励和照顾的一种特殊规定。减免税就是对税率所作的一种灵活延伸。它主要包括三个方面的内容：减税和免税、起征点、免征额。

（11）法律责任。法律责任是指对违反国家税法规定的行为人采取的处罚措施。

第二节 主要税种

一、增值税

（一）增值税的概念与分类

增值税是以商品（含应税劳务）在流转过程中产生的增值额作为计税依据而征收的一种流转税。增值税可分为生产型增值税、收入型增值税、消费型增值税三种类型。

我国自1979年开始试行增值税，分别于1984年、1993年、2009年和2012年进行了四次重要改革。

（二）增值税的征税范围

1. 征税范围的基本规定

（1）销售或者进口的货物。

货物是指有形动产，包括电力、热力、气体在内。销售货物是指有偿转让货物的所有权。

（2）提供的加工、修理修配劳务。

提供加工、修理修配劳务是指有偿提供加工、修理修配劳务，但单位或个体经营者聘用的员工为本单位或雇主提供加工、修理修配劳务，不包括在内。

（3）提供的应税服务。

应税服务是指陆路运输服务、水路运输服务、航空运输服务、管道运输服务、邮政普通服务、邮政特殊服务、邮政其他服务、研发和技术服务、信息技术服务、文化创意服务、物流辅助服务、有形动产租赁服务、鉴证咨询服务、广播影视服务等。

提供应税服务是指有偿提供应税服务，但不包括非营业活动中提供的应税服务。

2. 应税服务的具体内容

（1）交通运输业。

交通运输业是指使用运输工具将货物或者旅客送达目的地，使其空间位置得到转移的业务活动。具体包括陆路运输服务、水路运输服务、航空运输服务和管道运输服务。

（2）邮政业。

邮政业是指中国邮政集团公司及其所属邮政行业提供邮件寄递、邮政汇兑机要通信和邮政代理等邮政基本服务的业务活动。具体包括邮政普通服务、邮政特殊服务和其他邮政服务。邮政储蓄业务按照金融、保险业税目征收营业税。

（3）部分现代服务业。

部分现代服务业是指围绕制造业、文化产业、现代物流产业等提供技术性、知识性服务的业务活动。具体包括：研发和技术服务、信息技术服务、文化创意服务、物流辅助服务、有形动产租赁服务、鉴证咨询服务、广播影视服务。

3. 征收范围的特殊规定

（1）视同销售货物。

单位或个体经营者的下列行为，视同销售货物。

①将货物交付其他单位或者个人代销。

②销售代销货物。

③设有两个以上机构并实行统一核算的纳税人，将货物从一个机构移送其他机构用于销售，但相关机构设在同一县(市)的除外。

④将自产、委托加工的货物用于非增值税应税项目。

⑤将自产、委托加工的货物用于集体福利或个人消费。

⑥将自产、委托加工或购进的货物作为投资，提供给其他单位或个体工商户。

⑦将自产、委托加工或购进的货物分配给股东或投资者。

⑧将自产、委托加工或购进的货物无偿赠送其他单位或个人。

上述第⑤项所称“集体福利或个人消费”是指企业内部设置的供职工使用的食堂、浴室、理发室、宿舍、幼儿园等福利设施及设备、物品等，或者以福利、奖励、津贴等形式发放给职工个人的物品。

真题精析

【单选题】单位或个体经营者的下列(　　)行为，视同销售货物。

A. 将货物交付其他单位或者个人代销

B. 将自产、委托加工的货物用于非增值税应税项目

C. 自产、委托加工的货物用于集体福利或个人消费

D. 将自产、委托加工或购进的货物无偿赠送其他单位或个人

【答案及解析】ABCD　题中选项均属于视同销售的行为。故选ABCD。

(2) 视同提供应税服务。

单位和个体工商户的下列情形，视同提供应税服务：

①向其他单位或者个人无偿提供交通运输业和部分现代服务业服务，但以公益活动为目的或者以社会公众为对象的除外。

②财政部和国家税务总局规定的其他情形。

真题精析

【单选题】下列有关增值税的纳税义务发生时间的表述中，符合我国税法规定的有(　　)。

A. 采取直接收款方式销售货物，为收到销售额或取得销售额凭据并将提货单交给买方的当天

B. 采取预收货款方式销售货物，为实际收到货款的当天

C. 采取分期收款方式销售货物，为合同约定的收款日期的当天

D. 委托其他纳税人代销货物，为收到代销单位销售货物的代销清单的当天

【答案及解析】ACD　采取预收货款方式销售货物，为货物发出的当天。故选ACD。

（3）混合销售。

混合销售是指一项销售行为既涉及货物销售又涉及提供非增值税应税劳务的销售行为。

（4）兼营非应税劳务。

兼营非应税劳务是指纳税人的经营范围既包括销售货物和应税劳务，又包括提供非应税劳务。与混合销售行为不同的是，兼营非应税劳务是指销售货物或应税劳务与提供非应税劳务不同时发生在同一购买者身上，也不发生在同一项销售行为中。

（5）混业经营

纳税人兼有不同税率或者征收率的销售货物、提供加工修理修配劳务或者应税服务的，应当分别核算适用不同税率或征收率的销售额，未分别核算销售额的，从高适用税率或征收率。

真题精析

【单选题】根据《增值税暂行条例》的规定，增值税一般纳税人兼营不同增值税税率的货物，未分别核算不同税率货物销售额的，确定其适用增值税税率的方法是（　　）。

A. 适用平均税率　　B. 适用从高税率

C. 适用3%的征收率　　D. 适用从低率

【答案及解析】B　增值税一般纳税人兼营不同增值税税率的货物，未分别核算不同税率货物销售额的，适用从高税率。故选B。

（三）增值税的纳税人

增值税纳税人是指税法规定负有缴纳增值税义务的单位和个人。在我国境内销售、进口货物或者提供加工、修理、修配劳务以及应税服务的单位和个人，为增值税纳税人。按照经营规模的大小和会计核算健全与否等标准，增值税纳税人可分为一般纳税人和小规模纳税人。

1. 增值税一般纳税人

（1）一般纳税人。

一般纳税人是指年应征增值税销售额（以下简称“年应税销售额”，包括一个公历年度内的全部应税销售额）超过《增值税暂行条例实施细则》

规定的小规模纳税人标准的企业和企业性单位。一般纳税人的特点是增值税进项税额可以抵扣销项税额。

下列纳税人不属于一般纳税人。

①年应税销售额未超过小规模纳税人标准的企业。

②除个体经营者以外的其他个人。

③非企业性单位。

④不经常发生增值税应税行为的企业。

真题精析

【多选题】下列纳税人不能被认定为增值税一般纳税人的是(　　)。

A. 不经常发生应税行为的企业　　B. 从事生产、经营的企业

C. 非企业性单位　　D. 个人

【答案及解析】ABC　下列纳税人不属于一般纳税人：①年应税销售额未超过小规模纳税人标准的企业；②除个体经营者以外的其他个人；③非企业性单位；④不经常发生增值税应税行为的企业。故选 ABC。

（2）小规模纳税人。

小规模纳税人是指年销售额在规定标准以下，并且会计核算不健全，不能按规定报送有关税务资料的增值税纳税人。小规模纳税人的认定标准是：

①从事货物生产或者提供应税劳务的纳税人，以及以从事货物生产或者提供应税劳务为主，并兼营货物批发或者零售的纳税人，年应税销售额在 50 万元以下(含本数,下同)的；"以从事货物生产或者提供应税劳务为主"是指纳税人的年货物生产或提供应税劳务的销售额占全年应税销售额的比重在 50%。

②对上述规定以外的纳税人，年应税销售额在 80 万元以下的。

③对提供应税服务的，年应税服务销售额在 500 万元以下的。

④年应税销售额超过小规模纳税人标准的其他个人按小规模纳税人纳税。

⑤非企业性单位、不经常发生应税行为的企业可选择按小规模纳税人纳税。

小规模纳税人会计核算健全，能够提供准确税务资料的，可以向主管税务机关申请一般纳税人资格认定，成为一般纳税人。

除国家税务总局另有规定外，一经认定为一般纳税人后，不得转为小规模纳税人。

（四）增值税的扣缴义务人

中华人民共和国境外(以下简称境外)的单位或者个人在境内提供应税服务，在境内未设有经营机构的，以其代理人为增值税扣缴义务人；在境内没有代理人的，以接受方为增值税扣缴义务人。

境外单位或者个人在境内提供应税服务，在境内未设有经营机构的，扣缴义务人按照下列公式计算应扣缴税额：

应扣缴税额＝接受方支付的价款÷(1＋税率)×税率

（五）增值税税率

1. 基本税率

增值税的基本税率为17％。

2. 低税率

除基本税率以外，下列货物按照低税率征收增值税。

（1）下列应税货物按照13％低税率征收增值税：

①粮食、食用植物油。

②自来水、暖气、冷气、热水、煤气、石油液化气、天然气、沼气、居民用煤炭制品。

③图书、报纸、杂志。

④饲料、化肥、农药、农机(不包括农机零部件)、农膜。

⑤国务院规定的其他货物。

真题精析

【多选题】根据增值税法律制度规定，适用13％税率征收增值税的货物有(　　)。

A. 自来水　　B. 图书　　C. 农药　　D. 天然气

【答案及解析】ABCD 根据《增值税暂行条例》第二条的规定，纳税人销售或者进口下列货物，税率为13%：①粮食、食用植物油；②自来水、暖气、冷气、热水、煤气、石油液化气、天然气、沼气、居民用煤炭制品；③图书、报纸、杂志；④饲料、化肥、农药、农机、农膜；⑤国务院规定的其他货物。故选ABCD。

（2）下列应税服务按照低税率征收增值税：

①提供交通运输业服务、邮政业服务，税率为11%。

②提供现代服务业服务（有形动产租赁服务除外），税率为6%。

3. 零税率

（1）纳税人出口货物，一般适用零税率，国务院另有规定的除外。

（2）单位和个人提供的国际运输服务、向境外单位提供的研发服务和设计服务，以及财政部和国家税务总局规定的其他应税服务，税率为零。

4. 征收率

自2009年1月1日起，小规模纳税人增值税征收率调整为3%。纳税人提供适用不同税率或者征收率的应税服务，应当分别核算适用不同税率或者征收率的销售额；未分别核算的，从高适用税率。

真题精析

【单选题】下列关于营改增税率说法正确的是（ ）。

A. 现代服务业服务5%

B. 国际运输服务3%

C. 有形动产租赁服务为11%

D. 交通运输服务为11%

【答案及解析】D 有形动产租赁服务为17%，交通运输服务为11%，现代服务业服务6%，国际运输服务为零税率，征收率为3%。故选D。

（六）增值税一般纳税人应纳税额的计算

我国增值税实行扣税法。一般纳税人凭增值税专用发票及其他合法扣税凭证注明税款进行抵扣，其应纳增值税的计算公式为：

当期应纳税额＝当期销项税额－当期进项税额

＝当期销售额×适用税率－当期进项税额

（1）销项税额。销项税额是指纳税人销售货物或者提供应税劳务，按照销售额或提供应税劳务收入和规定的税率计算并向购买方收取的增值税税额。

销项税额＝销售额×适用税率

（2）销售额。销售额是增值税的计税依据，包括纳税人销售货物或者提供应税劳务向购买方或承受应税劳务方收取的全部价款和价外费用，但是不包括向购买方收取的销项税额和其他符合税法规定的费用。

对于一般纳税人销售货物或者提供应税劳务，采用销售额和销项税额合并定价的，按下列公式计算销售额：

销售额＝含税销售额÷(1＋税率)

（3）进项税额。进项税额是指纳税人购进货物或者接受应税劳务所支付或者负担的增值税额。

（八）增值税的征收管理

1. 纳税义务的发生时间

（1）采用直接收款方式销售货物，不论货物是否发出，均为收到销售款或者取得索取销售款凭证的当天；先开具发票的，为开具发票的当天。纳税人提供应税服务的，为收讫销售款或者取得销售款项凭据的当天；先开具发票的，为开具发票的当天。

收讫销售款项是指纳税人提供应税服务过程中或者完成后收到款项。

取得索取销售款项凭证的当天，是指书面合同确定的付款日期；未签订书面合同或者书面合同未确定付款日期的，为应税服务完成的当天。

（2）采取托收承付和委托银行收款方式销售货物，为发出货物并办妥托收手续的当天。

（3）采取赊销和分期收款方式销售货物，为书面合同约定的收款当天，无书面合同或者书面合同没有约定收款日期的，为货物发出的当天。

（4）采取预收货款方式销售货物，为货物发出的当天；但生产销售生产工期超过 12 个月的大型机械设备、船舶、飞机等货物，为收到预收款或者书面合同约定的收款日期的当天。

纳税人提供有形动产租赁服务采取预收款方式的，其纳税义务发生时间为收到预收款的当天。

（5）委托其他纳税人代销货物，为收到代销单位的代销清单或者收到全部或者部分货款的当天。未收到代销清单及货款的，为发出代销货物满 180 天的当天。

（6）销售应税劳务，为提供劳务同时收讫销售款或者取得索取销售款的凭据的当天。

（7）纳税人发生视同销售货物行为，为货物移送的当天。纳税人发生视同提供应税服务行为的，其纳税义务发生时间为应税服务完成的当天。

（8）纳税人进口货物，纳税义务发生时间为报关进口的当天。

（9）增值税扣缴义务发生时间为纳税人增值税纳税义务发生的当天。

真题精析

【多选题】关于增值税纳税义务发生的时间，下列说法正确的有哪些？（　　）

A. 销售应税劳务，为提供劳务同时收讫销售款或者取得索取销售款的凭据的当天

B. 纳税人进口货物，纳税义务发生时间为报关进口的当天

C. 增值税扣缴义务发生时间为纳税人增值税纳税义务发生的当天

D. 采取托收承付和委托银行收款方式销售货物，为发出货物并办妥托收手续的当天

【答案及解析】ABCD　关于增值税纳税义务发生时间，题中选项均是正确的。故选 ABCD。

2. 纳税期限

增值税的纳税期限分别为 1 日、3 日、5 日、10 日、15 日、1 个月或者 1 个季度，纳税人的具体纳税期限，由主管税务机关根据纳税人应纳税额的大小分别核定；以 1 个季度为纳税期限的规定适用于小规模纳税人以及财政部和国家税务总局规定的其他纳税人；不能按照固定期限纳税的，可以按次纳税。

纳税人以 1 个月或者 1 个季度为 1 个纳税期的，自纳税期满之日起 15 日内申报纳税；以 1 日、3 日、5 日、10 日或者 15 日为 1 个纳税期的，自期满之日起 5 日内预缴税款，于次月 1 日起 15 日内申报纳税并结清上月应纳税款。

纳税人进口货物，应当自海关填发税款缴纳书之日起 15 日内缴纳税款。

（3）纳税地点。固定业户应当向其机构所在地的主管税务机构申报纳税；固定业户到外县(市)销售货物或者应税劳务，应当向其机构所在地的主管税务机关申请开具外出经营活动税收管理证明，并向其机构所在地的主管税务机关申报纳税；未开具证明的，应当向销售地或者劳务发生地的主管税务机关申报纳税；非固定业户销售货物或者应税劳务，应当向销售地或劳务发生地的主管税务机关申报纳税；进口货物应当向报关地海关申报纳税。

扣缴义务人应当向其机构所在地或者居住地主管税务机关申报缴纳其扣缴的税款。

二、营 业 税

（一）营业税的概念

营业税是对在我国境内提供应税劳务、转让无形资产或销售不动产所取得的营业额为课税对象而征收的一种商品劳务税。营业税一般以营业收入额全额为计税依据，实行比例税率，计征简便。

（二）营业税的纳税人与扣缴义务人

营业税的纳税人是指在中华人民共和国境内提供应税劳务、转让无形资产或者销售不动产的单位和个人。

境外单位或者个人在境内提供应税劳务、转让无形资产或者销售不动产的，在境内未设有经营机构的，以境内代理人为营业税扣缴义务人；没有代理人的，以受让方或购买方为营业税扣缴义务人。

（三）营业税税目、税率

1. 税目

营业税共有9个税目，分别为：交通运输业、建筑业、邮电通信业、文化体育业、金融保险业、服务业、转让无形资产和销售不动产、娱乐业。

2013年8月1日起，将交通运输业（铁路运输业除外）和部分现代服务业营业税改征增值税（以下简称营改增）试点在全国范围内推开；2014年1月1日起，将铁路运输业和邮政服务业纳入“营改增”试点。至此，交通运输业已全部纳入“营改增”范围。

2. 营业税税率

营业税按照行业和经济业务的类别不同，分别采用不同的比例税率：

（1）交通运输业、建筑业、邮电通信业、文化体育业的税率为3%。

（2）金融保险业、服务业、转让无形资产、销售不动产的税率为5%。

（3）娱乐业的税率为5%～20%。纳税人经营娱乐业具体适用的税率，由省、自治区、直辖市人民政府在《营业税暂行条例实施细则》规定的幅度内决定。

已纳入“营改增”范围的部分现代服务业，执行增值税税率。

（四）营业税应纳税额

（1）营业税的计税依据是营业额。营业额是纳税人提供应税劳务、转让无形资产或者销售不动产向对方收取的全部价款和价外费用。

价外费用包括向对方收取的手续费、基金、集资费、代收款项、代垫款项及其他各种性质的价外收费。

营业税应纳税额的计算公式为：

应纳税额＝营业额×税率

（2）对于纳税人提供劳务、转让无形资产或销售不动产价格明显偏低而无正当理由的，或者视同发生应税行为而无营业额的，税务机关可按下列顺序确定其营业额：

①按纳税人最近时期发生同类应税行为的平均价格核定。

②按其他纳税人最近时期发生同类应税行为的平均价格核定。

③按下列公式核定：

营业额＝营业成本或者工程成本×（1＋成本利润率）÷（1－营业税税率）

公式中的成本利润率，由省、自治区、直辖市税务局确定。

真题精析

【判断题】对于纳税人提供劳务、转让无形资产或销售不动产价格明显偏低而无正当理由的，或者视同发生应税行为而无营业额的，税务机关可按按纳税人最近时期发生同类应税行为的平均价格核定。（　　）

【答案及解析】√　对于纳税人提供劳务、转让无形资产或销售不动产价格明显偏低而无正当理由的，或者视同发生应税行为而无营业额的，税务机关可按按纳税人最近时期发生同类应税行为的平均价格核定。

（五）营业税征收管理

1. 纳税义务发生时间

营业税的纳税义务发生时间为纳税人收讫营业收入款项或者取得索取营业收入款项凭据的当天。对某些具体情况规定如下：

（1）纳税人转让土地使用权、销售不动产、提供建筑业或者租赁业劳务，采用预收款方式的，其纳税义务发生时间为收到预收款的当天。

（2）纳税人新建建筑物后销售，其自建行为的纳税义务发生时间，为其销售自建建筑物并收讫营业收入款项或者取得索取营业收入款项凭据的当天。

（3）纳税人将不动产或者土地使用权无偿赠与他人，其纳税义务发生时间为不动产所有权或者土地使用权转移的当天。

2. 纳税期限

营业税纳税期限分别为5日、10日、15日、1个月或者1个季度。

纳税人的具体纳税期限，由主管税务机关根据纳税人应纳税额的大小分别核定；不能按照固定期限纳税的，可以按次纳税。

纳税人以1个月或1个季度为一期纳税的，自期满之日起15日内申报纳税；以5日、10日或者15日为一期纳税的，自期满之日起5日内预缴税款，于次月1日起15日内申报纳税并结清上月应纳税款。

银行、财务公司、信托投资公司、信用社、外国企业常驻代表机构的纳税期限为1个季度，自纳税期满之日起15日内申报纳税。保险业的纳税期限为1个月。

真题精析

【判断题】纳税人以1个月或1个季度为一期纳税的，自期满之日起5日内申报纳税。（　　）

【答案及解析】× 纳税人以1个月或1个季度为一期纳税的，自期满之日起15日内申报纳税。

3. 营业税纳税地点

（1）纳税人提供应税劳务，应当向其机构所在地或者居住地的主管税务机关申报纳税，但建筑业劳务应向应税劳务发生地主管税务机关申报纳税。

（2）纳税人出租、转让土地使用权，应当向土地所在地主管税务机关申报纳税；纳税人转让其他无形资产，应当向其机构所在地主管税务机关申报纳税。

（3）纳税人出租、销售不动产，应当向不动产所在地主管税务机关申报纳税。

三、消费税

（一）消费税的概念

消费税是指对消费品和特定的消费行为按消费流转额征收的一种商

品税。根据《中华人民共和国消费税暂行条例》（以下简称《消费税暂行条例》）规定，我国现行消费税是对我国境内从事生产、委托加工和进口应税消费品的单位和个人，就其应税消费品和消费行为征收的一种税，属于特别消费税。

（二）消费税的征税范围

1. 生产应税消费品

生产应税消费品在生产销售环节征税。纳税人将生产的应税消费品换取生产资料、消费资料、投资入股、偿还债务，以及用于继续生产应税消费品以外的其他方面都应缴纳消费税。

2. 委托加工应税消费品

委托加工应税消费品是指委托方提供原料和主要材料，受托方只收取加工费和代垫部分辅助材料加工的应税消费品。由受托方提供原材料或其他情形的一律不能视同加工应税消费品。

委托加工应税消费品，除受托方为个人外，由受托方向委托方交货时代收代缴税款；委托个人加工应税消费品，由委托方收回后缴纳消费税。

委托加工应税消费品，委托方用于连续生产应税消费品的，所纳税款准予按规定抵扣；直接出售的，不再缴纳消费税。委托方将收回的应税消费品，以不高于受托方的计税价格出售的，为直接出售，不再缴纳消费税；委托方以高于受托方的计税价格出售的，不属于直接出售，需按照规定申报缴纳消费税，在计税时准予扣除受托方已代收代缴的消费税。

真题精析

【判断题】委托加工应税消费品，委托方用于连续生产应税消费品的，所纳税款准予按规定抵扣；直接出售的，不再缴纳消费税。（ ）

【答案及解析】√ 委托方将收回的应税消费品，以不高于受托方的计税价格出售的，为直接出售，不再缴纳消费税。

3. 进口应税消费品

单位和个人进口应税消费品，于报关进口时由海关代征消费税。

4. 批发、零售应税消费品

经国务院批准，自1995年1月1日起，金银首饰消费税由生产销售环节征收改为零售环节征收。改在零售环节征收消费税的金银首饰仅限于金基、银基合金首饰以及金、银和金基、银基合金的镶嵌首饰，适用税率为5%。其计税依据是不含增值税的销售额。

对既销售金银首饰，又销售非金银首饰的生产、经营单位，应将两类商品划分清楚，分别核算销售额。凡划分不清楚或不能分别核算的，在生产环节销售的，一律从高适用税率征收消费税；在零售环节销售的，一律按金银首饰征收消费税。金银首饰与其他产品组成成套消费品销售的，应按销售额全额征收消费税。

金银首饰连同包装物一起销售的，无论包装物是否单独计价，也无论会计上如何核算，均应并入金银首饰的销售额，计征消费税。

带料加工的金银首饰，应按受托方销售的同类金银首饰的销售价格确定计税依据征收消费税。没有同类金银首饰销售价格的，按照组成计税价格计算纳税。

纳税人采用以旧换新(含翻新改制)方式销售的金银首饰，应按实际收取的不含增值税的全部价款确定计税依据征收消费税。

（三）消费税纳税人

消费税纳税人是指在中华人民共和国境内(起运地或者所在地在境内)生产、委托加工和进口《消费税暂行条例》规定的消费品的单位和个人，以及国务院确定的销售《消费税暂行条例》规定的消费品的其他单位和个人。

（四）消费税的税目与税率

我国消费税的税目共有14个，分别是：①烟；②酒及酒精；③化妆品；④贵重首饰及珠宝玉石；⑤鞭炮、焰火；⑥成品油；⑦汽车轮胎；⑧摩托车；⑨小汽车；⑩高尔夫球及球具；高档手表；游艇；木制一次性筷子；实木地板。其中，有些还包括若干子目。

真题精析

【多选题】根据《消费税暂行条例》规定，我国消费税税目包括（ ）。

A. 鞭炮、焰火　　B. 高档手表

C. 大米　　D. 木制一次性筷子

【答案及解析】ABD 我国消费税共有14个税目，分别为烟；酒及酒精；化妆品；贵重首饰及珠宝玉石；鞭炮、焰火；成品油；汽车轮胎；摩托车；小汽车；高尔夫球及球具；高档手表；游艇；木制一次性筷子；实木地板。故选ABD。

消费税的税率包括比例税率和定额税率两类。根据不同的税目或子目，应税消费品的税率不同。

（五）消费税应纳税额

1. 从价定率征收

从价定率征收，即根据不同的应税消费品确定不同的比例税率。

应纳税额＝应税消费品的销售额×比例税率

2. 从量定额征收

即根据不同的应税消费品确定不同的单位税额。

应纳税额＝应税消费品的销售数量×单位税额

3. 从价定率和从量定额复合征收

即以两种方法计算的应纳税额之和为该应税消费品的应纳税额。我国目前只对卷烟和白酒采用复合征收方法。

应纳税额＝应税消费品的销售额×比例税率＋应税消费品的销售数量×单位税额

4. 应税消费品已纳税款的扣除

应税消费品若是用外购已缴纳消费税的应税消费品连续生产出来的，在对这些连续生产出来的应税消费品征税时，按当期生产领用数量计算准予扣除的外购应税消费品已缴纳的消费税税款。

5. 自产自用应税消费品应纳税额

纳税人自产自用应税消费品用于连续生产应税消费品的，不纳税；

凡用于其他方面的，应按照纳税人生产的同类消费品的销售价格计算纳税，没有同类消费品销售价格的，按照组成计税价格计算纳税。

实行从价定率办法计算纳税的组成计税价格计算公式：

组成计税价格＝(成本＋利润)÷(1－比例税率)

实行复合计税办法计算纳税的组成计税价格计算公式：

组成计税价格＝(成本＋利润＋自产自用数量×定额税率)÷(1－比例税率)

6. 委托加工应税消费品应纳税额

委托加工应税消费品，按照受托方的同类消费品的销售价格计算纳税；没有同类消费品销售价格的，按照组成计税价格计算纳税。

实行从价定率办法计算纳税的组成计税价格计算公式：

组成计税价格＝(材料成本＋加工费)÷(1－比例税率)

实行复合计税办法计算纳税的组成计税价格计算公式：

组成计税价格＝(材料成本＋加工费＋委托加工数量×定额税率)÷(1－比例税率)

(六) 消费税征收管理

1. 纳税义务发生时间(货款结算方式或行为发生时间)

(1) 纳税人销售应税消费品的，按不同的销售结算方式分别为：

①采取赊销和分期收款结算方式的，为书面合同约定的收款日期的当天，书面合同没有约定收款日期或者无书面合同的，为发出应税消费品的当天。

②采取预收货款结算方式的，为发出应税消费品的当天。

③采取托收承付和委托银行收款方式的，为发出应税消费品并办妥托收手续的当天。

④采取其他结算方式的，为收讫销售款或者取得索取销售款凭据的当天。

(2) 纳税人自产自用应税消费品的，为移送使用的当天。

(3) 纳税人委托加工应税消费品的，为纳税人提货的当天。

(4) 纳税人进口应税消费品的，为报关进口的当天。

2. 消费税纳税期限

消费税纳税期限分别为1日、3日、5日、10日、15日、1个月或者1个季度。纳税人的具体纳税期限，由主管税务机关根据纳税人应纳税额的大小分别核定，不能按照固定期限纳税的，可以按次纳税。

纳税人以1个月或者1个季度为一期纳税的，自期满之日起15日内申报纳税；纳税人以1日、3日、5日、10日、15日为一期的，自期满之日起5日内预缴税款，于次月1日起15日内申报纳税并结清上月应纳税款。进口货物自海关填发税收专用缴款书之日起15日内缴纳。

真题精析

【单选题】纳税人的纳税期限，以1日、3日、5日、10日、15日为一期的，自期满之日起(　　)内预缴税款，于次月(　　)内申报纳税并结清上月应纳税款。

A. 5日 1日起10日　　B. 5日 1日起15日

C. 10日 1日起10日　　D. 10日 1日起15日

【答案及解析】B　纳税人的纳税期限，以1日、3日、5日、10日、15日为一期的，自期满之日起5日内预缴税款，于次月1日起15日内申报纳税并结清上月应纳税款。故选B。

3. 消费税纳税地点

（1）纳税人销售的应税消费品，以及自产自用的应税消费品，除国务院财政、税务主管部门另有规定外，应当向纳税人机构所在地或者居住地的主管税务机关申报纳税。

（2）委托加工的应税消费品，除受托方为个人外，由受托方向机构所在地或居住地主管税务机关解缴消费税税款；委托个人加工的应税消费品，由委托方向其机构所在地或者居住地主管税务机关申报纳税。

（3）进口的应税消费品，由进口人或者其代理人向报关地海关申报纳税。

（4）纳税人到外县（市）销售或者委托外县（市）代销自产应税消费品的，于应税消费品销售后，向机构所在地或居住地主管税务机关申报纳税。

(5) 纳税销售的应税消费品，如因质量等原因，由购买者退回时，经由所在地主管税务机关审核批准后，可退还已征收的消费税税款，但不能自行直接抵减应纳税税款。

四、企业所得税

(一) 企业所得税的概念

企业所得税是对我国境内的企业和其他取得收入的组织的生产经营所得和其他的所得征收的一种税。

企业分为居民企业和非居民企业。居民企业是指依法在中国境内成立，或者依照外国(地区)法律成立但实际管理机构在中国境内的企业。非居民企业是指依照外国(地区)法律成立且实际管理机构不在中国境内，但在中国境内设立机构、场所的，或者在中国境内未设立机构、场所，但有来源于中国境内所得的企业。

(二) 企业所得税征税对象

中华人民共和国境内的企业和其他取得收入的组织，均为企业所得税纳税义务人。企业所得税的征税对象是指企业的生产经营所得、其他所得和清算所得。

居民企业应就来源于中国境内、境外的所得作为征税对象。

非居民企业的征税对象是在中国境内设立机构、场所的，应当就其所设机构、场所取得的来源于中国境内的所得，以及发生在中国境外但与其所设机构、场所有实际联系的所得，缴纳企业所得税。非居民企业在中国境内未设立机构、场所的，或者虽设立机构、场所但取得的所得与其所设机构、场所没有实际联系的，应当就其来源于中国境内的所得缴纳企业所得税。

(三) 企业所得税税率

企业所得税实行比例税率。

(1) 基本税率为25%。适用于居民企业和在中国境内设有机构、场所且所得与机构、场所有关联的非居民企业。

(2) 优惠税率。对符合条件的小型微利企业，减按20%税率征收企业所得税；对国家需要重点扶持的高新技术企业，减按15%税率征收企业所得税。对符合企业法规定的非居民企业取得的所得，减按10%的税率征收企业所得税。

真题精析

【判断题】对符合条件的小型微利企业，减按15%税率征收企业所得税；对国家需要重点扶持的高新技术企业，减按15%税率征收企业所得税。（　　）

【答案及解析】× 对符合条件的小型微利企业，减按20%税率征收企业所得税；对国家需要重点扶持的高新技术企业，减按15%税率征收企业所得税。

（四）企业所得税应纳税所得额

应纳税所得额是企业所得税的计税依据，按照企业所得税法规定，应纳税所得额为企业每一个纳税年度的收入总额，减除不征税收入、免税收入、各项扣除，以及允许弥补的以前年度亏损后的余额，应纳税所得额有两种计算方法：

直接计算法下的计算公式为：

应纳税所得额＝收入总额－不征税收入额－免税收入额－各项扣除额－准予弥补的以前年度亏损额

间接计算法下的计算公式为：

应纳税所得额＝利润总额＋纳税调整项目金额

（1）收入总额

收入总额是指以货币形式和非货币形式从各种来源取得的收入。包括销售货物收入，提供劳务收入，转让财产收入，股息、红利等权益性投资收益，利息收入，租金收入，特许权使用费收入，接受捐赠收入，其他收入。

（2）不征税收入

不征税收入指从性质和根源上不属于企业营利性活动带来的经济利益、不负有纳税义务并不作为应纳税所得额组成部分的收入，如财政拨款、依法收取并纳入财政管理的行政事业性收费、财政性基金以及其他不征税收入。

(3) 免税收入

免税收入指属于企业的应税所得但按照税法规定免予征收企业所得税的收入。包括国债利息收入，符合条件的居民企业之间的股息、红利等权益性收益，在中国境内设立机构、场所的非居民企业从居民企业取得与该机构、场所有实际联系的股息、红利收入，符合条件的非营利组织的收入等。

(4) 准予扣除的项目。

准予扣除的项目企业实际发生的与取得收入有关的、合理的支出，包括成本、费用、税金、损失和其他支出等，准予在计算应纳税所得额时扣除。

(5) 不得扣除的项目。

不得扣除的项目包括向投资者支付的股息、红利等权益性投资收益款项；企业所得税税款；税收滞纳金；罚金、罚款和被没收财物的损失。

不得扣除的项目还有，企业发生的公益性捐赠支出以外的捐赠支出。企业发生的公益性捐赠支出，在年度利润总额12%内的部分，准予在计算应纳税所得额时扣除；赞助支出，是指企业发生的与生产经营活动无关的各种非广告性支出；企业之间支付的管理费、企业内营业机构之间支付的租金和特许权使用费，以及非银行企业内营业机构之间支付的利息；与取得收入无关的其他支出。

真题精析

【多选题】不得在企业所得税前扣除的项目包括(　　)。

A. 赞助支出

B. 向投资者支付的股息、红利等权益性投资收益款项

C. 未经税务部门核定的准备金支出

D. 符合会计准则规定的准备金支出

【答案及解析】ABC　在计算应纳税所得额时，下列支出不得扣除：①向投资者支付的股息、红利等权益性投资收益款项；②企业所得税税款；③税收滞纳金；④罚金、罚款和被没收财物的损失；⑤赞助支出；⑥未经核定的准备金支出；⑦与取得收入无关的其他支出。故选ABC。

(6) 职工福利费、工会经费和职工教育经费支出的税前扣除。

①企业发生的职工福利费支出，不超过工资薪金总额14%的部分，准予扣除。

②企业拨缴的工会经费，不超过工资薪金总额2%的部分，准予扣除。

③除国务院财政、税务主管部门另有规定外，企业发生的职工教育经费支出，不超过工资薪金总额25%的部分，准予扣除；超过部分，准予在以后纳税年度结转扣除。

真题精析

【单选题】计算企业所得税时，扣除项目中的职工福利费、工会经费、职工教育经费的标准分别是(　　)。

A. 不超过工资薪金总额的11%、2%、2.5%

B. 不超过工资薪金总额的14%、2%、2.5%

C. 不超过工资薪金总额的14%、2%、1.5%

D. 不超过工资薪金总额的11%、2%、1.5%

【答案及解析】B　企业发生的职工福利费支出，不超过工资薪金总额14%的部分，准予扣除；企业拨缴的工会经费，不超过工资薪金总额2%的部分，准予扣除；除国务院财政、税务主管部门另有规定外，企业发生的职工教育经费支出，不超过工资薪金总额25%的部分，准予扣除。故选B。

(7) 弥补以前年度亏损。根据税法规定，企业某一纳税年度发生的亏损可以用下一年度的所得弥补，下一年度的所得不足以弥补的，可以逐年延续弥补，但最长不得超过5年。

(五) 企业所得税征收管理

1. 纳税地点

居民企业一般以企业登记注册地为纳税地点，但登记注册地在境外的，以企业实际管理机构所在地为纳税地点。

居民企业在中国境内设立的不具有法人资格的分支或营业机构，由该居民企业汇总计算并缴纳企业所得税。

2. 纳税期限

企业所得税实行按年(自公历1月1日起到12月31日止)计算，分月或分季预缴，年终汇算清缴(年终后5个月内进行)、多退少补的征纳方法。

纳税人在一个年度中间开业，或者由于合并、关闭等原因，使该纳税年度的实际经营期不足12个月的，应当以其实际经营期为一个纳税年度。

3. 纳税申报

按月或按季预缴的，应当自月份或者季度终了之日起15日内，向税务机关报送预缴企业所得税纳税申报表，预缴税款。

五、个人所得税

(一) 个人所得税概念

个人所得税是指对个人(即自然人)取得的各项应税所得征收的一种所得税。个人所得税的征税对象不仅包括个人还包括具有自然人性质的企业。

(二) 个人所得税的纳税义务人

个人所得税的纳税义务人，以住所和居住时间为标准分为居民纳税义务人和非居民纳税义务人。

1. 居民纳税义务人

居民纳税义务人是指在中国境内有住所，或者无住所但在中国境内居住满1年的个人。居民纳税义务人负有无限纳税义务，其从中国境内和境外取得的所得，都要在中国缴纳个人所得税。

2. 非居民纳税义务人

非居民纳税义务人是指在中国境内无住所又不居住，或者无住所而在中国境内居住不满1年的个人。非居民纳税义务人承担有限纳税义务，仅就其从中国境内取得的所得，在中国缴纳个人所得税。

真题精析

【多选题】根据《个人所得税法》规定，下列关于个人所得税的说法正确的有（　　）。

A. 非居民纳税人应就来源于中国境外的所得缴纳个人所得税

B. 非居民纳税人应就来源于中国境内的所得缴纳个人所得税

C. 居民纳税人应就来源于中国境内的所得缴纳个人所得税

D. 居民纳税人应就来源于中国境内和境外的全部所得缴纳个人所得税

【答案及解析】BD　居民纳税人应就来源于中国境内和境外的全部所得缴纳个人所得税；非居民纳税人应就来源于中国境内的所得缴纳个人所得税。故选BD。

（三）个人所得税的应税项目和税率

1. 个人所得税应税项目

对于居民纳税人，应就来源于中国境内和境外的全部所得征税；对于非居民纳税人，则只就来源于中国境内所得部分征税，境外所得部分不属于《中华人民共和国个人所得税法》（以下简称《个人所得税法》）规定的征税范围。

现行个人所得税共有11个应税项目：①工资、薪金所得；②个体工商户的生产、经营所得；③企事业单位的承包经营、承租经营所得；④劳务报酬所得；⑤稿酬所得；⑥特许权使用费所得；⑦利息、股息、红利所得；⑧财产租赁所得；⑨财产转让所得（指个人转让有价证券、股票、建筑物、土地使用权、机器设备、车船以及其他财产取得的所得）；⑩偶然所得（指个人得奖、中奖、中彩以及其他偶然性质的所得）；经国务院财政部门确定征税的其他所得。

真题精析

【多选题】下列（　　）项目应当征收个人所得税？

A. 企事业单位的承包经营、承租经营所得

B. 财产租赁所得

C. 稿酬所得

D. 利息、股息、红利所得

【答案及解析】ABCD　题中选项均为应征个人所得税的项目。故选ABCD。

2. 个人所得税税率

个人所得税实行超额累进税率与比例税率相结合的税率体系。①工资、薪金所得，适用3%～45%的超额累进税率。②个体工商户的生产经营所得，以及对企事业单位的承包经营、承租经营所得，适用5%～35%的超额累进税率。③稿酬所得适用比例税率，税率为20%，并按应纳税额减征30%，其实际税率为14%。④劳务报酬所得适用比例税率，税率为20%。对劳务报酬所得一次收入畸高的，可以实行加成征收。⑤特许权使用费所得，利息、股息、红利所得，财产转让所得，偶然所得和其他所得，适用比例税率，税率为20%。

真题精析

【判断题】张三为某设计院设计图纸，取得一次性收入22 000元，对此应实行加成征收办法计算个人所得税。(　　)

【答案及解析】×　劳务报酬的加成征收是对一次取得劳务收入扣除费用后的所得额超过20 000元时适用，22 000×(1－20%)＝17 600(元)，故不适用加成征收。

（四）个人所得税应纳税额计算

(1) 工资、薪金所得，以每月收入额减除费用3 500元后的余额，为应纳税额。

应纳税额＝应纳税所得额×适用税率－速算扣除数

＝(每月收入额－3 500)×适用税率－速算扣除数

真题精析

【单选题】个人所得税工资薪金所得项目适用(　　)的税率形式。

A. 超额累进税率　　B. 定额税率

C. 比例税率　　D. 其他税率

【答案及解析】A　本题考核个人所得税税率。个人所得税工资薪金所得适用的是七级超额累进税率。故选A。

(2) 个体工商户的生产经营所得，以每一纳税年度的收入总额，减除成本、费用及损失后的余额，为应纳税额。

应纳税额＝应纳税所得额×适用税率－速算扣除数

＝(全年收入总额－成本、费用及损失)×适用税率－速算扣除数

(3) 对企事业单位的承包经营、承租经营所得。以每一纳税年度的收入总额，减除必要的费用后的余额，为应纳税所得额。减除必要费用，是指按月减除3 500元。

应纳税额＝应纳税所得额×适用税率－速算扣除数

＝(纳税年度收入总额－必要费用)×适用税率－速算扣除数

(4) 劳务报酬所得应纳税额的计算公式。

每次收入不足4 000元的，应纳税额＝(每次收入额－800)×20%

每次收入超过4 000元的，应纳税额＝每次收入额×(1－20%)×20%。

每次收入超过20 000元的，应纳税额＝每次收入额×(1－20%)×适用税率－速算扣除数。

(5) 稿酬所得应纳税额的计算公式。

每次收入不足4 000元的，应纳税额＝(每次收入额－800)×20%×(1－30%)。

每次收入超过4 000元的，应纳税额＝每次收入额×(1－20%)×20%×(1－30%)。

(6) 财产转让所得应纳税额的计算公式为：

应纳税额＝应纳税所得额×适用税率＝(收入总额－财产原值－合理税费)×20%

真题精析

【多选题】关于个人所得税税率的说法中正确的是(　　)。

A. 个体工商户、个人独资企业和合伙企业的生产经营所得，以及对企事业单位的承包经营、承租经营所得，适用5%～35%的超额累进税率

B. 稿酬所得，适用比例税率，税率为20%，并按应纳税额减征30%，其实际税率为14%

C. 特许权使用费用所得，股息、红利所得，财产租赁所得，财产转让所得，偶然所得和其他所得，适用比例税率，其税率为20%

D. 工资、薪金所得，自2014年开始适用3%～45%的超额累进税率

【答案及解析】ABC　工资、薪金所得，自2011年9月1日开始适用3%～45%的超额累进税率。故选ABC。

(7) 利息、股息、红利所得应纳税额的计算公式。

应纳税额＝应纳税所得额×适用税率＝每次收入额×20%

(五) 个人所得税征收管理

(1) 自行申报纳税。自行申报是由纳税人自行在税法规定的纳税期限内，向税务机关申报取得的应税所得项目和数额，如实填写个人所得税纳税申报表，并按照税法规定计算应纳税额，据此缴纳个人所得税的一种方法。

下列人员为自行申报纳税的纳税义务人：年所得12万元以上的；从中国境内两处或者两处以上取得工资、薪金所得的；从中国境外取得所得的；取得应税所得，没有扣缴义务人的；国务院规定的其他情形。

(2) 代扣代缴。代扣代缴是指按照税法规定负有扣缴税款义务的单位或个人，在向个人支付应纳税所得时，应计算应纳税额，从其所得中扣除并缴入国库，同时向税务机关报送扣缴个人所得税报告表。

凡支付个人应纳税所得的企业、事业单位、社会团体、军队、驻华机构(不含依法享有外交特权和豁免的驻华使领馆、联合国及其国际组织驻华机构)、个体户等单位或者个人，为个人所得税的扣缴义务人。

第三节 税收征收管理

一、税务登记

税务登记又称纳税登记，是税务机关依据税法规定，对纳税人的生产、经营活动进行登记管理的一项法定制度，也是纳税人为履行纳税义务就有关纳税事宜依据向税务机关办理登记的一种法定手续，税务登记是整个税收征收管理的起点。

（一）开业登记

根据税法规定，企业、单位和个人自领取工商行政管理部门核发的营业执照之日起 30 日内，持有关证件向生产、经营地或者纳税义务发生地的主管税务机关申报办理税务登记，并按照税务机关要求提供有关证件、资料。

真题精析

【单选题】从事生产、经营的纳税人，税务登记内容发生变化的，纳税人在工商行政管理机关办理注册登记的，应当自工商行政管理机关变更登记之日起(　　)日内，持有关证件，向原税务登记机关申报办理变更税务登记。

A. 10　　B. 20　　C. 30　　D. 60

【答案及解析】C　从事生产、经营的纳税人，税务登记内容发生变化的，纳税人在工商行政管理机关办理注册登记的，应当自工商行政管理机关变更登记之日起 30 日内，持有关证件，向原税务登记机关申报办理变更税务登记。故选 C。

《税务登记管理办法》第十三条规定，纳税人在申报办理税务登记时，应当根据不同情况向税务机关如实提供以下证件和资料：①工商营业执照或其他核准执业证件；②有关合同、章程、协议书；③组织机构统一代码证书；④法定代表人或负责人或业主的居民身份证、护照或者其他合法证件。其他需要提供的有关证件、资料，由省、自治区、直辖市税务机关确定。

（二）变更税务登记

变更税务登记是纳税人税务办理设立税务登记后，因登记内容发生变化，需要对原有登记内容进行更改，而向主管税务机关申请办理的税务登记。

纳税人已在工商行政管理机关办理变更登记的，应当自工商行政管理机关变更登记之日起 30 天内，向原税务登记机关申报办理变更税务登记。

纳税人按照规定不需要在工商行政管理机关办理变更登记或者其变更登记的内容与工商登记内容无关的，应当自税务登记内容实际发生变化之日起 30 天内，或者自有关机关批准或者宣布变更之日起 30 天内，持有关证件到原税务登记机关申报办理变更税务登记。

变更登记应提交如下资料、证件：书面申请、营业执照及工商变更登记表的原件及复印件、变更内容的决议及有关证明文件的原件及复印件、承继原纳税人债权债务及账务连续核算证明、国税机关发放的原税务登记证件、主管国税机关需要的其他资料、证明。

（三）停业、复业登记

从事生产经营的纳税人，经确定实行定期定额征收方式的，其在营业执照核准的经营期内需要停业的，应当在停业前(通常为停业前一个星期)向税务机关申报办理停业登记，纳税人的停业期限不得超过 1 年。

纳税人在停业期间发生纳税义务的，应当按照税收法律、行政法规的规定申报缴纳税款。

纳税人停业期满不能及时恢复生产经营的，应当在停业期满前向税务机关提出延长停业登记申请。纳税人停业期满未按期复业又不申请延长停业的，税务机关应当视为已恢复营业，实施正常的税收征收管理。

（四）注销税务登记

纳税人发生解散、破产、撤销以及其他情形，依法终止纳税义务的，应当在向工商管理机关或者其他机关办理注销登记前，持有关证件向原税务登记机关申报办理注销税务登记。

纳税人被工商行政管理机关吊销营业执照或者被其他机关予以撤销登记的，应当自营业执照被吊销或者被撤销登记之日起 15 日内，向原税务登记机关申报办理注销税务登记。

纳税人因住所、经营地点变动，涉及改变税务登记机关的，应当在向工商行政管理机关或者其他机关申请办理变更或者注销登记前或者住所、经营地点变动前，向原税务登记机关申报办理注销税务登记，并在 30 日内向迁达地税务机关申报办理税务登记。

真题精析

【多选题】需要办理注销登记的情形包括(　　)。

A. 纳税人被工商行政管理机关吊销营业执照

B. 从事生产经营的纳税人破产

C. 从事生产经营的纳税人解散、撤销

D. 从事生产经营的纳税人住所、经营地点变动

【答案及解析】ABCD　题中 A、B、C、D 四项都属于需要办理注销登记的情形。故选 ABCD。

境外企业在中国境内承包建筑、安装、装配、勘探工程和提供劳务的，应当在项目完工、离开中国前 15 日内，持有关证件和资料，向原税务登记机关申报办理注销税务登记。

纳税人办理注销税务登记前，应当向税务机关提交相关证明文件和资料，结清应纳税款、多退(免)税款、滞纳金和罚款，缴销发票、税务登记证件和其他税务证件，经税务机关核准后，办理注销税务登记手续。

（五）外出经营报验登记

从事生产、经营的纳税人到外县(市)临时从事生产、经营活动的，应当向所在地税务机关申请开具《外出经营活动税收管理证明》，并持税务登记证副本和所在地税务机关开具的《外出经营活动税收管理证明》，向营业地税务机关报验登记，接受税务管理。

（六）纳税人税种登记

纳税人在办理开业或变更税务登记的同时应当申请填报税种登记，由税务机关根据其生产、经营范围及拥有的财产等情况，认定录入纳税人所适用的税种、税目、税率、报缴税款期限、征收方式和缴库方式等。税务机关依据《纳税人税种登记表》所填写的项目，自受理之日起3日内进行税种登记。登记申报所需要的材料：纳税人所申报的税种登记表和纳税户基本情况表。

（七）扣缴义务人扣缴税款登记

扣缴义务人应当自扣缴义务发生之日起30日内，向所在地的主管税务机关申报办理扣缴税款登记，领取扣缴税款登记证件；税务机关对已办理税务登记的扣缴义务人，可以只在其税务登记证件上登记扣缴税款事项，不再发给扣缴税款登记证件。

真题精析

【多选题】纳税人办理纳税申报时，应当填写纳税申报表，并根据不同的情况相应报送(　　)证件、资料。

A. 财务会计报表及其说明材料

B. 与纳税有关的合同、协议书及凭证

C. 税控装置的电子报税资料

D. 外出经营活动税收管理证明和异地完税凭证

【答案及解析】ABCD　纳税人办理纳税申报时，应当填写纳税申报表，并根据不同的情况相应报送下列证件、资料：①财务会计报表及其说明材料；②与纳税有关的合同、协议书及凭证；③税控装置的电子报税资料；④外出经营活动税收管理证明和异地完税凭证；⑤境内或者境外公证机构出具的有关证明文件。故选ABCD。

二、发票开具与管理

（一）发票的种类

发票是指在购销商品、提供劳务或接受劳务、服务以及从事其他经营活动，所提供给对方的收付款的凭证。

《税收征管法》规定，税务机关是发票的主管机关，负责发票印制、领购、开具、取得、保管、缴销的管理和监督。

较为常见的发票有：①增值税专用发票；②普通发票；③专业发票。

发票基本联次为三联，第一联是存根联，开票方留存备查，第二联为发票联，收执方作为付款或者收款的原始凭证。第三联为记账联，开票方作为记账原始凭证。增值税专用发票在三联之外还有一个抵扣联，收执方作为抵扣税款的凭证。

真题精析

【单选题】不符合发票开具要求的是(　　)。

A. 开具发票时按号顺序填开，填写项目齐全、内容真实

B. 填写发票应当使用中文

C. 开具发票的时限、地点应符合规定

D. 可以拆本使用发票

【答案及解析】D　任何单位和个人不得转借、转让、代开发票、未经税务机关批准，不得拆本使用发票；不得自行扩大专业发票使用范围。故选D。

1. 增值税专用发票

增值税专用发票是指专门用于结算销售货物和提供加工、修理修配劳务使用的一种发票，只限于增值税一般纳税人领购使用，增值税小规模纳税人不得领购使用。一般纳税人如有下列情形之一的，不得领购使用增值税专用发票。

(1) 会计核算不健全，不能向税务机关准确提供增值税销项税额、进项税额、应纳税额数据及其他有关增值税税务资料的。

(2) 有《税收征管法》规定的税收违法行为，拒不接受税务机关处理的。

(3) 未按《增值税专用发票使用规定》的第十一条开具专用发票，经

税务机关责令限期改正而仍未改正的。

（4）销售的货物全部属于免税项目的。

真题精析

【单选题】下列关于增值税专用发票说法不正确的是（　　）。

A. 增值税专用发票是指专门用于结算销售货物和提供加工、修理修配劳务使用的一种发票

B. 增值税专用发票只限于一般纳税人领购使用

C. 增值税小规模纳税人不得领购使用

D. 一般纳税人在任何情形下都可以领购使用增值税专用发票

【答案及解析】D　增值税专用发票是指专门用于结算销售货物和提供加工、修理修配劳务使用的一种发票，增值税专用发票只限于增值税一般纳税人领购使用，增值税小规模纳税人不得领购使用，一般纳税人有法定情形的，不得领购使用增值税专用发票。故选D。

2. 普通发票

普通发票主要由营业税纳税人和增值税小规模纳税人使用，增值税一般纳税人在不能开具专用发票的情况下也可使用普通发票。

普通发票由行业发票和专用发票组成。行业发票适用于某个行业的经营业务，如商业零售统一发票、商业批发统一发票、工业企业产品销售统一发票等；专用发票仅适用于某一经营项目，如广告费用结算发票、商品房销售发票等。

真题精析

【多选题】目前我国使用的发票，主要有增值税专用发票、普通发票和专业发票等几类，其中普通发票包括（　　）。

A. 行业发票　　B. 保险凭证　　C. 专用发票　　D. 邮票

【答案及解析】AC　普通发票主要由营业税纳税人和增值税小规模纳税人使用，增值税一般纳税人在不能开具专用发票的情况下也可使用普通发票。普通发票由行业发票和专用发票组成。故选AC。

3. 专业发票

专业发票是指国有金融、保险企业的存贷、汇兑、转账凭证、保险凭证；国有邮政、电信企业的邮票、邮单、话务、电报收据；国有铁路、国有航空企业和交通部门、国有公路、水上运输企业的客票、货票等。

专业发票是一种特殊种类的发票，但不套印发票监制章；它属于发票的管理范围，但经有关部门批准后，由主管部门自定式样，自行印刷、发放和管理，自行负责。这是专业发票的特征，也是与其他专用发票、普通发票的区别之处。

(二) 发票的开具要求

(1) 单位和个人应在发生经营业务、确认营业收入时，才能开具发票，未发生经营业务一律不得开具发票。

(2) 开具发票时应按号码顺序填开，填写项目齐全、内容真实、字迹清楚、全部联次一次性复写或打印，内容完全一致。并在发票联和抵扣联加盖单位财务章或者发票专用章。

(3) 填写发票应当使用中文。民族自治地区可以同时使用当地通用的一种民族文字；外商投资企业和外资企业可以同时使用一种外国文字。

(4) 使用电子计算机开具发票必须报主管税务机关批准，并使用税务机关统一监制的机打发票。开具后的存根联应当按照顺序号装订成册，以备税务机关检查。

(5) 开具发票时限、地点应符合规定。

(6) 任何单位和个人不得转借、转让、代开发票，未经税务机关批准，不得拆本使用发票，不得自行扩大专业发票的使用范围。

三、纳税申报

纳税申报是指纳税人、扣缴义务人按照税法规定的期限和内容向税务机关提交有关纳税事项书面报告的法律行为，是纳税人履行纳税义务、承担法律责任的主要依据，是税务机关税收管理信息的主要来源和税务管理的一项重要制度。

纳税人办理纳税申报主要采取方式有：直接申报，邮寄申报，数据电文和简易申报。

（1）直接申报即上门申报。纳税人直接到税务机关办理纳税申报。

真题精析

【判断题】纳税申报的方式中，比较传统的方式是直接申报。（ ）

【答案及解析】√ 直接申报即上门申报，是指纳税人直接到税务机关指定的地点办理纳税申报事项，这是一种传统的申报方式。

（2）邮寄申报是指经税务机关批准的纳税人使用统一规定的纳税申报特快专递专用信封，通过邮政部门办理交寄手续，并向邮政部门索取收据作为申报凭据的方式。邮寄申报以寄出地的邮政局邮戳日期为实际申报日期。

（3）数据电文申报是指经税务机关批准的纳税人经过电子手段、光学手段或类似手段生成、存储或传递的信息，这些手段包括电子数据交换、电子邮件、电报、电传或传真等。如目前纳税人的网上申报就是数据电文电报的一种形式。

真题精析

【单选题】纳税人的网上申报属于（ ）纳税申报方式。

A. 直接申报　　B. 间接申报

C. 邮寄申报　　D. 数据电文申报

【答案及解析】D 网上申报是数据电文申报的一种形式。故选D。

（4）简易申报是指实行定期定额征收的纳税人，经税务机关批准，通过以缴纳税款凭证代替申报或简并征期的一种申报方式。

简并征期是指将实行定期定额征收方式的个体工商户（或个人独资企业）若干纳税期的应纳税额集中在一个纳税期限内缴纳。最大限度地简化了税款征收程序。另外，纳税人、扣缴义务人还可以委任注册税务师等有税务代理资质的中介结构或者其他人代理申报纳税。

四、税款征收

税款征收是国家税务机关依照税收法律、法规规定将纳税人的应纳税款征缴入库的一系列税收管理活动的总称。它是税收特征收管理工作的中心环节，是全部税收征管工作的目的和归宿，在整个税收工作中占据着极其重要的地位。

税款征收的方式主要有九种。

（一）查账征收

查账征收是指由纳税人依据账簿记载，先自行计算缴纳税款，事后由税务机关查账核实，如有不符合税法规定的，则多退少补的一种税款征收方式。

这种方式主要是对已建立会计账册并且会计记录完整的单位采用。

（二）查定征收

查定征收是指由税务机关根据纳税人的生产设备等情况在正常情况下的生产、销售情况，对其生产的应税产品查定产量和销售额，然后依照税法规定的税率征收的一种税款征收方式。

这种征收方式适用于生产经营规模小、产品零星、税源分散、会计账册不健全的小型厂矿和作坊。

（三）查验征收

查验征收是指由税务机关对纳税申报人的应税商品、产品查验数量，按市场一般销售单价计算其销售收入，并据以计算应纳税款的一种征收方式。

这种征收方式适用于纳税人财务制度不健全，生产经营不固定，零星分散、流动性大的税源。

（四）定期定额征收

定期定额征收是指对小型个体工商户在一定经营地点、一定经营期间、一定经营范围内的应纳税经营额或所得额进行核定，并以此为计税依据，确定其应纳税额的一种征收方式。

这种征收方式适用于经批准的生产经营规模小，达不到建账标准，难以查账征收，不能准确计算纳税依据的个体工商户。

（五）核定征收

核定征收是指税务机关对不能完整、准确提供纳税资料的纳税人，采用特定方法确定其应纳税收入或应纳税额，纳税人据以缴纳税款的一种征收方式。

纳税人具有下列情形之一的，核定征收企业所得税：①依照法律、行政法规的规定可以不设置账簿的；②依照法律、行政法规的规定应当设置但未设置账簿的；③擅自销毁账簿或者拒不提供纳税资料的；④虽设置账簿，但账目混乱或者成本资料、收入凭证、费用凭证残缺不全，难以查账的；⑤发生纳税义务，未按照规定的期限办理纳税申报，经税务机关责令限期申报，逾期仍不申报的；⑥申报的计税依据明显偏低，又无正当理由的。特殊行业、特殊类型的纳税人和一定规模

（六）代扣代缴

代扣代缴是指按照税法规定，负有扣缴税款的法定义务人，在向纳税人支付款项时，从所支付的款项中直接扣收税款的方式。其目的是对零星分期、不易控制的税源实行源泉控制。

（七）代收代缴

代收代缴是指负有收缴税款的法定义务人，对纳税人应纳的税款进行代收代缴的方式。即由与纳税人有经济业务往来的单位和个人向纳税人收取款项时，依照税收的规定收取税款。这种方式一般适用于税收网络覆盖不到或很难控制的领域，如受托加工应缴消费税的消费品，由受托方代收代缴的消费税。

（八）委托代征

委托代征是指受托单位按照税务机关核发的代征证书的要求，以税务机关的名义向纳税人征收一些零散税款的一种税款征收方式。

（九）其他方式

五、税务代理

税务代理指代理人接受纳税主体的委托，在法定的代理范围内依法代其办理相关税务事宜的行为。税务代理人在其权限内，以纳税人（含扣缴义务人）的名义代为办理纳税申报，申办、变更、注销税务登记证，

申请减免税，设置保管账簿凭证，进行税务行政复议和诉讼等纳税事项的服务活动。

六、税务检查

税务检查是税务机关根据税收法律、行政法规的规定，对纳税人、扣缴义务人履行纳税义务、扣缴义务及其他有关业务事项进行审查、核实、监督活动的总称。

税务检查的形式包括重点检查、分类计划检查、集中性检查、临时性检查、专项检查等。税务机关依法对纳税人进行税务检查时，发现纳税人有逃避纳税义务的行为，并有明显转移、隐匿其应纳税的商品、货物、其他财产或者应纳税收入迹象的，可以按照批准权限采取税收保全措施或者强制执行措施。

（1）税收保全措施。税务机关责令具有税法规定情形的纳税人提供纳税担保而纳税人拒绝提供纳税担保或无力提供纳税担保的，经县以上税务局(分局)局长批准，税务机关可以采取下列税收保全措施：

第一，书面通知纳税人开户银行或者其他金融机构冻结纳税人的相当于应纳税款金额的存款。

第二，扣押、查封纳税人的价值相当于应纳税款的商品、货物或者其他财产。其他财产是指纳税人的房地产、现金、有价证券等不动产和动产。不适用税收保全的财产包括个人及所扶养家属维持生活必需的住房和用品。

真题精析

【判断题】税务机关可以采取书面通知纳税人开户银行或者其他金融机构冻结纳税人的金额略高于应纳税款的存款作为税收保全措施。（　　）

【答案及解析】×　如果纳税人不能提供纳税担保，经县以上税务局(分局)局长批准，税务机关可以采取下列税收保全措施：①书面通知纳税人开户银行或者其他金融机构冻结纳税人的金额相当于应纳税款的存款；②扣押、查封纳税人价值相当于应纳税款的商品、货物或者其他财产。

（2）税收强制执行。从事生产、经营的纳税人、扣缴义务人未按照规定的期限缴纳或者解缴税款，纳税担保人未按照规定的期限缴纳所担保的税款，税务机关责令限期缴纳，逾期仍未缴纳的，经县以上税务局（分局）局长批准，税务机关可以书面通知其开户银行或者其他金融机构从其存款中扣缴税款，扣缴、查封、依法拍卖或者变卖其价值相当于应纳税款的商品、货物或者其他财产，以拍卖或者变卖所得抵缴税款。

七、税收法律责任

税收法律责任，是指税收法律关系的主体因违反税收法律规范所应承担的法律后果。税收法律责任可分为行政责任和刑事责任。

（1）税务违法行政处罚。包括责令限期改正、罚款、没收财产、收缴未用发票和暂停供应发票、停止出口退税权。

真题精析

【判断题】税务违法行政处罚。包括责令限期改正、罚款、没收财产、收缴未用发票和暂停供应发票、停止出口退税权。（　　）

【答案及解析】×　税务行政处罚的种类包括停业整顿、罚款、没收财产、收缴未用发票和暂停供应发票、停止出口退税权。

（2）税务违法刑事处罚。刑事处罚是指犯罪行为应当承担的法律责任。根据《中华人民共和国税收征收管理法》（以下简称《税收征收管理法》）规定，情节严重的下列行为，构成犯罪的，应当追究刑事责任。

八、税务行政复议

税务行政复议程序包括申请、受理、审理、决定等环节。税收行政复议是指当事人（纳税人、扣缴义务人、纳税担保人等）不服税务机关及其工作人员作出的具体行政行为，依法向上一级税务（复议机关）提出申请，复议机关经审理对原税务机关具体行政行为的合法性、合理性依法作出维持、变更、撤销等决定的活动。

真题精析

【案例分析题】李强系中国公民，现在国内某大学任职，12 月份取得收入情况如下。

（1）当月工资收入 3 400 元，奖金收入 3 000 元。

（2）受某出版社委托，编写《金融工程》一书。按照协议约定，出版社于 12 月 20 日支付李强稿酬 19 000 元。

（3）12 月 25 日，受科技公司培训部邀请，为该公司员工进行心理咨询讲座，科技公司支付给李强讲课报酬 3 900 元。

李强年收入总额为 20 万元；次年税务部门在进行税务检查时，发现李强的稿酬和讲课报酬均无纳税记录。

工资、薪金所得税税率简表

全月应纳税所得额	税率（%）	速算扣除数（元）
超过 1 500 元至 4 500 元的部分	10%	105
超过 4 500 元至 9 000 元的部分	20%	555

根据上述资料，回答下列问题。

（1）根据我国税法规定，个人所得税的征税项目包括(　　)。

A. 个体工商户的生产、经营所得

B. 保险赔款所得

C. 股息、红利所得

D. 特许权使用费所得

（2）关于 12 月李强取得的工资和奖金收入，以下说法中正确的是(　　)。

A. 12 月李强取得的工资和奖金收入，应缴纳个人所得税额为 185 元

B. 12 月李强取得的工资和奖金收入，应缴纳个人所得税额为 505 元

C. 12 月李强取得的工资和奖金收入，应缴纳个人所得税由本人于年末缴纳

D. 12月李强取得的工资和奖金收入，应缴纳个人所得税由本单位代扣代缴

(3) 关于稿酬和讲课报酬，以下说法中正确的是(　　)。

A. 劳务报酬所得，属于一次性收入的，以取得该项收入为一次

B. 李强稿酬所得应缴纳的个人所得税，应由出版社代扣代缴

C. 李强讲课报酬应缴纳的个人所得税，应由科技公司代扣代缴

D. 稿酬所得和讲课报酬应缴纳的个人所得税，应由李强自行缴纳

(4) 关于李强取得的稿酬和讲课报酬，应缴纳的个人所得税，下列说法中正确的是(　　)。

A. 稿酬所得应缴纳个人所得税 2 128 元

B. 讲课报酬应缴纳个人所得税 780 元

C. 稿酬所得应缴纳个人所得税 3 040 元

D. 讲课报酬应缴纳个人所得税 620 元

(5) 关于税款缴纳，以下说法中正确的是(　　)。

A. 李强应当在次年 3 月 31 日前办理纳税申报

B. 李强应当在次年 6 月 30 日前办理纳税申报

C. 李强应当补交稿酬和讲课报酬的税款

D. 出版社和科技公司应当补交稿酬和讲课报酬的税款

(1)【答案及解析】ACD　本题考核个人所得税的征税项目，故选 ACD。

(2)【答案及解析】AD　个人所得税：(3 000＋3 400－3 500)×10%－105＝185(元)。个人所得税由单位代扣代缴。故选 AD。

(3)【答案及解析】ABC　个人所得税的征收，基本上采用代扣代缴的源泉控制办法。故选 ABC。

(4)【答案及解析】AD　稿酬所得，适用比例税率，税率为 20%，并按应纳税额减征 30%。稿酬所得、特许权使用费所得、财产租赁所得：

①每次收入不超过 4 000 元的：应纳税所得额＝每次收入额－800；

②每次收入 4 000 元以上的：应纳税所得额＝每次收入额－每次收入额×20%＝每次收入额×(1－20%)。

得出：19 000×(1－20%)×20%×(1－30%)＝2 128(元)。

劳务报酬所得：

①每次收入不超过 4 000 元的：应纳税所得额＝每次收入额－800；

② 每次收入 4 000 元以上的：应纳税所得额＝每次收入额－每次收入额×20%＝每次收入额× (1－20%)。

得出：(3 900－800)×20%＝620(元)。故选 AD。

(5)【答案及解析】AC　年所得 12 万元以上的，在年度终了后 3 个月内到主管税务机关办理纳税申报。故选 AC。

同步强化练习题库

一、单项选择题

1. 下列各项申报，(　　)不属于纳税申报方式。

A. 直接申报　　B. 邮寄申报

C. 数据电文申报　　D. 口头申报

2. 下列各项中，不符合发票开具要求的是(　　)。

A. 按号码顺序填开发票

B. 填写发票使用中文

C. 一次性复写发票的全部联次

D. 随意拆本使用发票

3. 国内某作家的一篇小说在一家报刊上连载 3 个月。3 个月的稿酬收入分别 3 000 元、4 000 元和 5 000 元。该作家 3 个月所获稿酬应缴纳的个人所得税为(　　)元。

A. 1 316　　B. 1 344

C. 1 568　　D. 1 920

4. 增值税一般纳税人在计算企业所得税应纳税所得额时，不允许扣除的税金是(　　)。

A. 消费税　　B. 营业税

C. 增值税　　D. 印花税

5. 根据《消费税暂行条例》规定，纳税人将自产自用应税消费品用于连续生产应税消费品时(　　)。

A. 按产品成本计算缴纳消费税

B. 按同类产品销售价格计算缴纳消费税

C. 按组成计税价格计算缴纳消费税

D. 不用缴纳消费税

6. 某啤酒厂 2015 年 9 月生产了 15 000 吨生啤，当月销售了 10 000 吨，取得含税销售收入 117 万元，则啤酒厂应缴纳消费税的计税依据为(　　)。

A. 100 万元　　B. 117 万元

C. 10 000 吨　　D. 15 000 吨

7. 取得一般纳税人资格应具备的基本条件是(　　)。

A. 会计核算制度健全

B. 年应征增值税的销售额在税法规定的 500 万元以上

C. 注册资金达到一定的数额

D. 职工人数达到一定的规模

8. 下列各项中，(　　)是采用超额累进税率计算应纳税额。

A. 对加工服装征收的增值税

B. 对销售房屋征收的营业税

C. 对生产卷烟征收的消费税

D. 对工资薪金所得征收的个人所得税

9. 涉及税务领域的具体行政处罚种类不包括(　　)。

A. 停止出口退税权　　B. 监禁

C. 罚款　　D. 没收非法财产

10. 税务代理人是指具有进行税务代理的相关知识、经验和能力，具有税务代理资格，经(　　)及省、自治区、直辖市国税局批准，从事税务代理的专门人员及其工作机构。

A. 财政部　　　　B. 国资委

C. 国税总局　　　　D. 全国人大

11. “经税务机关批准的纳税人使用统一规定的纳税申报特快专递专用信封，通过邮政部门办理交寄手续，并向邮政部门索取收据作为申报凭据的方式”被称为(　　)。

A. 自行申报　　　　B. 邮寄申报

C. 数据电文申报　　　　D. 简易申报

12. 以下情况符合发票的开具要求的情况是(　　)。

A. 对预期可能发生的业务开具发票

B. 全部使用英文填写发票

C. 拆本使用发票

D. 按号码顺序填开

13. 根据《个人所得税法》，我国个人所得税的征收方式是(　　)。

A. 由税务机关上门征收

B. 由个人自行申报

C. 个人自行申报和代扣代缴相结合

D. 由单位代扣代缴

14. 某画家8月份将其精选的书画作品交由某出版社出版，从出版社取得报酬10万元。该笔报酬在缴纳个人所得税时适用的税目是(　　)。

A. 劳务报酬所得

B. 工资薪酬所得

C. 稿酬所得

D. 特许使用费所得

15. 根据《增值税暂行条例》的规定，增值税一般纳税人兼营不同增值税税率的货物，未分别核算不同税率货物销售额的，确定其适用增值税税率的方法是(　　)。

A. 适用3%的征收率　　　　B. 适用从低率

C. 适用平均税率　　　　　　D. 适用从高税率

16. 我国对工资薪金个人所得税的计算中，按税法规定，自2011年9月1日起可以按扣除3 500元后的金额计算应纳税额，该3 500元指的是(　　)。

A. 起征点　　　　　　B. 免征额

C. 税率式减免　　　　D. 税额式减免

17. 某增值税一般纳税人企业采购原材料支付运杂费共计1 000元，取得运输发票上注明运输费800元、建设基金80元、保险费20元、装卸费100元。可抵扣的进项税额为(　　)元。

A. 61.6　　　　　　B. 70

C. 77　　　　　　　D. 88

18. 根据《营业税暂行条例》的规定，纳税人销售不动产，其申报缴纳营业税的地点是(　　)。

A. 不动产所在地　　　　B. 纳税人经营地

C. 纳税人居住地　　　　D. 销售不动产行为发生地

19. 建荣公司本年度实现利润总额为320万元，无其他纳税调整事项。经税务机关核实的上年度亏损额为300万元。该公司上年度应缴纳的企业所得税税额为(　　)万元。

A. 10　　　　　　B. 5

C. 54　　　　　　D. 36

20. 根据《税收征管法》及其实施细则的规定，企业向税务机关申报办理税务登记的时间是(　　)。

A. 自领取营业执照之日起15日内

B. 自领取营业执照之日起30日内

C. 自申请营业执照之日起45日内

D. 自申请营业执照之日起60日内

21. 纳税人的停业期限不得超过(　　)年。

A. 1　　　　　　B. 2

C. 3　　　　　　D. 4

22. (　　)是发票的主管机关，负责发票印刷、领购、开具、取得、保管、缴销的管理和监督。

A. 财政管理机关　　B. 税务管理机关

C. 工商管理机关　　D. 物价管理机关

23. 税务机关依照有关法律、法规的规定，按照一定的程序，核定纳税人在一定经营时期内的应纳税经营额及收益额，并以此为计税依据，确定其应纳税额。这种征收方式属于(　　)。

A. 查账征收　　B. 查验征收

C. 定期定额征收　　D. 查定征收

24. 在下列从事生产经营的纳税人中，采取(　　)税款征收方式的纳税人应当在停业前向税务机关申报办理停业登记。

A. 查账征收　　B. 查定征收

C. 查验征收　　D. 定期定额征收

25 增值税专用发票只限于(　　)使用。

A. 小规模纳税人

B. 一般纳税人

C. 营业税纳税人

D. 一般纳税人有法定情形的

26. 下列关于增值税专用发票说法不正确的是(　　)。

A. 增值税专用发票是指专门用于结算销售货物和提供加工、修理修配劳务使用的一种发票

B. 增值税专用发票只限于一般纳税人领购使用

C. 增值税小规模纳税人不得领购使用

D. 一般纳税人在任何情形下都可以领购使用增值税专用发票

27. (　　)是按期纳税即视同申报，未按期纳税，也构成未进行纳税申报。

A. 数据电文申报　　B. 简易申报

C. 简并征期　　D. 自行申报

28. 下列属于财产税的是(　　)。

A. 土地增值税

B. 车船使用税

C. 城镇土地使用税

D. 车辆购置税

29. 纳税人已开具的发票存根联和发票登记簿的保存期限是(　　)。

A. 10 年　　B. 25 年

C. 3 年　　D. 5 年

30. (　　)税款征收方式由纳税人依据账簿记载，先行计算缴纳，事后税务机关查账核实，多退少补。

A. 查账征收　　B. 查定征收

C. 查验征收　　D. 定期定额征收

31. 下列关于小规模纳税人的认定标准说法错误的是(　　)。

A. 对提供应税服务的，年应税销售额在 80 万元以上的

B. 对提供应税服务的，年应税服务销售额在 500 万元以下的

C. 年应税销售额超过小规模纳税人标准的其他个人按小规模纳税人纳税

D. 非企业性单位、不经常发生应税行为的企业可选择按小规模纳税人纳税

二、多项选择题

1. 注销税务登记的范围包括(　　)。

A. 被吊销营业执照

B. 企业改变经济性质

C. 因经营期限届满而自动解散

D. 企业改变主管税务机关

2. 下列关于发票开具要求表述正确的有(　　)。

A. 单位和个人应在发生业务，确认营业收入时，才能开具发票，未发生经营业务一律不得开具发票

B. 任何单位和个人不得转借、转让、代开发票

C. 禁止携带、邮寄或者运输空白发票出入境

D. 填写发票应当使用中文

3. 纳税人办理纳税申报时，应当填写纳税申报表，并根据不同的情况相应报送(　　)证件、资料。

A. 财务会计报表及其说明材料

B. 与纳税有关的合同、协议书及凭证

C. 税控装置的电子报税资料

D. 外出经营活动税收管理证明和异地完税凭证

4. 关于消费税的征税范围，下列说法正确的有(　　)。

A. 纳税人将生产的应税消费品偿还债务的应缴纳消费税

B. 由受托方提供原材料的视同加工应税消费品

C. 单位和个人进口应税消费品，于报关进口时由海关代征消费税

D. 自 1995 年 1 月 1 日起，金银首饰消费税由生产销售环节征收改为零售环节征收

5. 下列属于现行个人所得税应税项目的是(　　)。

A. 工资、薪金所得

B. 利息、股息、红利所得

C. 稿酬所得

D. 财产租赁所得

6. 根据企业所得税法律制度的规定，纳税人发生的下列支出中，在计算应纳税所得额时不准予扣除的有(　　)。

A. 银行加收的罚息

B. 工商机关所处罚款

C. 对外担保支出

D. 销售商品给予对方采购人的回扣

7. 下列各项中，属于企业所得税规定的免税收入的有(　　)。

A. 符合条件的非营利组织的收入

B. 符合条件的居民企业之间的股息、红利等权益性投资收益

C. 财政拨款

D. 国债转让收益

8. 下列项目中，不得从应纳税所得额中扣除的有(　　)。

A. 企业支付的违约金

B. 企业支付的诉讼费

C. 企业内营业机构之间支付的租金

D. 非银行企业内营业机构之间支付的利息

9. 以下税率符合现行《企业所得税法》规定的有（　　）。

A. 20%　　B. 25%

C. 15%　　D. 33%

10. 下列应当办理开业税务登记的有（　　）。

A. 工商局

B. 个体工商户

C. 某公司在上海的分公司

D. 企业在外地设立的分支机构

11. 根据税收征收管理法律制度的有关规定，下列各项中，属于股份有限公司在申报办理开业税务登记时，应出示的证件和资料有（　　）。

A. 银行账号证明　　B. 合同、章程和协议书

C. 营业执照　　D. 公司出资证明书

12. 下列关于设立税务登记的说法中，正确的有（　　）。

A. 从事生产、经营的纳税人未办理工商营业执照但经有关部门批准设立的，应当自有关部门批准设立之日起30日内申报办理税务登记，税务机关核发税务登记证及副本

B. 从事生产、经营的纳税人未办理工商营业执照也未经有关部门批准设立的，应当自纳税义务发生之日起30日内申报办理税务登记，税务机关核发临时税务登记证及副本

C. 境外企业在中国境内承包建筑、安装、装配、勘探工程和提供劳务的，应当自项目合同或协议签订之日起30日内，向项目所在地税务机关申报办理税务登记，税务机关核发临时税务登记证及副本

D. 已办理税务登记的扣缴义务人应当自扣缴义务发生之日起30日内，向税务登记地税务机关申报办理扣缴税款登记，税务机关核发扣缴税款登记证件

13. 根据税收征收管理法律制度的规定，纳税人发生的下列情形中，应办理税务注销登记的有(　　)。

A. 纳税人破产

B. 纳税人变更法定代表人

C. 纳税人被吊销营业执照

D. 纳税人暂停经营活动

14. 纳税人在办理注销税务登记之前，应当履行的义务包括(　　)。

A. 向税务机关结清应纳税款

B. 缴销发票

C. 向税务机关缴纳应缴纳的罚款

D. 缴销税务登记证件

15. 行业发票适用于(　　)。

A. 商业零售统一发票

B. 商业批发统一发票

C. 工业企业产品销售统一发票

D. 广告费用结算发票

16. 专用发票适用于(　　)。

A. 商品房销售发票

B. 商业批发统一发票

C. 工业企业产品销售统一发票

D. 广告费用结算发票

17. 下列关于开具发票的说法，正确的有(　　)。

A. 单位和个人应在发生经营业务、确认营业收入时，才能开具发票

B. 开具发票时应按号顺序填开，各联内容完全一致，并在各联加盖单位财务印章或者发票专用章

C. 填写发票一律使用中文

D. 任何单位和个人不得转借、转让、代开发票

18. 以下属于发票的有(　　)。

A. 增值税专用发票　　B. 专业发票

C. 行业发票　　D. 专用发票

19. 下列各项中，属于纳税申报方式的有(　　)。

A. 直接申报　　B. 简易申报

C. 邮寄申报　　D. 数据电文申报

20. 下列各项中，属于我国税款征收方式的有(　　)。

A. 查账征收　　B. 查定征收

C. 查验征收　　D. 定期定额征收

21. 据增值税法律制度的规定，下列各项中，应缴纳增值税的有(　　)。

A. 销售机器设备　　B. 邮政部门发行报刊

C. 进口货物　　D. 金店销售金银业务

22. 根据《消费税暂行条例》的规定，下列各项中，属于消费税征收范围的有(　　)。

A. 卷烟　　B. 实木地板

C. 大客车　　D. 彩电

三、判 断 题

1. 个人所得税的纳税义务人不包括在中国境内无住所而在境内居住不满一年的个人。(　　)

2. 企业捐赠所得不属于企业的生产经营所得，因此不是企业所得税的征税对象。(　　)

3. 消费税的纳税期限分别为1日、3日、5日、10日、15日、一个月或者1个季度。(　　)

4. 增值税一般纳税人销售或者进口货物，提供加工、修理修配劳务一律采用税率17%。(　　)

5. 从事货物批发或零售的纳税人，年应税销售额在50万元以下为增值税小规模纳税人。(　　)

6. 减税和免税、起征点都是国家对某些纳税人和征税对象给予鼓励和照顾的一种特殊规定。(　　)

7. 纳税义务人、征税对象、纳税期限是构成税法的三个最基本的要素。（ ）

8. 根据征收对象的不同，可将税种分为流转税、所得税、资源税和行为税。（ ）

9. 查定征收是指对账务不全，但能控制其材料、产量或进销货物的纳税单位或个人，由税务机关依据正常条件下的生产能力对其生产的应税产品查定产量、销售额并据以征收税款的征收方式。（ ）

10. 纳税人的注册资本发生改变的，应当办理变更登记。（ ）

11. 增值税的纳税期限分别为 1 日、3 日、5 日、10 日、20 日、1 个月或者 1 个季度。（ ）

12. 税收是国家调控经济运行的重要手段。（ ）

13. 我国现行的房产税、城市房地产税属于财产税类。（ ）

14. 纳税人被工商行政管理机关吊销营业执照的，应当自营业执照被吊销之日起 30 日内，向原税务登记机关申报办理注销税务登记。（ ）

15. 税务机关对纳税人税务登记地点发生争议的，由其中一方的上级税务机关指定管辖。（ ）

16. 已开具的发票存根联和发票登记簿应当保存 15 年，保存期满，报经税务机关查验后销毁。（ ）

17. 我国现行的消费税中对卷烟、白酒等征收的消费税属于从量税。（ ）

18. 提供应税服务是指有偿提供应税服务，包括非营业活动中提供的应税服务。（ ）

19. 与混合销售行为不同的是，兼营非应税劳务是指销售货物或应税劳务与提供非应税劳务不同时发生在同一购买者身上，也不发生在同一项销售行为中。（ ）

四、案例分析题

1. 曾丽丽是一名自由职业者，2014 年开了一家书店并取得个体工商户营业执照，其 2014 年收入如下：

（1）被某电视台“五一”文艺晚会组聘为顾问，取得顾问费4 000元；

（2）在某高校中文系兼课，每月两次，每次课酬400元；

（3）与某高校两位老师共写一本书，共得稿费24 000元，曾丽丽得主编费6 000元，其余稿费3人平分；

（4）出版个人作品集，取得收入20 000元；

（5）曾丽丽书店全年销售额90 000元，扣除进货成本、税金、费用后，纯收入30 000元。

要求：根据上述材料，回答下列问题。个人所得税率表见下表。

个人所得税税率表（个体工商户生产、经营所得适用）

全年应纳税所得额	税率(%)	速算扣除数
不超过5000元的部分	5	0
超过5 000-10 000元的部分	10	250
超过10 000-30 000元的部分	20	1 250
超过30 000-50 000元的部分	30	4 250
超过50 000元的部分	35	6 750

（1）曾丽丽取得的顾问费4 000元属于（　　）。

A. 劳务报酬所得　　B. 偶然所得

C. 稿酬所得　　D. 工资薪金所得

（2）曾丽丽与两位老师共写一本书，三人的个人所得税纳税情况包括（　　）。

A. 三人各自纳税672元

B. 除曾丽丽外的其他两人各纳税672元

C. 曾丽丽一人纳税1 344元

D. 此笔稿费共纳税2 688元

（3）出版个人作品集属于稿酬收入，稿酬所得应纳个人所得税的计算公式为（　　）。

A. 每次收入不足4 000元的，应纳税额＝（每次收入额－800）×20%

B. 每次收入超过 4 000 元的，应纳税额＝每次收入额×（1－20%）×20%

C. 每次收入超过 4 000 元的，应纳税额＝每次收入额×（1－20%）×20%×（1－30%）

D. 每次收入不足 4 000 元的，应纳税额＝（每次收入额－800）×20%×（1－30%）

（4）曾丽丽 2014 年书店收入应缴纳个人所得税税额为（　　）。

A. 6 000 元　　B. 7 750 元

C. 3 000 元　　D. 4 750 元

（5）曾丽丽本年度应缴纳的个人所得税税额为（　　）。

A. 9 134 元　　B. 8 462 元

C. 8 974 元　　D. 8 302 元

同步强化练习题库答案解析

一、单项选择题

1.【答案及解析】　D　纳税申报方式不包括口头申报。故选 D。

2.【答案及解析】　D　不得拆本使用发票。故选 D。

3.【答案及解析】　B　同一作品在报刊上连载取得收入，以连载完成后取得的所有收入合并为一次，计征个人所得税。该作家应纳个人所得税＝（3 000＋4 000＋5 000）×（1－20%）×20%×（1－30%）＝1 344（元）。故选 B。

4.【答案及解析】　C　允许税前扣除的税金是指企业发生的除企业所得税和允许抵扣的增值税以外的企业缴纳的各项税金及其附加。故选 C。

5.【答案及解析】　D　纳税人自产自用的应税消费品，用于连续生产应税消费品的，不纳税；用于其他方面的，于移送使用时纳税。故选 D。

6.【答案及解析】 C 啤酒实行从量定额征税。故选C。

7.【答案及解析】 A 一般纳税人是指年应税销售额超过小规模纳税人标准或符合税法规定情形的企业和企业性单位。需要会计核算制度健全，从事货物生产或提供劳务的纳税人年应税销售额在50万元以上，其余的在80万元以上。故选A。

8.【答案及解析】 D 目前采用超额累进税率的是个人所得税。故选D。

9.【答案及解析】 B 税务违法行政处罚包括罚款；没收非法财产；收缴未用发票和暂停供应发票；停止出口退税权。故选B。

10.【答案及解析】 C 税务代理人是指具有进行税务代理的相关知识、经验和能力，具有税务代理资格，经国家税务总局及省、自治区、直辖市国家税务局批准，从事税务代理的专门人员及其工作机构。故选C。

11.【答案及解析】 B 本题考核邮寄申报的方式。故选B。

12.【答案及解析】 D 本题考核发票的开具要求。故选D。

13.【答案及解析】 D 我国个人所得税的征收采用代扣代缴的方式。故选D。

14.【答案及解析】 C 根据规定，稿酬所得是指个人因其作品以图书、报刊形式出版、发表而取得的所得、因此本题中，作家将其书画作品通过出版社出版取得的报酬，应属于“稿酬所得”。故选C。

15.【答案及解析】 D 增值税一般纳税人兼营不同增值税税率的货物，未分别核算不同税率货物销售额的，适用从高税率。故选D。

16.【答案及解析】 B 本题考核减免税的相关规定。免征额是指对课税对象总额中免予征税的数额。即对纳税对象中的一部分给予减免，只对减除后的剩余部分计征税款。个人所得税计算中按规定扣除的3 500元属于免征额，而不是起征点。故选B。

17.【答案及解析】 A 本题考核运费可以抵扣进项税计算。根据规定，运费计算抵扣进项税额，按运费发票上注明的运费金额和建设基金金额的 7%计算抵扣进项税。可抵扣的进项税额＝(800＋80)×7%＝61.6(元)。故选 A。

18.【答案及解析】 A 本题考核营业税的纳税地点。根据规定，纳税人销售不动产，应当向不动产所在地主管税务机关申报缴纳营业税。故选 A。

19.【答案及解析】 B 本题考核企业所得税的计算。上年度应缴纳的企业所得税额＝(320－300)×25%＝5(万元)。故选 B。

20.【答案及解析】 B 从事生产、经营的纳税人应当自领取营业执照之日起 30 日内，持有关证件向税务机关申报办理税务登记。故选 B。

21.【答案及解析】 A 《税收征收管理法》规定：纳税人的停业期限不得超过一年。故选 A。

22.【答案及解析】 B 《中华人民共和国税收征收管理法》规定，税务机关是发票的主管机关，负责发票印刷、领购、开具、取得、保管、缴销的管理和监督。故选 B。

23.【答案及解析】 C 定期定额征收是指税务机关依照有关法律、法规的规定，按照一定的程序，核定纳税人在一定经营时期内的应纳税经营额及收益额，并以此为计税依据，确定其应纳税额的一种税款征收方式。这种税款征收方式适用于生产经营规模小，又确无建账能力，经主管税务机关审核批准可以不设置账簿或暂缓建账的小型纳税人。故选 C。

24.【答案及解析】 D 停业登记适用范围：实行定期定额征收方式的纳税人在营业执照核准的经营期限内需要停业的。故选 D。

25.【答案及解析】 B 增值税专用发票只限于增值税一般纳税人领购使用，增值税小规模纳税人不得领购使用，一般纳税人有法定情形的，不得领购使用增值税专用发票。普通发票由营业税纳税人和增值税小规模纳税人使用。特定情形一般纳税人也可使用。故选 B。

26【答案及解析】 D 增值税专用发票是指专门用于结算销售货物和提供加工、修理修配劳务使用的一种发票，增值税专用发票只限于增值税一般纳税人领购使用，增值税小规模纳税人不得领购使用，一般纳税人有法定情形的，不得领购使用增值税专用发票。故选 D。

27.【答案及解析】 B 简易申报即按期纳税即视同申报，未按期纳税，也构成未进行纳税申报。简易申报实际上是纳税申报的一种变通方法，不能算是一种独立的纳税申报方式。故选 B。

28.【答案及解析】 B 财产税是以纳税人所拥有或支配的特定财产为征税对象的一类税收。我国现行的房产税、车船使用税等属于财产税类。故选 B。

29.【答案及解析】 D 已开具的发票存根联和发票登记簿应当保存 5 年，保存期满，报经税务机关查验后销毁。故选 D。

30.【答案及解析】 A 查账征收是由纳税人依据账簿记载，先行计算缴纳，事后税务机关查账核实，多退少补的征收方式。故选 A。

31.【答案及解析】 A 小规模纳税人的认定标准是：①从事货物生产或者提供应税劳务的纳税人，以及以从事货物生产或者提供应税劳务为主，并兼营货物批发或者零售的纳税人，年应税销售额在 50 万元以下(含本数,下同)的："以从事货物生产或者提供应税劳务为主"是指纳税人的年货物生产或提供应税劳务的销售额占全年应税销售额的比重在 50%。②对上述规定以外的纳税人，年应税销售额在 80 万元以下的。③对提供应税服务的，年应税服务销售额在 500 万元以下的。④年应税销售额超过小规模纳税人标准的其他个人按小规模纳税人纳税。⑤非企业性单位、不经常发生应税行为的企业可选择按小规模纳税人纳税。故选 A。

二、多项选择题

1.【答案及解析】 ACD 注销税务登记的范围包括：纳税人发

生破产、解散、撤销以及其他依法应当终止履行纳税义务的；因变动经营地点、住所而涉及改变主管国税机关的；被工商行政管理机关吊销营业执照的。故选 ACD。

2.【答案及解析】 ABCD 发票开具要求包括：①单位和个人应在发生业务，确认营业收入时，才能开具发票，未发生经营业务一律不得开具发票；②开具发票时应按号顺序填开；③填写发票应当使用中文；④使用电子计算机开具发票必须报主管税务机关批准，并使用税务机关统一监制的机打发票；⑤开具发票的时限、地点应符合规定；⑥任何单位和个人不得转借、转让、代开发票、未经税务机关批准，不得拆本使用发票；不得自行扩大专业发票使用范围；⑦发票限于领购单位和个人在本省、自治区、直辖市内开具。

任何单位和个人未经批准，不得跨规定的使用区域携带、邮寄、运输空白发票。禁止携带、邮寄或者运输空白发票出入境。故选 ABCD。

3.【答案及解析】 ABCD 纳税人办理纳税申报时，应当填写纳税申报表，并根据不同的情况相应报送下列证件、资料：①财务会计报表及其说明材料；②与纳税有关的合同、协议书及凭证；③税控装置的电子报税资料；④外出经营活动税收管理证明和异地完税凭证；⑤境内或者境外公证机构出具的有关证明文件。故选 ABCD。

4.【答案及解析】 ACD 委托加工应税消费品是指委托方提供原料和主要材料，受托方只收取加工费和代垫部分辅助材料加工的应税消费品。由受托方提供原材料或其他情形的一律不能视同加工应税消费品。故选 ACD。

5.【答案及解析】 ABCD 现行个人所得税共有 11 个应税项目：①工资、薪金所得；②个体工商户的生产、经营所得；③企事业单位的承包经营、承租经营所得；④劳务报酬所得；⑤稿酬所得；⑥特许权使用费所得；⑦利息、股息、红利所得；⑧财产租赁所得；⑨财产转让所得（指个人转让有价证券、股票、建筑物、土地使用权、机器设备、车船以及其他财产取得的所得）；⑩偶然所得（指个人得奖、中奖、中彩以及其他偶然性质的所得）；经国务院财政部门确定征税的其他所得。故选 ABCD。

6.【答案及解析】 BCD 本题考核企业所得税不准予扣除的项目。工商机关所处罚款属于行政性罚款，不允许在税前扣除；对外担保的支出属于经营活动无关的支出，不得在税前扣除；销售商品给对方采购人的回扣属于违法支出，不得从税前扣除。故选 BCD。

7.【答案及解析】 AB 本题考核的是免税收入的范围。《企业所得税法》规定的免税收入有 4 项，除选项 A、B 外，还有在中国境内设立机构、场所的非居民企业从居民企业取得与该机构、场所有实际联系的股息、红利等权益性投资收益以及国债利息收入；选项 C 财政拨款，是不负有纳税义务的不征税收入，而非免税收入。故选 AB。

8.【答案及解析】 CD 本题考核的是企业所得税禁止扣除项目的规定。企业之间支付的管理费、企业内营业机构之间支付的租金和特许权使用费，以及非银行企业内营业机构之间支付的利息，不得扣除。故选 CD。

9.【答案及解析】 ABC 本题考核企业所得税的税率。现在企业所得税的基本税率为 25%。故选 ABC。

10.【答案及解析】 BCD 本题考核税务登记的相关规定。根据规定，开业税务登记的纳税人可分为以下两类：领取营业执照从事生产、经营的纳税人；其他纳税人。故选 BCD。

11.【答案及解析】 BC 本题考核申报办理税务登记时，应向税务机关提供的资料。纳税人在办理税务登记时，应当根据不同的情况向税务机关如实提供以下证件和资料：①工商营业执照或其他核准执业证件；②有关合同、章程、协议书；③组织机构统一代码证书；④法定代表人或负责人或业主的居民身份证、护照或者其他合法证件。故选 BC。

12.【答案及解析】 ABC 本题考核设立税务登记的相关规定。根据规定，已办理税务登记的扣缴义务人应当自扣缴义务发生之日起 30 日内，向税务登记地税务机关申报办理扣缴税款登记，税务机关不再核发扣缴税款登记证件。因此选项 D 的说法错误。故选ABC。

13.【答案及解析】 AC 本题考核注销登记的相关规定。纳税人变更法定代表人的，需要办理变更登记；纳税人暂停经营活动的，需要办理停业登记，而不是注销税务登记。故选 AC。

14.【答案及解析】　ABCD　本题考核纳税人在办理注销税务登记之前的义务。本题四个选项均符合要求。故选 ABCD。

15.【答案及解析】　ABC　本题考核行业发票的适用范围。广告费用结算发票属于专用发票，不属于行业发票。故选 ABC。

16.【答案及解析】　AD　本题考核专用发票的适用范围。专用发票适用于商品房销售发票和广告费用结算发票。故选 AD。

17.【答案及解析】　AC　本题考核开具发票的相关规定。开具发票时，应按顺序填开，填写项目齐全，内容真实，字迹清楚，全部联次一次复写、打印，内容完全一致，并在发票联和抵扣联加盖单位财务印章或者发票专用章，因此选项 B 错误。开具发票应当使用中文，民族自治地方可以同时使用当地通用的一种民族文字，外商投资企业和外国企业可以同时使用一种外国文字，因此选项 D 错误。故选 AC。

18.【答案及解析】　ABCD　本题考核发票的范围。发票包括增值税专用发票、普通发票和专业发票，其中普通发票又分为行业发票和专用发票。故选 ABCD。

19.【答案及解析】　ABCD　本题考核纳税申报方式。故选 ABCD。

20.【答案及解析】　ABCD　本题考核税款的征收方式。故选 ABCD。

21.【答案及解析】　ACD　本题考核营业税的相关规定。邮政部门发行报刊缴纳营业税，邮政部门以外的单位和个人发行报刊缴纳增值税。故选 ACD。

22.【答案及解析】　AB　本题考核消费税的征税范围。现行消费税的征收范围主要包括：烟，酒及酒精，鞭炮、焰火，化妆品，成品油，贵重首饰及珠宝玉石，高尔夫球及球具，高档手表，游艇，木制一次性筷子，实木地板，汽车轮胎，摩托车，小汽车等税目，有的税目还进一步划分若干子目。故选 AB。

三、判断题

1.【答案及解析】 × 境内和境外取得以及中国境内无住所又不居住或者无住所而在境内居住不满一年的个人，从中国境内取得的所得，都是个人所得税的纳税义务人。

2.【答案及解析】 × 企业所得税的征税对象是企业的生产经营所得、其他所得和清算所得。包括销售货物所得、提供劳务所得、转让财产所得，捐赠所得和其他所得等。

3.【答案及解析】 √ 消费税的纳税期限分别为1日、3日、5日、10日、15日、一个月或者1个季度。

4.【答案及解析】 × 增值税一般纳税人销售或者进口货物，提供加工、修理修配劳务，除低税率适用范围和销售个别旧货适用低税率外，税率一律采用17%。

5.【答案及解析】 × 从事货物生产或提供应税劳务的纳税人，以及以从事货物生产或提供应税劳务为主，并兼营货物批发或零售的纳税人，年应税销售额在50万元以下为小规模纳税人。

6.【答案及解析】 × 减免税是国家对某些纳税人和征税对象给予鼓励和照顾的一种特殊规定。

7.【答案及解析】 × 纳税义务人、征税对象、税率是构成税法的三个最基本要素。

8.【答案及解析】 × 按征税对象的不同分为流转税类、所得税类、财产税类、资源税类和行为税类。

9.【答案及解析】 √ 查定征收是指对账务不全，但能控制其材料、产量、或进销货物的纳税单位或个人，由税务机关依据正常条件下的生产能力对其生产的应税产品查定产量、销售额并据以征收税款的征收方式。

10.【答案及解析】 √ 纳税人的注册资本发生改变的，应当办理变更登记。

11.【答案及解析】 × 增值税的纳税期限分别为1日、3日、5

日、10日、15日、1个月或者1个季度。

12.【答案及解析】 √ 税收是国家调控经济运行的重要手段。

13.【答案及解析】 √ 我国现行的房产税.城市房地产税属于财产税类。

14.【答案及解析】 × 纳税人被工商行政管理机关吊销营业执照的，应当自营业执照被吊销之日起15日内，向原税务登记机关申报办理注销税务登记。

15.【答案及解析】 × 税务机关对纳税人税务登记地点发生争议的，由其共同的上级税务机关指定管辖。

16.【答案及解析】 × 已开具的发票存根联和发票登记簿应当保存5年，保存期满，报经税务机关查验后销毁。

17.【答案及解析】 × 复合税是指对征税对象采用从价和从量相结合的计税方法征收的一种税，如我国现行的消费税中对卷烟、白酒等征收的消费税。

18.【答案及解析】 × 提供应税服务是指有偿提供应税服务，但不包括非营业活动中提供的应税服务。

19.【答案及解析】 √ 兼营非应税劳务是指纳税人的经营范围既包括销售货物和应税劳务，又包括提供非应税劳务。与混合销售行为不同的是，兼营非应税劳务是指销售货物或应税劳务与提供非应税劳务不同时发生在同一购买者身上，也不发生在同一项销售行为中。

四、案例分析题

(1)【答案及解析】 A 本题考查个人所得税的应税项目。

(2)【答案及解析】 BCD 本题考核个人稿酬所得应纳税额。曾丽丽应纳税额＝12 000×(1－20％)×20％×(1－30％)＝1 344(元)，其余两人各纳应纳税额＝6 000×(1－20％)×20％×(1－30％)＝672(元)。此笔稿费共纳税＝1 344＋672＋672＝2 688(元)。

(3)【答案及解析】 CD 本题考核稿酬所得应纳个人所得税的计

算公式。

（4）【答案及解析】 D 本题考核个人所得税的计算。曾丽丽2014年书店收入应缴纳个人所得税＝30 000×20％－1 250＝4 750(元)。

（5）【答案及解析】 C 本题考核个人所得税的计算。①应缴税额＝（4 000－800）×20％＝640（元）；②不缴纳个人所得税；③曾丽丽应纳税额＝12 000×（1－20％）×20％×（1－30％）＝1 344（元）；④应缴税额＝20 000×（1－20％）×20％×（1－30％）＝2 240（元）；⑤应缴税额总计＝4 750＋640＋1 344＋2 240＝8 974元。所以，曾丽丽本年度应缴纳的个人所得税税额为8 974（元）。

第四章
财政法律制度

本章复习提纲

1. 了解预算法律制度的构成
2. 了解国库集中支付制度的概念
3. 了解政府采购法律制度的构成和原则
4. 掌握国家预算的级次划分和构成、预算管理的职权、预算组织的程序以及预决算的监督
5. 掌握政府采购的执行模式和方式
6. 掌握国库单一账户体系的构成及财政收支的方式

本章知识结构

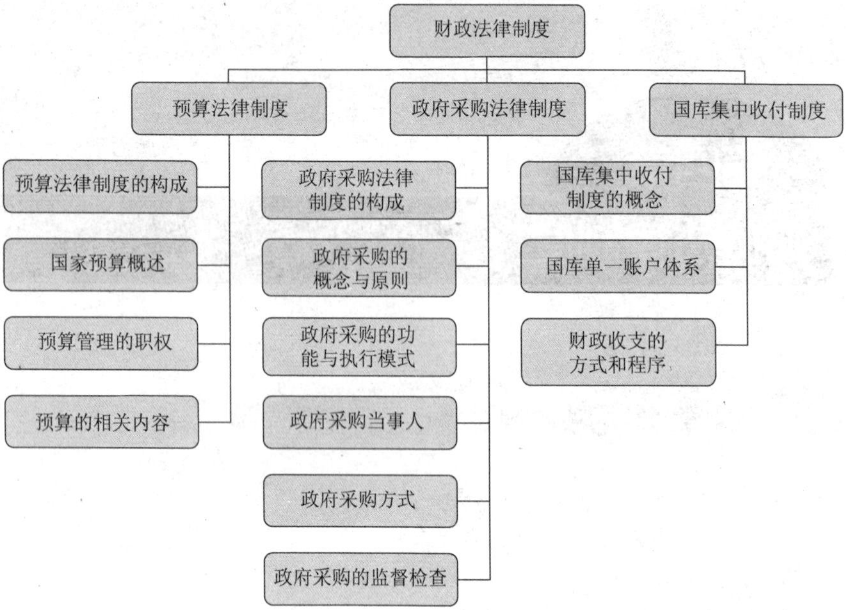

本章考点提炼

第一节 预算法律制度

一、预算法律制度的构成

预算法律制度是指国家经过法定程序制定的，用以调整国家预算关系的法律、行政法规和相关规章制度。我国预算法律制度由《预算法》

《预算法实施条例》以及有关国家预算管理的其他法规制度构成。

（一）《预算法》

1994 年 3 月 22 日，第八届全国人民代表大会第二次会议通过《预算法》，自 1995 年 1 月 1 日起施行。该法共分 11 章 79 条。该法是我国第一部财政基本法律，是我国国家预算管理工作的根本性法律以及制定其他预算法规的基本依据。它的颁布施行对于强化预算的分配和监督职能，健全财政预算制度，加强国家宏观调控，保障经济和社会的健康发展，具有十分重要的意义。

（二）《预算法实施条例》

《预算法实施条例》是根据《预算法》制定的。1995 年 11 月 2 日经中华人民共和国国务院第三十七次常务会议通过，由中华人民共和国国务院于 1995 年 11 月 22 日发布实施，共计 8 章 78 条。

二、国家预算概述

（一）国家预算的概念

国家预算也称政府预算，是政府的基本财政收支计划，即经法定程序批准的国家年度财政收支计划。国家预算是实现财政职能的基本手段，反映国家的施政方针和社会经济政策，规定政府活动的范围和方向。

（二）国家预算的作用

国家预算作为财政分配和宏观调控的主要手段，具有财力保证作用、调节制约作用和反映监督作用。

（1）财力保证作用。国家预算既是保障国家机器运转的物质条件，又是政府实施各项社会经济政策的有效保证。

（2）调节制约作用。国家预算作为国家的基本财政计划，是国家财政实行宏观控制的主要依据和主要手段。

（3）反映监督作用。国家预算是国民经济的综合反映，预算收入反映国民经济发展规模和经济效益水平，预算支出反映各项建设事业发展的基本情况。

（三）国家预算的级次划分

根据国家政权结构、行政区域划分和财政管理体制的要求，按照一级政府设立一级预算的原则，我国国家预算共分为五级预算。具体分级如下：

（1）中央预算。

（2）省级（省、自治区、直辖市）预算。

（3）地市级（设区的市、自治州）预算。

（4）县市级（县、自治县、不设区的市、市辖区）预算。

（5）乡镇级（乡、民族乡、镇）预算。

其中，对于不具备设立预算条件的乡、民族乡、镇，经省、自治区、直辖市政府，可以暂不设立预算。

真题精析

【单选题】国家预算由（　　）、各级部预算和部门、单位预算组成。

A. 中央预算、省级预算　　B. 中央预算、地方预算

C. 集中预算、分散预算　　D. 上级预算、下级预算

【答案及解析】B　我国的国家预算，可以分为中央预算、地方预算、各级总预算和部门预算、单位预算。故选 B。

（四）国家预算的构成

国家预算按照政府级次可分为中央预算和地方预算，按照收支管理范围可分为总预算和部门单位预算。

真题精析

【多选题】下列关于预算的审批，说法正确的有（　　）。

A. 中央预算由全国人民代表大会审查和批准

B. 地方各级政府预算由本级人民代表大会审查和批准

C. 中央预算和地方各级政府预算均由全国人民代表大会审查和批准

D. 各级政府预算经批准即可，无须向有关部门备案

【答案及解析】AB　根据规定，地方各级政府预算由本级人民代表大会审查和批准。各级政府预算批准后，必须依法向相应的国家机关备案。故选 AB。

三、预算管理的职权

(一) 各级人民代表大会及其常务委员会的职权

(1) 全国人民代表大会及其常务委员会的职权。

全国人民代表大会审查中央和地方预算草案及中央和地方预算执行情况的报告。批准中央预算和中央预算执行情况的报告。改变或者撤销全国人民代表大会常务委员会关于预算、决算的不适当的决议。

全国人民代表大会常务委员会监督中央和地方预算的执行；审查和批准中央预算的调整方案；审查和批准中央决算；撤销国务院制定的同宪法、法律相抵触的关于预算、决算的行政法规、决定和命令；撤销省、自治区、直辖市人民代表大会及其常务委员会制定的同宪法、法律和行政法规相抵触的关于预算、决算的地方性法规和决议。

(3) 县级以上地方各级人民代表大会及其常务委员会的职权。

县级以上地方各级人民代表大会审查本级总预算草案及本级总预算执行情况的报告。批准本级预算和本级预算执行情况的报告。改变或者撤销本级人民代表大会常务委员会关于预算、决算的不适当的决议。撤销本级政府关于预算、决算的不适当的决定和命令。

县级以上地方各级人民代表大会常务委员会监督本级总预算的执行；审查和批准本级预算的调整方案；审查和批准本级政府决算（以下简称本级决算）；撤销本级政府和下一级人民代表大会及其常务委员会关于预算、决算的不适当的决定、命令和决议。

真题精析

【单选题】县级以上地方各级人民政府预算的调整方案必须提请(　　)审查和批准。

A. 本级人民政府　　B. 上级人民政府

C. 本级人民代表大会常务委员会　　D. 上级主管机关

【答案及解析】C　县级以上地方各级政府预算的调整方案必须提请本级人民代表大会常务委员会审查和批准。故选C。

（4）乡、民族乡、镇的人民代表大会的职权。

审查和批准本级预算和本级预算执行情况的报告。监督本级预算的执行。审查和批准本级预算的调整方案。审查和批准本级决算。撤销本级政府关于预算、决算的不适当的决定和命令。

（二）各级财政部门的职权

（1）国务院财政部门的职权。具体编制中央预算、决算草案。具体组织中央和地方预算的执行。提出中央预备费动用方案。具体编制中央预算的调整方案。定期向国务院报告中央和地方预算的执行情况。

（2）地方各级政府财政部门的职权。具体编制本级预算、决算草案。具体组织本级总预算的执行。提出本级预算预备费动用方案。具体编制本级预算的调整方案。定期向本级政府和上一级政府财政部门报告本级总预算的执行情况。

（三）各部门、各单位的职权

（1）各部门的职权。根据《预算法》的规定，与财政部门直接发生预算缴款、拨款关系的国家机关、军队、政党组织和社会团体等各部门的预算职权包括：编制本部门预算、决算方案。组织和监督本部门预算的执行。定期向本级政府财政部门报告预算的执行情况。

（2）各单位的职权。根据《预算法》的规定，与财政部直接发生预算缴款、拨款关系的企业和事业单位等各单位的预算职权主要包括：编制本单位预算、决算草案。按照国家规定上缴预算收入。安排预算支出。接受国家有关部门的监督。

四、预算收入与预算支出

（一）预算收入

预算收入按其来源划分主要包括各项税收收入、依照规定应当上缴的国有资产收益、专项收入和其他收入；预算收入按归属划分为中央预算收入、地方预算收入、中央和地方预算共享收入。

（二）预算支出

预算支出按照内容划分为：经济建设支出；教育、科学、文化、卫生、体育等事业发展支出；国家管理费用支出；国防支出；各项补贴支出；其他支出。按照主体划分为中央预算支出和地方预算支出。

五、预算组织程序

预算组织程序包括预算的编制、审批、执行和调整。

（一）预算的编制

国务院应当及时下达关于编制下一年度预算草案的指示。编制预算草案的具体事项由财政部门负责部署。预算草案是指各级政府、各部门、各单位编制的未经法定程序审查和批准的预算收支计划。

（1）预算年度。

我国国家预算年度采取的是公历年制。《预算法》规定，预算年度自公历1月1日起至12月31日止。

（2）预算草案的编制依据。

各级政府编制年度预算草案的依据包括：法律、法规。国民经济和社会发展计划、财政中长期计划以及有关的财政经济政策。本级政府的预算管理职权和财政管理体制确定的预算收支范围。上一年度预算执行情况和本年度预算收支变化因素。上级政府对编制本年度预算草案的指示和要求。

各部门、各单位编制年度预算草案的依据包括：法律、法规。本级政府的指示和要求以及本级政府财政部门的部署。本部门、本单位的职责、任务和事业发展计划。本部门、本单位的定员定额标准。本部门、本单位上一年度预算执行情况和本年度预算收支变化因素。

（3）预算草案的编制内容。

中央预算的编制内容包括：本级预算收入和支出。上一年度结余用于本年度安排的支出。返还或者补助地方的支出。地方上缴的收入。

地方各级政府预算的编制内容：本级预算收入和支出。上一年度结余用于本年度安排的支出。上级返还或者补助的收入。返还或者补助下级的支出。上缴上级的支出。下级上缴的收入。

（二）预算的审批

中央预算由全国人民代表大会审查和批准；地方各级政府预算由本级人民代表大会审查和批准。预算的备案，即各级政府预算批准后，必须依法向相应的国家机关备案，以加强预算监督，预算备案是与预算审批密切相关的一个制度。

（三）预算执行

预算执行是指经法定程序批准的预算进入具体实施阶段，各级政府、各部门、各预算单位在组织实施本级权力机关批准的本级预算中筹措预算收入、拨付预算支出等的活动。《预算法》规定，各级预算由本级政府组织执行，具体工作由本级政府财政部门负责。

（四）预算调整

预算调整是指经全国人民代表大会批准的中央预算和经地方各级人民代表大会批准的本级预算，在执行中因特殊情况需要增加支出或者减少收入，使原批准的收支平衡的预算的总支出超过总收入，或者使原批准的预算中举借债务的数额增加的部分变更。

六、决算

决算是指对年度预算收支执行结果的报表，是预算执行的总结，是国家管理预算活动的最后一道程序。

决算包括决算草案的编制、决算草案的审批和决算的批复。

七、预决算的监督

预决算的监督包括：国家权力机关的监督、各级政府的监督、各级政府财政部门的监督和各级政府审计部门的监督。

《预算法》规定，全国人民代表大会及其常务委员会对中央和地方预算、决算进行监督，县以上地方各级人民代表大会及其常务委员会对本级和下级政府预算、决算进行监督，乡、民族乡、镇人民代表大会对本级预算、决算进行监督。各级政府审计部门对本级各部门、各单位和下级政府的预算执行和决算进行审计监督。

真题精析

【多选题】预决算的监督包括（　　）。

A. 各级政府财政部门的监督　　B. 各级政府审计部门的监督

C. 国家权力机关的监督　　D. 各级政府的监督

【答案及解析】ABCD 预决算的监督包括：国家权力机关的监督、各级政府的监督、各级政府财政部门的监督和各级政府审计部门的监督。故选ABCD。

第二节 政府采购法律制度

一、政府采购法律制度的构成

我国的政府采购法律制度由《中华人民共和国政府采购法》（以下简称《政府采购法》）、国务院各部门特别是财政部颁布的一系列部门规章，以及地方性法规和政府规章组成。

政府采购部门规章主要是指国务院财政部门制定的规章。为了细化政府采购法的相关规定，财政部颁布了《政府采购货物和服务招标投标管理办法》，《政府采购信息公告管理办法》。

二、政府采购的概念

根据《政府采购法》的规定，政府采购是指各级国家机关、事业单位和团体组织，使用财政性资金采购依法制定的集中采购目录以内的或者采购限额标准以上的货物、工程和服务的行为。

（一）政府采购的主体范围

政府采购的主体，亦即采购人，是指使用财政性资金采购依法制定的集中采购目录以内的或者限额标准以上的货物、工程和服务的国家机关、事业单位和团体组织。《政府采购法》没有将国有企业纳入政府采购的主体范围。

（二）政府采购的资金范围

采购资金的性质是确定采购行为是否属于政府采购制度规范范围的重要依据。根据政府采购的定义，政府采购资金为财政性资金。财政性资金是指预算内资金、预算外资金，以及与财政资金相配套的单位自筹资金的总和。

（三）政府集中采购目录和政府采购限额标准

政府集中采购目录和采购限额标准由省级以上人民政府确定并公布。中央预算的政府采购项目，其集中采购目录和政府采购限额标准由国务院确定并公布；属于地方预算的政府采购项目，其集中采购目录和政府采购限额标准由省、自治区或其授权的机构确定并公布。

（四）政府采购的对象范围

政府采购的对象包括货物、工程和服务。采购的形式包括购买、租赁、委托、雇用等。

真题精析

【判断题】政府采购的主体，亦即采购人，是指使用财政性资金采购依法制定的集中采购目录以内的或者限额标准以上的货物、工程和服务的国家机关、事业单位和团体组织。《政府采购法》将国有企业纳入政府采购的主体范围。（　　）

【答案及解析】× 政府采购的主体，亦即采购人，是指使用财政性资金采购依法制定的集中采购目录以内的或者限额标准以上的货物、工程和服务的国家机关、事业单位和团体组织。《政府采购法》没有将国有企业纳入政府采购的主体范围。

真题精析

【多选题】下列各项中，（　　）属于政府采购供应商应承担的义务。

A. 遵守政府采购的各项法律．法规和规章制度

B. 按规定接受供应商资格审查，并在资格审查中客观真实地反映自身情况

C. 在政府采购活动中，满足采购人或采购代理机构的正当要求

D. 投标中标后，按规定程序签订政府采购合同并严格履行合同义务

【答案及解析】ABCD 本题考核政府采购供应商应承担的义务。故选ABCD。

三、政府采购的原则

《政府采购法》规定，政府采购应当遵循公开透明原则、公平竞争原则、公正原则和诚实信用原则。

真题精析

【单选题】某政府采购单位将采购信息提前透露给某供应商，并在正式发布招标公告对规定较短的投标时限，导致只有该供应商及该供应商寻找的另外两家故意高报价格的供应商投标，从而让该供应商取得了政府采购合同，政府采购单位的以上行为主要违反了政府采购的(　　)原则

A. 公开透明　　B. 公平竞争　　C. 公正　　D. 诚实信用

【答案及解析】B　政府采购单位将采购信息提前透露给某供应商的行为属于违反公平竞争原则。故选 B。

四、政府采购的功能

（1）节约财政支出，提高采购资金的使用效益。

（2）强化宏观调控。

（3）活跃市场经济。

（4）推进反腐倡廉。

（5）保护民族产业。

五、政府采购的执行模式

《政府采购法》规定，政府采购实行集中采购和分散采购相结合。

（一）集中采购

集中采购是指由政府设立的职能机构统一为其他政府机构提供采购服务的一种采购组织实施形式。按照《政府采购法》的规定，集中采购必须委托集中采购机构代理采购。

集中采购的范围由省级以上人民政府公布的集中采购目录确定。属

于中央预算的政府采购项目，其集中采购目录由国务院确定并公布；属于地方预算的政府采购项目，其集中采购目录由省、自治区、直辖市人民政府或者其授权的机构确定并公布。

真题精析

【判断题】政府采购实行集中采购和分散采购相结合，集中采购的范围由省级以上人民政府公布的集中采购目录确定。（　　）

【答案及解析】√　根据《政府采购法》第七条的规定，政府采购实行集中采购和分散采购相结合。集中采购的范围由省级以上人民政府公布的集中采购目录确定。属于中央预算的政府采购项目，其集中采购目录由国务院确定并公布；属于地方预算的政府采购项目，其集中采购目录由省、自治区、直辖市人民政府或者其授权的机构确定并公布。

（二）分散采购

分散采购是指由各预算单位自行开展采购活动的一种采购组织实施形式。《政府采购法》规定，采购未纳入集中采购目录的政府采购项目，可以自行采购，也可以委托集中采购机构在委托的范围内代理采购。

六、政府采购当事人

政府采购当事人是指在政府采购活动中享有权利和承担义务的各类主体，包括采购人、供应商和采购代理机构等。

（1）采购人。采购人是政府采购中货物、工程和服务的直接需求者。

（2）供应商。供应商是指向采购人提供货物、工程或者服务的法人、其他组织或者自然人。

（3）采购代理机构。采购代理机构是指具备一定条件，经政府有关部门批准而依法拥有政府采购代理资格的社会中介机构。采购代理机构分为一般采购代理机构和集中采购机构。一般采购代理机构的资格由国务院有关部门或省级人民政府有关部门认定，主要负责分散采购的代理业务。集中采购机构是进行政府集中采购的法定代理机构，由设区的市、自治州以上人民政府根据本级政府采购项目组织集中采购的需要设立。

七、政府采购方式

政府采购可以采用公开招标、邀请招标、竞争性谈判、单一来源采购、询价采购以及国务院政府采购监督管理部门认定的其他采购方式。其中，公开招标应作为政府采购的主要采购方式。

真题精析

【判断题】政府采购只能实行集中采购的方式。 （ ）

【答案及解析】√ 各级政府预算批准后必须依法向相应的国家机关备案，以加强预算监督。

（1）公开招标。公开招标是指采购人或者委托的政府采购代理机构以招标公告的方式邀请不特定的供应商参加投标竞争，从中择优选择中标供应商的采购方式。

（2）邀请招标。邀请招标是指采购人或其委托的政府采购代理机构以投标邀请书的方式邀请三家或三家以上特定的供应商参与投标的采购方式。

真题精析

【判断题】政府采购的供应商没有监督政府采购是否依法公开、公正进行的权利。 （ ）

【答案及解析】× 所有财政资金在支付行为实际发生前均保存在国库单一账户内。

（3）竞争性谈判。竞争性谈判是指采购人或者委托的政府采购代理机构通过与多家供应商就采购事宜进行谈判，经分析比较后从中确定中标供应商的采购方式。

（4）单一来源采购。单一来源采购是指采购人采购不具备竞争条件的物品，只能从唯一的供应商取得采购货物或服务的情况下，直接向该供应商协商采购的采购方式。

（5）询价采购。询价采购是指采购人向三家以上潜在的供应商发出询价单，对各供应商一次性报出的价格进行分析比较，按照符合采购需求、质量和服务相等且报价最低的原则确定中标供应商的采购方式。

真题精析

【判断题】政府集中采购目录和采购限额标准由各级财政部门确定并公布。（ ）

【答案及解析】× 公开招标应作为政府采购的主要采购方式。

八、政府采购的监督检查

各级人民政府财政部门是负责政府采购监督管理的部门，依法履行对政府采购活动的监督管理职责。

（一）政府采购监督管理部门的监督

政府采购监督管理部门应当加强对政府采购活动及集中采购机构的监督检查。

（二）集中采购机构的内部监督

集中采购机构应当建立健全内部监督管理制度。采购活动的决策和执行程序应当明确，并相互监督、相互制约。

（三）采购人的内部监督

采购人必须按照《政府采购法》规定的采购方式和采购程序进行采购。政府采购项目的采购标准和采购结果应当公开。

（四）政府其他有关部门的监督

依照法律、行政法规的规定对政府采购负有行政监督职责的政府部门，应当按照其职责分工，加强对政府采购活动的监督。包括审计机关的监督、监察机关的监督和其他有关部门的监督。

（五）政府采购活动的社会监督

任何单位和个人对政府采购活动中的违法行为，有权控告和检举，有关部门、机关依照各自职责及时处理。

第三节　国库集中收付制度

一、国库集中收付制度的概念

国库集中收付制度也称为国库单一账户制度，包括国库集中支付制度和收入收缴管理制度，是指由财政部门代表政府设置国库单一账户体系，所有的财政性资金均纳入国库单一账户体系收缴、支付和管理的制度。

二、国库单一账户体系

（一）国库单一账户体系的概念

国库单一账户体系是指以财政国库存款账户为核心的各类财政性资金账户的集合，所有财政性资金的收入、支付、存储及资金清算活动均在该账户体系运行。

（二）国库单一账户体系的构成

国库单一账户体系包括：国库单一账户、财政部门零余额账户、预算单位零余额账户、预算外资金财政专户和特设专户。

（1）财政部门在中国人民银行开设的国库单一账户，用于记录、核算和反映纳入预算管理的财政收入和财政支出活动，并用于与财政部门在商业银行开设的零余额账户进行清算，实行支付。

（2）财政部门按资金使用性质在商业银行开设的零余额账户（简称财政部门零余额账户），用于财政直接支付和国库单一账户支出清算。

（3）财政部门在商业银行为预算单位开设的零余额账户（简称预算单位零余额账户），用于财政授权支付和清算。

（4）财政部门在商业银行开设的预算外资金财政专户，用于记录、核算和反映预算外资金的收入支出活动，并用于预算外资金的日常收支清算。

（5）经国务院和省级人民政府批准或授权财政部门批准开设的特殊专户（简称特设专户），用于记录、核算和反映预算单位的特殊专项支出活动，并用于与国库单一账户清算。

三、财政收支的方式

（一）收入收缴

财政收入的收缴分为直接缴库和集中汇缴两种方式。直接缴库是指由缴款单位或缴款人按有关法律、法规规定，直接将应缴收入缴入国库单一账户或预算外资金财政专户。集中汇缴是指由征收机关（有关法定单位）按有关法律规定，将所收的应缴收入汇总缴入国库单一账户或预算外资金财政专户。

（二）支出支付

财政性资金的支付实行财政直接支付和财政授权支付两种方式。

（1）财政直接支付。财政直接支付是指由财政部门向中国人民银行和代理银行签发支付指令，代理银行根据支付指令通过国库单一账户体系将资金直接支付到收款人（商品或劳务的供应商等）或用款单位（具体申请和使用财政性资金的预算单位）账户。

（2）财政授权支付。财政授权支付是指预算单位按照财政部门的授权，自行向代理银行签发支付指令，代理银行根据支付指令，在财政部门批准的预算单位的用款额度内，通过国库单一账户体系将资金支付到收款人账户。

真题精析

【多选题】财政授权支付程序适用于（　　）。

A. 未纳入工资支出的购买支出

B. 工程采购支出

C. 单件物品购买额不足10万元人民币的购买支出

D. 年度财政投资不足50万元人民币的工程采购支出

【答案及解析】ABC　财政授权支付程序适用于未纳入工资支出、工程采购支出，物品、服务采购支出管理的购买支出和零星支出。包括单件物品或单项服务购买额不足10万元人民币的购买支出；投资额不足50万元人民币的工程项目支出以及特别紧急的支出。故选ABC。

真题精析

【案例分析题】

1. 某单位是实行国库集中支付的事业单位。5月份，审计机构对该单位2014年度财政资金使用情况进行检查，对以下情况提出质疑。

（1）3月，该单位将其代收的纳入预算管理的行政事业性收费存入本单位在商业银行开设的基本户；5月，该单位将部分行政事业性收费缴入国库，剩余部分直接用于购买本单位办公设备。

（2）6月，该单位通过零余额账户借款20万元给所属下级单位。

（3）7月至8月，该单位对办公楼进行内部装修，按照规定应采用财政直接支付方式支付工程款150万元。

（4）9月，该单位与一家供应商签订了设备采购合同，设备价款为80万元，根据预算安排，价款中应采用财政授权支付的金额为50万元，剩余金额由某单位自行负担。该单位通过零余额账户向本单位在商业银行开设的基本户转账50万元，再从基本户向供应商转账80万元。

（5）11月，某单位通过零余额账户支付日常办公用品零星支出2万元。

要求：根据以上情况，回答下列问题。

（1）根据国库集中收付制度有关规定，下列关于行政事业性收费管理的表述中，正确的选项有（　　）。

A. 预算单位代收的纳入预算管理的行政事业性收费可以无限期存放在单位基本户

B. 预算单位代收的纳入预算管理行政事业性收费按规定的时限全额缴库

C. 预算单位代收的纳入预算管理的行政事业性收费可以存放于基本户，直接用于支付单位的日常性开支

D. 预算单位代收的纳入预算管理的行政事业性收费可根据单位的需要部分缴库

（2）下列各项关于预算单位零余额账户的说法，不正确的有（　　）。

A. 零余额账户不可以提取现金

B. 国库单一账户体系包括零余额账户

C. 零余额账户与国库单一账户相互配合，构成财政资金支付过程的基本账户

D. 通过零余额账户可以实现财政资金日常支付以及与国库单一账户清算

（3）下列各项关于该单位实行财政直接支付方式的表述中，正确的为（　　）。

A. 该单位进行财政直接支付时，应首先按照批复的部门预算和资金使用计划向财政国库支付执行机构提出支付申请

B. 财政直接支付中代理银行应根据财政部门支付指令通过国库单账户体系将资金直接支付到该单位账户

C. 财政直接支付中应由中国人民银行向代理银行签发支付指令

D. 财政直接支付中财政部门应根据支付指令通过国库单一账户体系将资金直接支付到该单位账户

（4）国库单一账户体系中的下列各银行账户中，属于财政直接支付和与国库单一账户支出清算应使用的账户为（　　）。

A. 财政部门按资金使用性质在商业理银行开设的零余额账户

B. 财政部门在商业银行开设的预算外资金财政专户

C. 财政部门在中国人民银行开设的国库单一账户

D. 财政部门在商业银行为预算单位开设的零余额账户

（5）本例中，下列各项关于该单位使用零余额账户的情形中，正确的为（　　）。

A. 通过零余额账户支付办公楼装修工程款

B. 通过零余额账户借款给下级单位

C. 通过零余额账户向本单位基本户划拨资金 50 万元，再通过基本户支付设备采购款 80 万元

D. 通过零余额账户支付日常办公用品零星支出

1.（1）【答案及解析】B　本题考核行政事业性收费管理。故选B。

（2）【答案及解析】A　本题考核预算单位零余额账户。预算单位零余额账户可以办理转账、提取现金等结算业务，可以向本单位按账户管理规定保留的相应账户划拨工会经费、住房公积金及提租补贴，以及经财政部门批准的特殊款项，不得违反规定向本单位其他账户和上级主管单位、所属下级单位账户划拨资金。故选A。

（3）【答案及解析】B　本题考核财政直接支付。财政直接支付是指由财政部门向中国人民银行和代理银行签发支付指令，代理银行根据指令通过国库单一账户体系将资金直接支付到收款人或用款单位账户。故选B。

（4）【答案及解析】ABCD　本题考核国库单一账户体系的构成。包括：①财政部门按资金使用性质在商业银行开设的零余额账户；②财政部门在商业银行开设的预算外资金财政专户；③财政部门在中国人民银行开设的国库单一账户；④财政部门在商业银行为预算单位开设的零余额账户；⑤经国务院和省级人民政府批准或授权财政部门批准开设的特殊账户。故选ABCD。

（5）【答案及解析】AD　本题考核零余额账户的使用。预算单位零余额账户可以办理转账、提取现金等结算业务，可以向本单位按账户管理规定保留的相应账户划拨工会经费、住房公积金及提租补贴，以及经财政部门批准的特殊款项，不得违反规定向本单位其他账户和上级主管单位、所属下级单位账户划拨资金。故选AD。

2. 某县甲事业单位2014年初准备使用财政性资金修缮和装修一幢办公楼，预算金额为800万元，采用公开招标方式，经确认，此次采购项目已经达到公开招标的标准。该单位委托A招标公司代理进行公开招标的事宜，已知A公司取得的政府采购代理机构资格为乙级。

A公司于2014年2月1日在财政部指定的媒体上公开发布招标文件，招标文件中确认的投标截止时间为2014年2月17日。招标活动中，A公司确定的符合专业条件的供应商为5家，最终确定中标的供应商为B建筑公司。

工程于当年2014年10月1日完工验收，实际结算金额与预算相同。由于施工质量极佳，事业单位准备再将其另外一幢楼房按照同样的标准进行外墙修缮，但不再进行内部装修，并与B建筑公司签订补充合同，该合同的预算金额为100万元。

2015年初，该县人民政府财政部门对甲事业单位2014年的财政活动进行检查时发现，甲单位将国家划拨的财政资金未及时入账，而是记入了自己法定账册以外擅自设置的账目中，并将财政资金私自存放在开户银行以外的其他银行账户，财政部门当即责令其改正并调整有关会计账目，追回私存私放的资金，对甲单位作出10万元的罚款，并对直接的责任人员处以3万元的罚款。

要求：根据本题所述内容，回答下列问题。

（1）A招标公司是否有权代理该政府采购项目？并说明理由。

（2）A公司发布的招标文件中的招标期限是否符合规定？并说明理由。

（3）符合专业条件的供应商仅为5家，是否应予以废标？请说明理由。

【答案及解析】

（1）A招标公司有权代理该政府采购项目。根据规定，取得乙级资格的政府采购代理机构只能代理单项政府采购项目预算金额1 000万元以下的政府采购项目。本题中，该工程项目的预算金额为800万元，低于规定的标准，因此A公司有权代理。

（2）不符合规定。根据规定，采用公开招标方式采购的，自招标文件开始发出之日起至投标人提交投标文件截止之日止，不得少于20

日。本题中，招标文件的该期限少于20日（2014年2月1日至2014年2月17日），故不符合规定。

（3）符合专业条件的供应商为5家，如无其他特殊情况，不应予以废标。根据规定，在招标采购中，符合专业条件的供应商或者对招标文件作实质响应的供应商不足“3家”的，应予以废标。本题不应予以废标。

同步强化练习题库

一、单项选择题

1. 由征税机关按照有关法律规定，将所收的应缴收入汇总缴入国库单一账户或预算外资金财政专户的财政收入计费方式是（　　）。

A. 集中汇缴　　B. 直接缴库

C. 统一缴库　　D. 分级缴库

2. 在不可预见的紧急情况发生时，对于不能从其他供应商处采购的货物或服务，可以采用的采购方式是（　　）。

A. 公开招标　　B. 单一来源采购

C. 竞争性谈判　　D. 邀请招标

3. 以下不属于指定政府集中采购目录和采购限额标准的部门是（　　）。

A. 国务院　　B. 国资委

C. 自治区政府　　D. 直辖市政府

4. 根据《政府采购法》的规定，下列各项关于政府采购的表述中，不正确的是（　　）。

A. 政府采购具有保护民族产业的功能

B. 政府采购中采购人具有审查政府采购供应商资格的权利

C. 邀请招标是政府采购的主要采购方式

D. 政府采购中采购代理机构具有依法发布采购信息的义务

5. 对预决算的监督按照监督的种类不同进行分类，不包括(　　)。

A. 对预算编制的监督　　B. 对预算执行的监督

C. 对预算审核的监督　　D. 对预算调整的监督

6. 县级以上地方各级人民政府预算的调整方案必须提请(　　)审查和批准。

A. 本级人民政府　　B. 上级人民政府

C. 本级人民代表大会常务委员会　　D. 上级主管机关

7. 甲级政府采购代理机构，应当具有的条件之一是具有高级职称的专业人员不得少于职工总数的(　　)。

A. 10%　　B. 20%

C. 30%　　D. 50%

8. 下列选项中，不属于国家预算作用的是(　　)。

A. 财力保证　　B. 调节制约

C. 反映监督　　D. 节能高效

9. 取得乙级政府采购代理机构只能代理单项政府采购预算金额(　　)万元以下的政府采购项目。

A. 300　　B. 500

C. 1 000　　D. 5 000

10. 国家预算由(　　)、各级部预算和部门、单位预算组成。

A. 中央预算、省级预算

B. 中央预算、地方预算

C. 集中预算、分散预算

D. 上级预算、下级预算

11. 根据我国《预算法》的规定，不属于全国人民代表大会预算职权的是(　　)。

A. 审查中央和地方预算草案及中央和地方预算执行情况的报告

B. 批准中央预算和中央预算执行情况的报告

C. 监督中央和地方预算的执行

D. 改变或者撤销全国人民代表大会常务委员会关于预算、决算的不适当的决议

12. 下列关于预算体系组成的表述，错误的是(　　)。

A. 地方预算由省、自治区、直辖市预算组成

B. 部门单位预算是指部门、单位的收支预算

C. 总预算包括本级预算和本级政府行政隶属的下一级政府的总预算

D. 预算组成不受限制，可随意编制

13. 政府采购的功能不包括(　　)。

A. 提高采购资金的使用效益　　B. 节约财政支出

C. 优化产业结构　　D. 推进反腐倡廉

14. 下列属于政府采购的执行模式的是(　　)。

A. 自行采购　　B. 集中采购

C. 供应商采购　　D. 日常采购

15. 供应商参加政府采购合同应当具备的条件不包括(　　)。

A. 具有独立承担民事责任的能力

B. 具有良好商业信誉和健全的财务会计制度

C. 有依法缴纳税收和社会保障资金的良好记录

D. 参加政府采购活动前 5 年内，在经营活动中没有重大违法记录

二、多项选择题

1. 下列各项中，属于我国预算法律制度构成内容的有(　　)。

A.《政府采购法》　　B.《预算法》

C.《会计法》　　D.《预算法实施条例》

2. 下列各项中，属于财政收入收缴方式的有(　　)。

A. 直接缴库　　B. 间接缴库

C. 授权汇缴　　D. 集中汇缴

3. 下列各项中，构成国库单一账户体系的有(　　)。

A. 国库单一账户

B. 财政部门零余额账户

C. 预算单位零余额账户

D. 经国务院和省级人民政府批准或授权财政部门批准开设的特殊专户

4. 根据政府采购法律制度的规定，下列情形中，采购人可以采用邀请招标方式采购的有(　　)。

A. 技术复杂或者性质特殊，不能确定详细规格或者具体要求的

B. 具有特殊性，只能从有限范围的供应商处采购的

C. 采用公开招标方式的费用占政府采购项目总价值的比例过大的

D. 不能事先计算出价格总额的

5. 下列各项中，(　　)属于政府采购供应商应承担的义务。

A. 遵守政府采购的各项法律．法规和规章制度

B. 按规定接受供应商资格审查，并在资格审查中客观真实地反映自身情况

C. 在政府采购活动中，满足采购人或采购代理机构的正当要求

D. 投标中标后，按规定程序签订政府采购合同并严格履行合同义务

6. 下列各项中，(　　)属于政府采购主体范围。

A. 国家机关　　B. 事业单位

C. 社会团体　　D. 国有企业

7. 财政授权支付程序适用于(　　)。

A. 未纳入工资支出的购买支出

B. 工程采购支出

C. 单件物品购买额不足 10 万元人民币的购买支出

D. 年度财政投资不足 50 万元人民币的工程采购支出

8. 各级政府编制年度预算草案的依据包括(　　)。

A. 法律、法规

B. 上一年度预算执行情况和本年度预算收支变化因素

C. 本部门、本单位的定员定额标准

D. 国民经济和社会发展计划以及有关的财政经济政策

9. 根据政府采购法律制度的规定，下列情形中，采购人可以采用单一来源方式采购的有(　　)。

A. 只能从唯一供应商处采购的

B. 发生不可预见的紧急情况不能从其他供应商处采购的

C. 采用招标方式所需时间不能满足用户紧急需要的

D. 不能事先计算出价格总额的

10. 下列关于预算的审批，说法正确的有(　　)。

A. 中央预算由全国人民代表大会审查和批准

B. 地方各级政府预算由本级人民代表大会审查和批准

C. 中央预算和地方各级政府预算均由全国人民代表大会审查和批准

D. 各级政府预算经批准即可，无须向有关部门备案

11. 关于国家预算，下列说法正确的有(　　)。

A. 国家预算也称政府预算，是政府的基本财政收支计划

B. 国家预算是经法定程序批准的国家年度财政收支计划

C. 国家预算是实现财政职能的基本手段

D. 国家预算反映国家的施政方针和社会经济政策，规定政府活动的范围和方向

12. 下列属于政府采购当事人的是(　　)。

A. 采购人　　　　B. 供应商

C. 采购代理机构　　　　D. 保证人

13. 国库单一账户体系包括(　　)。

A. 国库单一账户

B. 财政部门零余额账户

C. 预算单位零余额账户

D. 预算外资金财政专户和特设专户

14. 关于集中采购，下列说法正确的是(　　)。

A. 集中采购的范围由县级以上人民政府公布的集中采购目录确定

B. 属于中央预算的政府采购项目，其集中采购目录由财政部确定并公布

C. 地方预算的政府采购项目，其集中采购目录由省、自治区、直辖市人民政府确定并公布

D. 地方预算的政府采购项目，其集中采购目录由其授权的机构确定并公布

15. 中央预算的编制内容包括(　　)。

A. 本级预算收入和支出

B. 上一年度结余用于本年度安排的支出

C. 下级上解的收入

D. 返还或者补助地方的支出

三、判 断 题

1. 在政府采购招标过程中，如果出现了影响采购公正的违法、违规行为，应予废标。(　　)

2. 预算批准后要向国家机关备案。(　　)

3. 所有财政资金在支付行为实际发生前均保存在特设专户。(　　)

4. 询价招标应作为政府采购的主要采购方式。(　　)

5. 采用公开招标方式采购的，自招标文件发出之日起至投标人提交投标文件截止之日止，不得少于30日。(　　)

6. 我国的预算分为中央预算和地方预算，而中央预算是由各地方预算组成的。(　　)

7. 国库集中收付制度是以国库单一账户体系为基础的。(　　)

8. 政府采购只能实行集中采购的方式。(　　)

9. 政府采购的供应商没有监督政府采购是否依法公开、公正进行的权利。(　　)

10. 政府集中采购目录和采购限额标准由各级财政部门确定并公布。（　）

11. 预算收入按照分享程度划分为中央预算收入和地方预算收入。（　）

12. 根据《预算法》规定，地方各级政府财政部门定期向本级政府和上一级政府财政部门报告本级总预算的执行情况。（　）

13. 我国预算法律制度由《预算法》、《预算法实施条例》以及有关国家预算管理的其他法规制度构成。（　）

14. 国库单一账户在财政总预算会计中使用，行政单位和事业单位会计中不设置该账户。（　）

15. 政府采购中的集中采购是指由政府设立的职能机构统一为其他政府机构提供采购服务的一种采购组织实施形式。（　）

16. 各级政府预算经本级人民代表大会批准后，本级政府财政部门应当45日内向本级各部门批复预算。（　）

17. 国家预算的编制和执行情况对国民经济和社会发展都有直接的制约作用。（　）

18. 根据《预算法》的规定，中央预算收入是指按照分税制财政管理体制，纳入中央预算、地方不参与分享的收入。（　）

19. 直接缴库的税收收入，由纳税人或税务代理人提出纳税申报，经征收机关审核无误后，由纳税人通过开户银行将税款缴入预算外资金账户。（　）

同步强化练习题库答案解析

一、单项选择题

1. 【答案及解析】　A　本题考核集中汇缴。故选 A。

2. 【答案及解析】　B　本题考核单一来源采购的方式。故选 B。

3.【答案及解析】 B 政府采购限额标准，属于中央预算的政府采购项目，由国务院确定并公布；属于地方预算的政府采购项目，由省、自治区、直辖市人民政府或者其授权的机构确定并公布。故选 B。

4.【答案及解析】 C 选项C公开招标是政府采购的主要采购方式。故选 C。

5.【答案及解析】 C 按照监督的内容，可以分为对预算编制的监督、对预算执行的监督、对预算调整的监督、对决算的监督。故选 C。

6.【答案及解析】 C 县级以上地方各级政府预算的调整方案必须提请本级人民代表大会常务委员会审查和批准。故选 C。

7.【答案及解析】 B 甲级政府采购代理机构除应当具有法人资格，且注册资本为人民币 400 万元以上；技术方面的专业人员，具有中专以上学历的不得少于职工总数的 70%，具有高级职称的不得少于职工总数的 20%。甲级政府采购代理机构资格由财政部负责审批。故选 B。

8.【答案及解析】 D 国家预算的作用主要包括：财力保证作用、调节制约作用、反映监督作用。故选 D。

9.【答案及解析】 C 根据规定，取得乙级资格的政府采购代理机构只能代理单项政府采购项目预算金额 1 000 万元以下的政府采购项目。故选 C。

10.【答案及解析】 B 我国的国家预算，可以分为中央预算、地方预算、各级总预算和部门预算、单位预算。故选 B。

11.【答案及解析】 C 题中 C 项是全国人民代表大会常务委员会的职权之一。故选 C。

12.【答案及解析】 D 我国的预算组成并非没有限制的，中央预算由中央各部门(含直属单位)的预算组成。地方预算由各省、自治区、直辖市预算组成。故选 D。

13.【答案及解析】 C 政府采购的功能包括：节约财政支出、

提高采购资金的使用效益；强化宏观调控；活跃市场经济；推进反腐倡廉；保护民族产业。故选 C。

14.【答案及解析】 B 政府采购的执行模式包括集中采购和分散采购两种。故选 B。

15.【答案及解析】 D 供应商参加政府采购活动前 3 年内，在经营活动中没有重大违法记录。故选 D。

二、多项选择题

1.【答案及解析】 BD 我国预算法律制度由《预算法》、《预算法实施条例》及与国家预算管理有关系的其他法律制度构成。故选 BD。

2.【答案及解析】 AD 本题考核财政收入收缴方式。财政收入的收缴分为直接缴库和集中汇缴两种方式。故选 AD。

3.【答案及解析】 ABCD 本题考核国库单一账户体系的构成。故选 ABCD。

4.【答案及解析】 BC 本题考核政府采购的方式。选项 A、D 适用竞争性谈判方式。故选 BC。

5.【答案及解析】 ABCD 本题考核政府采购供应商应承担的义务。故选 ABCD。

6.【答案及解析】 ABC 采购人是依法进行政府采购的国家机关、事业单位和团体组织。故选 ABC。

7.【答案及解析】 ABC 财政授权支付程序适用于未纳入工资支出、工程采购支出，物品、服务采购支出管理的购买支出和零星支出。包括单件物品或单项服务购买额不足 10 万元人民币的购买支出；投资额不足 50 万元人民币的工程项目支出以及特别紧急的支出。故选 ABC。

8.【答案及解析】 ABD 各级政府编制年度预算草案的依据包括：法律、法规；国民经济和社会发展计划、财政中长期计划以及有关的财政经济政策；本级政府的预算管理职权和财政管理体制确定的预算收支范围；上一年度预算执行情况和本年度预算收支变化因素；上级政府对编辑本年度预算草案的指示和要求。故选ABD。

9.【答案及解析】 AB 符合下列情形之一的货物或者服务，可以采用单一来源方式采购：①只能从唯一供应商处采购的；②发生了不可预见的紧急情况不能从其他供应商处采购的；③必须保证原有采购项目一致性或者服务配套的要求，需要继续从原供应商处添购，且添购资金总额不超过原合同采购金额10%的。选项C、D适用竞争性谈判方式。故选AB。

10.【答案及解析】 AB 根据规定，地方各级政府预算由本级人民代表大会审查和批准。各级政府预算批准后，必须依法向相应的国家机关备案。故选AB。

11.【答案及解析】 ABCD 国家预算也称政府预算，是政府的基本财政收支计划，即经法定程序批准的国家年度财政收支计划。国家预算是实现财政职能的基本手段，反映国家的施政方针和社会经济政策，规定政府活动的范围和方向。故选ABCD。

12.【答案及解析】 ABC 政府采购当事人是指在政府采购活动中享有权利和承担义务的各类主体，包括采购人、供应商和采购代理机构等。故选ABC。

13.【答案及解析】 ABCD 国库单一账户体系包括：国库单一账户、财政部门零余额账户、预算单位零余额账户、预算外资金财政专户和特设专户。故选ABCD。

14.【答案及解析】 CD 集中采购的范围由省级以上人民政府公布的集中采购目录确定。属于中央预算的政府采购项目，其集中采购目录由国务院确定并公布；属于地方预算的政府采购项目，其集中采购目录由省、自治区、直辖市人民政府或者其授权的机构确定并公布。故选CD。

15.【答案及解析】 ABD 中央预算的编制内容包括：①本级预算收入和支出；②上一年度结余用于本年度安排的支出；③返还或者补助地方的支出；④地方上解的收入。C项属于地方各级政府预算的编制内容。故选ABD。

三、判断题

1.【答案及解析】　√　本题考核政府采购招标中应予以废标的情形。表述是正确的。

2.【答案及解析】　√　各级政府预算批准后必须依法向相应的国家机关备案，以加强预算监督。

3.【答案及解析】　×　所有财政资金在支付行为实际发生前均保存在国库单一账户内。

4.【答案及解析】　×　公开招标应作为政府采购的主要采购方式。

5.【答案及解析】　×　货物和服务项目实行招标方式采购的，自招标文件开始发出之日起至投标人提交投标文件截止之日止，不得少于20日。

6.【答案及解析】　×　本题考核预算的级次划分。我国的预算分为中央预算和地方预算，中央预算是由中央各部门（含直属单位）的预算组成的。

7.【答案及解析】　√

8.【答案及解析】　×　政府采购分为集中采购和分散采购。

9.【答案及解析】　×　政府采购的供应商拥有监督政府采购依法公开、公正进行的权利。

10.【答案及解析】　×　政府集中采购目录和采购限额标准由省级以上人民政府确定并公布。

11.【答案及解析】　×　我国的预算收入按照分享程度划分为中央预算收入、地方预算收入以及中央和地方预算共享收入。

12.【答案及解析】　√　《预算法》中规定，地方各级政府财政部门定期向本级政府和上一级政府财政部门报告本级总预算的执行情况。

13.【答案及解析】　√　我国预算法律制度由《预算法》、《预算法施实条例》以及有关国家预算管理的其他法规制度构成。

14.【答案及解析】 √ 行政单位和事业单位会计中不设置国库单一账户。

15.【答案及解析】 √ 题干为政府采购中的集中采购的含义，表述正确。

16.【答案及解析】 × 本题考核预算的审批。各级政府预算经本级人民代表大会批准后，本级政府财政部门应当30日内向本级各部门批复预算。

17.【答案及解析】 √ 国家预算的编制和执行情况直接制约着国民经济和社会发展。

18.【答案及解析】 √ 《预算法》规定，中央预算收入是指按照分税制财政管理体制，纳入中央预算、地方不参与分享的收入。

19.【答案及解析】 × 本题考核财政收入的收缴程序。根据规定，直接缴库的税收收入，由纳税人或税务代理人提出纳税申报，经征收机关审核无误后，由纳税人通过开户银行将税款缴入国库单一账户。

第五章
会计职业道德

本章复习提纲

1. 了解会计职业道德的功能
2. 熟悉会计职业道德的含义
3. 熟悉加强会计职业道德教育的途径
4. 掌握会计职业道德规范的主要内容

本章知识结构

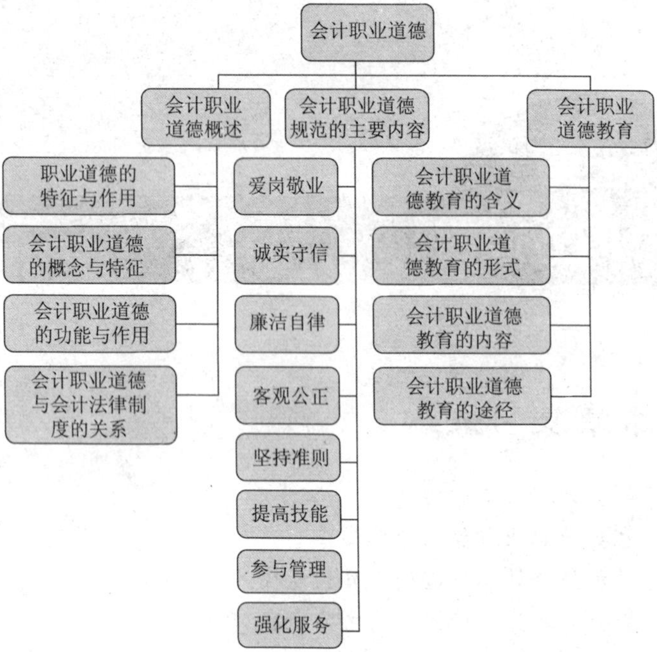

本章考点提炼

第一节　会计职业道德概述

一、职业道德的特征与作用

（一）职业道德的概念

职业道德有广义和狭义之分，广义的职业道德是指从业人员在职业活动中应该遵循的行为准则，涵盖了从业人员与服务对象、职业与职工、职业与职业之间的关系。狭义的职业道德，是指在一定的职业活动中应遵循的、体现一定期职业特征的、调整一定职业关系的职业行为准则和规范。

（二）职业道德的特征

职业道德的特征包括：

（1）职业性(行业性)。反映着特定职业活动对从业人员行为的道德要求。不具有全社会普遍的适用性。

（2）实践性。由于职业活动都是具体的实践活动，因此根据职业实践经验概括出来的职业道德规范，具有较强的针对性、实践性。

（3）继承性。职业道德具有较强的相对稳定性和历史继承性的特点。

（4）多样性。职业道德与具体的职业相联系，有多少种职业就有多少种职业道德。

（三）职业道德的作用

职业道德的作用包括：促进职业活动的健康进行；对社会道德风尚会产生积极的影响。主要内容包括：爱岗敬业、诚实守信、办事公道、服务群众、奉献社会。

真题精析

【多选题】职业道德除了具有道德的一般特征之外，还具有(　　)特征。

A. 职业性　　B. 实践性　　C. 继承性　　D. 多样性

【答案及解析】ABCD　职业道德的特征包括：①职业性；②实践性；③继承性；④多样性。故选 ABCD。

二、会计职业道德概念与特征

会计职业道德是指在会计职业活动中应当遵循的、体现会计职业特征的、调整会计职业关系的职业行为准则和规范。其含义包括以下几个方面：①会计职业道德是调整会计职业活动中各种利益关系的手段；

②会计职业道德具有相对稳定性；③会计职业道德具有广泛社会性。

会计职业道德的特征：会计作为社会经济活动中的一种特殊职业，除了具有职业道德的一般特征外，还具有一定的强制性和较多关注公众利益的特征。

三、会计职业道德功能与作用

会计职业道德具有以下基本功能。

（1）指导功能。指导功能即指导会计人员行为的功能。

（2）评价功能。评价功能即对会计人员的行为，根据一定的道德标准进行评价。

（3）教化功能。道德的教化功能对于会计人员的思想、感情和行为，有一种潜移默化的塑造作用，不但能够影响会计人员当下的动机和行为，而且能够改造会计人员的道德品质，提高会计人员的道德境界。

会计职业道德的作用主要有：①是规范会计行为的基础；②是实现会计目标的重要保证；③是对会计法律制度的重要补充；④是提高会计人员职业素养的内在要求。

四、会计职业道德与会计法律制度的关系

（一）会计职业道德与会计法律制度的联系

（1）两者在作用上相互补充、协调。在规范会计行为中，我们不可能完全依赖会计法律制度的强制功能而排斥会计职业道德的教化功能，会计行为不可能都由会计法律制度进行规范，不需要或不宜由会计法律制度进行规范的行为，可通过会计职业道德规范来实现，同样，那些基本的会计行为必须运用会计法律制度强制规范。

（2）两者在内容上相互借鉴，相互吸收。会计法律制度中含有会计职业道德规范的内容，同时，会计职业道德规范中也包含会计法律制度的某些条款。

（二）会计职业道德与会计法律制度的主要区别

（1）性质不同。会计法律制度通过国家机器强制执行，具有很强的他律性。会计职业道德主要依靠会计从业人员的自觉性，具有很强的自

律性。

(2) 作用范围不同。会计法律制度侧重于调整会计人员的外在行为和结果的合法化，具有较强的客观性。会计职业道德不仅要求调整会计人员的外在行为，还要调整会计人员内在的精神世界。

(3) 表现形式不同。会计法律制度是通过一定的程序由国家立法机关或行政管理部门制定的，其表现形式是具体的、明确的、正式形成文字的成文规定。会计职业道德出自于会计人员的职业生活和职业实践。其表现形式既有明确的成文规定，也有不成文的规范。

(4) 实施保障机制不同。会计法律制度由国家强制力保障实施。会计职业道德既有国家法律的相应要求，又需要会计人员的自觉遵守。

(5) 两者的评价标准不同。会计法律是以会计人员享有的权利和义务为标准来判定其行为是否违法；而会计职业道德则以善恶为标准来判定人们的行为是否违背道德规范。

真题精析

【判断题】会计法律制度通过国家机器强制执行，具有很强的他律性。会计职业道德主要依靠会计从业人员的自觉性，具有很强的自律性。（ ）

【答案及解析】√ 会计法律制度通过国家机器强制执行，具有很强的他律性。会计职业道德主要依靠会计从业人员的自觉性，具有很强的自律性。

第二节 会计职业道德规范的主要内容

一、爱岗敬业

（一）爱岗敬业的含义

爱岗就是指会计人员应该热爱自己的本职工作，安心于本职工作。敬业就是指会计人员应该充分认识本职工作在社会经济活动中的地位和作用，认识本职工作的社会意义和道德价值，具有会计职业的荣誉感和自豪感，在职业活动中具有高度的劳动热情和创造性，以强烈的事业心、责任感，从事会计工作。

爱岗敬业是指忠于职守的事业精神，这是会计职业道德的基础。

（二）爱岗敬业的基本要求

爱岗敬业的基本要求有：①正确认识会计职业，树立职业荣誉感；②热爱会计工作，敬重会计职业；③安心工作，任劳任怨；④严肃认真，一丝不苟；⑤忠于职守，尽职尽责。

真题精析

【多选题】爱岗敬业的基本要求包括（　　）。

A. 正确认识会计职业，树立职业荣誉感

B. 热爱会计工作，敬重会计职业

C. 严肃认真，一丝不苟

D. 忠于职守，尽职尽责

【答案及解析】ABCD　爱岗敬业的基本要求包括：①正确认识会计职业，树立职业荣誉感；②热爱会计工作，敬重会计职业；③安心工作，任劳任怨；④严肃认真，一丝不苟；⑤忠于职守，尽职尽责。故选ABCD。

二、诚实守信

（一）诚实守信的含义

诚实是指言行和内心想法一致，不弄虚作假，不欺上瞒下，做老实人，说老实话，办老实事。守信就是指遵守自己所作出的承诺，讲信用、重信用，信守诺言，保守秘密。

诚实守信是做人的基本准则，也是会计职业道德的精髓。

（二）诚实守信的基本要求

①做老实人，说老实话，办老实事，不搞虚假；②保密守信，不为利益所诱惑；③执业谨慎，信誉至上。

真题精析

【多选题】 诚实守信的基本要求有（ ）。

A. 做老实人、说老实话、办老实事、不弄虚作假

B. 保密守信、不为利益所诱惑

C. 树立正确的人生观

D. 公私分明、不贪不占

【答案及解析】 AB 诚实守信的基本要求：做老实人、说老实话、办老实事、不弄虚作假；保密守信、不为利益所诱惑；执业谨慎、信誉至上。选项C、D为廉洁自律的基本要求。故选AB。

三、廉洁自律

（一）廉洁自律的含义

廉洁就是指不贪污钱财，不收受贿赂，保持清白。自律就是指自律主体按照一定的标准，自己约束自己、自己控制自己的言行和思想的过程。

廉洁自律是会计职业道德的前提，也是会计职业道德的内在要求。

（二）廉洁自律的基本要求

①树立正确的人生观和价值观；②公私分明，不贪不占；③遵法守法，一身正气。

真题精析

【多选题】 廉洁自律的基本要求是（ ）。

A. 树立正确的人生观和价值观　　B. 公私分明，不贪不占

C. 保密守信，不为利益所诱惑　　D. 遵纪守法，一身正气

【答案及解析】 ABD 廉洁自律的基本要求包括：①树立正确的人生观和价值观；②公私分明，不贪不占；③遵纪守法，一身正气。故选ABD。

四、客观公正

（一）客观公正的含义

客观就是指按事物的本来面目去反映，不掺杂个人的主观意愿，也不为他人的意见所左右。公正就是指平等、公正、正直，没有偏失。

客观公正是会计职业道德所追求的理想目标。

（二）客观公正的基本要求

①依法办事，认真遵守法律法规，是会计工作保证客观公正的前提；②实事求是，不偏不倚；③如实反映。

五、坚持准则

（一）坚持准则的含义

坚持准则是指会计人员在处理业务过程中，要严格按照会计法律制度办事，不为主观或他人意志左右。这是会计职业道德的核心。

（二）坚持准则的基本要求

①熟悉准则；②遵循准则；③敢于同违法行为作斗争。

六、提高技能

（一）提高技能的含义

提高技能是指会计人员通过学习，培训和实践等途径，持续提高会计职业技能，以达到和维持足够的专业胜任能力的活动。作为一名会计工作者必须不断地提高其职业技能，这既是会计人员的义务，也是在职业活动中做到客观公正、坚持准则的基础，是参与管理的前提。

真题精析

【判断题】爱岗敬业是在职业活动中做到客观公正、坚持准则的基础。（　　）

【答案及解析】×　爱岗敬业是会计职业道德的基础，提高技能才是在职业活动中做到客观公正、坚持准则的基础，是参与管理的前提。

真题精析

【多选题】下列符合会计职业道德“提高技能”要求的有（ ）。

A. 出纳人员向银行工作人员请教辨别假钞的技术

B. 会计主管与单位其他会计人员交流隐瞒业务收入的做法

C. 会计人员积极参加会计职称培训

D. 总会计师通过自学提高会计职业判断能力、精通经济政策

【答案及解析】ACD 提高技能是会计人员通过学习、培训和实践等途径，持续提高会计理论水平、会计实务操作能力，职业判断能力，自动更新知识的能力，提供会计信息的能力，沟通交流的能力以及职业经验，达到和维持足够的专业胜任能力的活动。选项B中交流事项属于不合法事项，更不属于会计职业道德规范中的提高技能。故选ACD。

（二）提高技能的基本要求

①要有不断提高会计专业技能的意识和愿望；②具有勤学苦练的精神和科学的学习方法。

七、参与管理

（一）参与管理的含义

参与管理就是指间接参加管理活动。为管理者当参谋，为管理活动服务。

（二）参与管理的基本要求

①努力钻研业务，熟悉财经法规和相关制度，提高业务技能，为参与管理打下基础；②熟悉服务对象的经营活动和业务流程，使参与管理活动更具有针对性和有效性。

八、强化服务

（一）强化服务的含义

强化服务就是要求会计人员要具有文明的服务态度，强烈的服务意识和优良的服务质量。

（二）强化服务的基本要求

①强化服务意识；②提高服务质量。

第三节　会计职业道德教育

一、会计职业道德教育的含义

会计职业道德教育是指根据会计工作的特点，有目的、有组织、有计划地对会计人员施加系统的会计职业道德影响，促使会计人员形成会计职业道德品质，履行会计职业道德义务的活动。

二、会计职业道德教育的形式

会计职业道德教育的形式有：①接受教育(外在教育)；②自我修养(内在教育)。

三、会计职业道德教育的内容

（1）会计职业道德观念教育。普及会计职业道德基础知识，是会计职业道德教育的基础。

（2）会计职业道德规范教育。会计职业道德规范教育是指对会计人员开展以会计职业道德规范为内容的教育。

（3）会计职业道德警示教育。会计职业道德警示教育是指通过开展对违法会计行为典型案例的讨论，给会计人员以启示和警示。

（4）其他教育。

真题精析

【多选题】会计职业道德教育的内容包括(　　)。

A. 会计职业道德观念教育B. 会计职业道德规范教育

C. 会计职业道德警示教育D. 会计职业道德惩罚教育

【答案及解析】ABC　会计职业道德教育的内容包括会计职业道德观念教育、会计职业道德规范教育、会计职业道德警示教育和其他教育。故选 ABC。

四、会计职业道德教育的途径

会计职业道德教育的途径有两种：一是接受教育的途径，二是自我修养的途径。

接受教育的途径主要是：

（1）岗前职业道德教育。包括会计学历教育中的职业道德教育和获取会计从业资格中的职业道德教育。

（2）岗位职业道德继续教育。会计职业道德教育应贯穿于整个会计人员继续教育的始终。具体包括形势教育、品德教育、法制教育。

自我修养的途径主要有：①慎独慎欲；②慎省慎微；③自警自励。

真题精析

【多选题】会计人员自我修养的途径主要有（　　）。

A. 慎独慎欲　　B. 慎省慎微　　C. 自警自励　　D. 自我学习

【答案及解析】ABC　会计人员自我修养的途径主要有：①慎独慎欲；②慎省慎微；③自警自励。故选 ABC。

第四节　会计职业道德建设组织与实施

一、财政部门的组织推动

各级财政部门应当负起组织和推动本地区会计职业道德建设的责任，把会计职业道德建设与会计法制建设紧密结合起来。

二、会计职业组织的行业自律

会计职业组织起着联系会员与政府的桥梁作用，应充分发挥中国会计学会、注册会计师协会等会计职业组织的作用，改革和完善会计职业自律机制，有效发挥自律机制在会计职业道德建设中的促进作用。

三、企事业单位的内部监督

单位负责人是单位会计工作的责任主体，单位负责人必须重视本单位会计人员的职业道德建设。

四、社会各界的监督与配合

加强会计职业道德建设，既是提高广大会计人员素质的一项基础性工作，又是一项复杂的社会系统工程；不仅是某一个单位、某一个部门的任务，也是各地区、各部门、各单位的共同责任。

广泛开展会计职业道德的宣传教育，加强舆论监督，在全社会会计人员中倡导诚信为荣、失信为耻的职业道德意识，引导会计人员加强职业修养。

第五节　会计职业道德的检查与奖惩

一、会计职业道德检查与奖惩的意义

会计职业道德检查与奖惩的意义主要有：①具有促使会计人员遵守职业道德规范的作用；②裁决与教育作用；③有利于形成抑恶扬善的社会环境。

二、会计职业道德检查与奖惩机制

会计职业道德检查与奖惩机制包括：①财政部门的监督检查；②会计行业组织的自律管理与约束；③激励机制的建立。

真题精析

【案例分析题】张某毕业于某大学，自从参加工作以来一直担任办公室文秘，恪守职责，兢兢业业，深受公司领导和同事们的好评。由于单位会计部门人手奇缺，公司领导要求张某担任财务部门的出纳工作。领导认为，虽然张某没有取得会计从业资格证书，但出纳并不属

于会计岗位，张某工作能力强，很快就能适应。

张某从事出纳工作半年后，参加了当年全省会计从业资格的统一考试，并取得了会计从业资格证书。后张某因工作任劳任怨，刻苦钻研业务，积极提出合理化建议，多次被公司评为先进会计工作者。

几年后，张某的丈夫在一家私营电子企业任总经理，在其丈夫的多次要求下，张某将在工作中接触到公司新产品研发计划及相关会计资料复印件提供给其丈夫，给公司造成了一定的损失，但尚不构成犯罪。公司认为她不宜继续担任会计工作。

要求：根据资料，回答下列问题。

(1) 根据《会计从业资格管理办法》规定，会计从业资格适用范围中的工作岗位，包括(　　)。

A. 稽核岗位　　　　B. 会计师岗位

C. 工资核算岗位　　D. 内部审计岗位

(2) 公司领导任用张某担任出纳的行为，下列观点正确的是(　　)。

A. 领导的决定不违反会计法律的规定

B. 张某应该实习 1 个月以后上岗，不能立刻上岗

C. 张某应当取得会计从业资格证书后才能从事出纳工作

D. 出纳岗位属于会计从业资格的适用范围

(3) 张某因工作任劳任怨，刻苦钻研业务，积极提出合理化建议，多次被公司评为先进会计工作者。体现了她具有(　　)的会计职业道德。

A. 爱岗敬业　　B. 客观公正

C. 提高技能　　D. 参与管理

(4) 张某将公司新产品的研发资料复印件给其丈夫，给公司造成一定的损失，违背了(　　)的会计职业道德。

A. 客观公正　　B. 诚实守信

C. 廉洁自律　　D. 强化服务

(5) 对张某违反会计职业道德的行为，可由(　　)给予处罚。

A. 财政部门　　　　　　B. 人民法院
C. 本公司　　　　　　　D. 会计职业团体

(1)【答案及解析】ABC　会计从业资格证书适用以下会计工作：①会计机构负责人(会计主管人员)；②出纳；③稽核；④资本、基金核算；⑤收入、支出、债权债务核算；⑥工资、成本费用、财务成果核算；⑦财产物资的收发、增减核算；⑧总账；⑨财务会计报告编制；⑩会计机构内会计档案管理。故选ABC。

(2)【答案及解析】CD　《会计法》第三十八条第一款规定："从事会计工作的人员，必须取得会计从业资格证书"，出纳岗位属于会计从业资格的适用范围。故选CD。

(3)【答案及解析】ACD　张某因工作任劳任怨，刻苦钻研业务，积极提出合理化建议体现了她具有爱岗敬业、提高技能、参与管理的会计职业道德。故选ACD。

(4)【答案及解析】BC　张某的行为违背了诚实守信、廉洁自律的会计职业道德。故选BC。

(5)【答案及解析】ACD　财政部门、会计职业团体、本单位对会计人员违反会计职业道德行为，均可以在各自的职权范围内进行处理。故选ACD。

同步强化练习题库

一、单项选择题

1. 不弄虚作假，(　　)是人们最基本的道德规范，也是会计职业道德的精髓。

A. 爱岗敬业　　　　　　B. 诚实守信
C. 廉洁自律　　　　　　D. 客观公正

2. 会计职业道德规范是指在一定社会经济条件下，对会计职业行为及(　　)的系统要求或明文规定。

A. 职业活动　　B. 会计从业

C. 会计活动　　D. 会计行业

3. 努力钻研业务，熟悉财经法规和相关制度，提高业务技能，是(　　)坚实的基础。

A. 提高技能　　B. 廉洁自律

C. 参与管理　　D. 强化服务

4. 会计职业道德“爱岗敬业”的“岗”是指(　　)。

A. 税务工作岗位　　B. 会计工作岗位

C. 审计工作岗位　　D. 管理工作岗位

5. “做老实人，说老实话，办老实事”，这句话体现的会计职业道德规范内容是(　　)。

A. 参与管理　　B. 诚实守信

C. 爱岗敬业　　D. 提高技能

6. 在我国会计职业道德规范中，(　　)是会计人员做到依法办事的核心内容。

A. 诚信为本　　B. 操守为重

C. 坚持准则　　D. 不做假账

7. 会计工作特点决定，(　　)是会计职业道德的前提，也是会计职业道德的内在要求。

A. 提高技能　　B. 坚持准则

C. 客观公正　　D. 廉洁自律

8. (　　)是指从业人员在办理事情处理问题时，要站在公正的立场上，按照同一标准和同一原则办事的职业道德规范。

A. 爱岗敬业　　B. 诚实守信

C. 办事公道　　D. 服务群众

9. 我国《会计基础工作规范》、《会计法》等会计法律制度中都规定了会计职业道德的内容和要求，体现了会计职业道德的(　　)特征。

A. 强制性　　B. 较多关注社会公众利益

C. 实践性　　D. 职业性

10. 我国有关法律规定：“会计人员应当遵守职业道德，提高业务素质。”该法律为(　　)。

A.《审计法》　　B.《统计法》

C.《会计法》　　D.《注册会计师法》

11. 会计职业道德的检查可以通过(　　)方式进行。

A. 政府监管和自我监督

B. 行业自律和自我监督

C. 行业自律和上级单位监督

D. 政府监管和行业自律

12. 会计职业道德的核心是(　　)。

A. 客观公正　　B. 坚持准则

C. 诚实守信　　D. 廉洁自律

13. (　　)就是要求会计人员具有文明的服务态度、强烈的服务意识和优良的服务质量。

A. 提高技能　　B. 参与管理

C. 强化服务　　D. 客观公正

二、多项选择题

1. 下列各项中，(　　)体现会计职业道德“爱岗敬业”的要求。

A. 工作一丝不苟　　B. 工作尽职尽责

C. 工作精益求精　　D. 工作兢兢业业

2. 会计职业道德与会计法律制度的主要区别有(　　)。

A. 性质不同　　B. 作用范围不同

C. 表现形式不同　　D. 实施保障机制不同

3. 会计职业道德具有的基本功能主要有(　　)。

A. 指导功能　　B. 评价功能

C. 教化功能　　D. 处罚功能

4. 道德作为一种社会意识形态(　　)是其特征。

A. 继承性　　B. 强制性

C. 社会性　　D. 自律性

5. 廉洁自律要求会计人员(　　)。

A. 公私分明　　B. 不贪不占

C. 遵纪守法　　D. 清正廉洁

6. 提高技能是会计职业道德的基本要求，也是会计人员胜任本职工作的重要条件。下列各项中，(　　)属于会计技能的内容。

A. 会计理论水平　　B. 会计实务能力

C. 职业道德判断力　　D. 自动更新知识能力

7. 爱岗敬业的基本要求有(　　)。

A. 忠于职守，尽职尽责　　B. 热爱会计工作，敬重会计职业

C. 安心工作，任劳任怨　　D. 严肃认真，一丝不苟

8. 廉洁自律的表现有(　　)。

A. 树立正确的人生观和价值观　　B. 公私分明，不贪不占

C. 遵纪守法，一身正气　　D. 职业谨慎，信誉之上

9. 提高技能的基本要求有(　　)。

A. 具有不断提高会计专业技能的意识和愿望

B. 具有勤学苦练的精神和科学的学习方法

C. 具有强化服务意识

D. 提高服务质量

10. 会计职业道德教育的内容的包括(　　)。

A. 会计职业道德教育　　B. 会计职业道德规范教育

C. 会计职业道德警示教育　　D. 其他教育

11. 下列各项中，体现会计职业道德特征的有(　　)。

A. 会计人员自身必须廉洁　　B. 具有一定的强制性

C. 具有一定的他律性　　D. 较多关注公众利益

12. 岗前职业道德教育包括(　　)。

A. 会计专业学历教育

B. 形势教育

C. 法制教育

D. 获取会计从业资格中的职业道德教育

13. (　　)是从业人员的职业行为的基础要素。

A. 爱岗敬业　　B. 诚实守信

C. 办事公道　　D. 服务群众

14. 服务群众的含义应注意(　　)方面。

A. 服务群众是对各级领导及各级领导机关、各级公务员的一种要求

B. 服务群众是对所有从业人员的要求

C. 服务群众仅仅是对领导及公务员的要求

D. 服务群众只是针对会计人员而言的

15. 爱岗敬业的基本要求包括(　　)。

A. 正确认识会计职业，树立职业荣誉感

B. 热爱会计工作，敬重会计职业

C. 严肃认真，一丝不苟

D. 忠于职守，尽职尽责

16. 下列各项中，符合会计职业道德规范中“参与管理”要求的有(　　)。

A. 对企业财务报告进行综合分析，并提交风险预警报告

B. 参加公司重大投资项目的可行性研究分析

C. 分析坏账形成的原因，提出加强授信管理、加快货款回收建议

D. 分析现金流量状况，查找存在的问题，提出改进措施

17. 会计人员如果泄露单位的商业秘密，可能导致的后果会有(　　)。

A. 会计人员的信誉将会受到损害

B. 单位的经济利益将遭受损失

C. 会计行业声誉将受到损害

D. 会计人员将承担法律责任

18. 下列各项中，体现会计职业道德“客观公正”要求的有(　　)。

A. 依法办事　　B. 如实反映

C. 实事求是　　D. 不偏不倚

19. 下列各项中，属于会计职业道德“坚持准则”要求的有(　　)。

A. 严格执行会计法律法规

B. 严格执行与会计相关的经济法律制度

C. 严格执行国家统一制度

D. 严格执行单位内部会计控制制度

20. 某企业会计人员在讨论会计职业道德和会计法律制度两者的关系时提出的下列观点中正确的有( )。

A. 两者在实施过程中相互作用、相互补充

B. 会计法律制度是会计职业道德的最低要求

C. 违反会计法律制度一般都违反会计职业道德

D. 违反会计职业道德也一定违反会计法律制度

21. 会计职业道德与会计法律制度的主要区别表现在( )。

A. 两者的性质不同　　B. 两者作用范围不同

C. 两者表现形式不同　　D. 两者的评价标准不同

22. 下列符合会计职业道德"提高技能"要求的有( )。

A. 出纳人员向银行工作人员请教辨别假钞的技术

B. 会计主管与单位其他会计人员交流隐瞒业务收入的做法

C. 会计人员积极参加会计职称培训

D. 总会计师通过自学提高会计职业判断能力、精通经济政策

A. 会计学历教育　　B. 会计人员继续教育

C. 会计人员自我教育　　D. 会计专业技术资格考试

三、判断题

1. 会计人员在任何情况下都不能向外界提供或者泄露本单位的会计信息。 ( )

2. 会计职业道德是依靠社会舆论、道德教育、传统习俗和道德评价来实现的。 ( )

3. 会计职业道德是调整会计职业活动中的各种利益关系的手段。 ( )

4. 会计职业道德教育是指为了促使会计人员正确履行会计职能，而对其施行的有目的、有计划、有组织、有系统的道德教育。 ( )

5. 岗前职业教育是强化会计职业道德教育的有效形式。（ ）

6. 实事求是，不偏不倚是体现会计职业道德规范的“诚实守信”原则的要求。（ ）

7. 财政部门可以通过将会计从业资格证书注册登记管理与会计职业道德检查相结合的途径，来实现对会计职业道德的监督检查。（ ）

8. 将会计执法检查与会计职业道德检查相结合，是财政部门对会计职业道德进行监督检查的途径之一。（ ）

9. 会计人员违反会计职业道德，情节严重的，由财政部门吊销其会计从业资格证书。（ ）

10. 会计行业组织对会计职业道德进行自律和约束。（ ）

11. 会计行业的自律机制和会计职业道德的惩戒制度是由财政部门组织建立的。（ ）

12. 中国注册会计师协会是我国注册会计师的行业自律组织，对注册会计师进行自律管理和约束。（ ）

13. 会计职业道德与会计法律制度的区别在于：会计职业道德全部是不成文的，会计法律制度全部是成文的。（ ）

14. 当单位利益与社会公众利益发生冲突时，会计人员应首先考虑单位利益，然后再考虑社会公众利益。（ ）

15. 会计法律是以会计人员善恶为标准来判定其行为是否违法；而会计职业道德则以享有的权利和义务为标准来判定人们的行为是否违背道德规范。（ ）

16. 受到会计职业道德谴责的，不一定受到会计法律的制裁。（ ）

17. 会计职业道德重在确认会计人员的职业权利。（ ）

18. 某人因公出差丢失了报销用的车票，会计人员以没有合法的报销凭证为由拒绝受理此报销业务，会计人员的此种做法是正确的。（ ）

19. 会计人员遵守职业道德是会计人员晋升、晋级、聘任专业职务，表彰奖励的重要考核依据。（ ）

四、案例分析题

李某是某单位的出纳，多年来未出现任何差错。一天，李某的朋友刘某找李某商量，如果李某单位有暂时结余不用的钱的话，可以想办法先拿出来炒股，等赚了钱后，再将本金归还给单位，这样单位既不会发现，自己又能赚钱。李某想想，正好单位有一笔资金目前尚不会马上使用。于是，李某就想办法将单位这笔钱拿出来交给刘某进行炒股。过了一段时间，刘某炒股果然赚了不少钱，并把李某从单位拿出来的钱还给了李某，还按照5：5的比例将赚来的钱分给李某。李某将从单位拿出来炒股的钱及时归还给单位。但是，最终李某的行为在审计中被发现，并受到相应的处罚。

要求：根据上述资料，回答下列问题。

(1) 会计职业道德教育具有什么样的意义？(　　)

A. 有利于提高会计职业道德

B. 有利于树立会计职业道德信念

C. 有利于培养会计从业人员奉献社会的信念

D. 有利于培养会计人员的技能

(2) 符合财政部门对会计职业道德监督要求的是(　　)。

A. 将会计执法检查与会计职业道德检查相结合进行监督检查

B. 将会计从业资格证书注册登记管理与会计职业的道德检查相结合进行监督检查

C. 将会计人员违反职业道德，情节严重的，由财政部门吊销其会计从业资格证书相结合进行监督检查

D. 将会计专业技术资格考评、聘用与会计职业道德相结合进行监督检查

(3) 会计职业道德教育的主要内容是(　　)。

A. 会计职业道德观念教育

B. 会计职业道德规范教育

C. 会计职业道德警示教育

D. 其他与会计职业道德相关的教育

(4) 诚实守信的基本要求有哪些?(　　)

A. 保密守信，不为利益所诱惑　　B. 职业谨慎，信誉至上

C. 不弄虚作假，不欺上瞒下　　D. 办事公道，服务群众

(5) 上述行为违反了哪些会计职业道德规范要求?(　　)

A. 诚实守信　　B. 坚持准则

C. 廉洁自律　　D. 爱岗敬业

同步强化练习题库答案解析

一、单项选择题

1.【答案及解析】　B　本题考核诚实守信。故选 B。

2.【答案及解析】　A　本题考核会计职业道德规范的概念。故选 A。

3.【答案及解析】　C　本题考核参与管理的基本要求。努力钻研业务，熟悉财经法规和相关制度，提高业务技能，为参与管理打下了坚实的基础。故选 C。

4.【答案及解析】　B　本题考核会计职业道德“爱岗敬业”的范围。故选 B。

5.【答案及解析】　B　本题考核诚实守信的要求。诚实守信的基本要求包括“做老实人，说老实话，办老实事”。故选 B。

6.【答案及解析】　C　本题考核会计职业道德的内容。在我国会计职业道德规范中，坚持准则是会计人员做到依法办事的核心内容。故选 C。

7.【答案及解析】　D　本题考核会计职业道德的内容。廉洁自律是会计职业道德的前提，也是会计职业道德的内在要求，这是会计工作的特点决定的。故选 D。

8.【答案及解析】　C　办事公道是指从业人员在办理事情处理问题时，要站在公正的立场上，按照同一标准和同一原则办事的职业道德规范。故选 C。

9.【答案及解析】　A　会计职业道德的特征包括：①具有一定的强制性，许多会计职业道德的内容纳入会计法律制度，是一种思想立法；②较多关注公众利益，会计职业的特殊性，要求会计人员客观公正，较多关注社会公众利益，在会计职业活动中，发生道德冲突时要坚持准则，把社会公众利益放在第一位。故选A。

10.【答案及解析】　C　我国《会计法》规定："会计人员应当遵守职业道德，提高业务素质。"故选C。

11.【答案及解析】　D　就道德规范自身特点而言，它主要是依靠传统习俗、社会舆论和内心信念来维系的。这种非刚性的特征也就决定了它的落实、实施还必须同时借助政府部门的行政监管、职业团体自律性监管和企事业单位内部纪律等外部的硬性他律机制。故选D。

12.【答案及解析】　B　客观公正是会计职业道德的理想目标；坚持准则是会计职业道德的核心；诚实守信是会计职业道德的精髓；廉洁自律是会计职业道德的内在要求。故选B。

13.【答案及解析】　C　强化服务就是要求会计人员具有文明的服务态度、强烈的服务意识和优良的服务质量。故选C。

二、多项选择题

1.【答案及解析】　ABCD　本题考核爱岗敬业的要求。故选ABCD。

2.【答案及解析】　ABCD　本题考核会计职业道德与会计法律制度的主要区别。故选ABCD。

3.【答案及解析】　ABC　本题考核会计职业道德具有的基本功能。会计职业道德的功能包括指导功能、评价功能和教化功能。故选ABC。

4.【答案及解析】　ACD　选项B，法律才具有强制性。故选ACD。

5.【答案及解析】　ABCD　本题考核廉洁自律的要求。故选ABCD。

6.【答案及解析】　ABCD　会计职业包括会计理论水平，会计实务能力，职业判断能力，自动更新知识能力，提供会计信息的能力，沟通交流能力以及职业经验等。故选ABCD。

7.【答案及解析】 ABCD 爱岗敬业的基本要求有：正确认识会计职业，树立职业荣誉感；热爱会计工作，精忠会计职业；安心工作，任劳任怨；严肃认真，一丝不苟；忠于职守，尽职尽责。故选ABCD。

8.【答案及解析】 ABC 题中选项D属于诚实守信的基本要求。廉洁自律的基本要求有：①树立正确的人生观和价值观；②公私分明，不贪不占；③遵纪守法，一身正气。故选ABC。

9.【答案及解析】 AB 题中CD两项属于强化服务的基本要求。提高技能的基本要求有：①具有不断提高会计专业技能的意识和愿望；②具有勤学苦练的精神和科学的学习方法。故选AB。

10.【答案及解析】 ABCD 本题考查会计职业道德教育的内容，他包括会计职业道德教育观念；会计职业道德教育规范；会计职业道德警示教育；其他教育。故选ABCD。

11.【答案及解析】 BD 本题考核会计职业道德的特征。会计职业道德与其他职业道德相比具有自身的特征：会计职业道德具有一定的强制性；较多关注公众利益。故选BD。

12.【答案及解析】 AD 本题考核岗前职业道德教育的内容。岗前职业道德教育包括会计专业学历教育及获取会计从业资格中的职业道德教育。故选AD。

13.【答案及解析】 AB 奉献社会是职业道德的最高境界，爱岗敬业、诚实守信是从业人员的职业行为的基础要素，是首先应当做到的，否则就很难做到办事公道和服务群众。故选AB。

14.【答案及解析】 AB 服务群众的含义需要注意的是：①服务群众是对各级领导及各级领导机关、各级公务员的一种要求；②服务群众是对所有从业人员的要求。故选AB。

15.【答案及解析】 ABCD 爱岗敬业的基本要求包括：①正确认识会计职业，树立职业荣誉感；②热爱会计工作，敬重会计职业；③安心工作，任劳任怨；④严肃认真，一丝不苟；⑤忠于职守，尽职尽责。故选ABCD。

16.【答案及解析】　ABCD　参与管理的基本要求是：在做好本职工作的同时，努力钻研相关业务，熟悉财经法规和相关制度；全面熟悉服务对象经营活动和业务流程，使管理活动更具有针对性和有效性。故选 ABCD。

17.【答案及解析】　ABCD　会计人员如果泄露商业秘密就违背了“诚实守信”的职业道德。造成的后果是会计人员的信誉将会受到损害，单位的经济利益将遭受损失，会计行业声誉将受到损害，会计人员将承担法律责任。故选 ABCD。

18.【答案及解析】　ABCD　客观公正的基本要求包括：①依法办事；②实事求是，不偏不倚；③如实反映。故选 ABCD。

19.【答案及解析】　ABCD　坚持准则是指会计人员在处理业务过程中，要严格按照会计法律制度办事，不为主观或他人意志左右。这里所说的“准则”不仅指会计准则，而且包括会计法律、法规、国家统一的会计制度以及与会计工作相关的法律制度。故选 ABCD。

20.【答案及解析】　ABC　会计法律制度和会计职业道德在实施过程中相互作用、相互补充、协调。会计法律制度是会计职业道德的最低要求，受到会计职业道德谴责的，不一定受到会计法律的制裁；受到会计法律制裁的一般都会受到道德的谴责(某些过失犯罪除外)。故选 ABC。

21.【答案及解析】　ABCD　会计职业道德与会计法律制度的主要区别表现在：①两者的性质不同；②两者作用范围不同；③两者表现形式不同；④两者的评价标准不同；⑤两者实施保障机制不同。故选 ABCD。

22.【答案及解析】　ACD　提高技能是会计人员通过学习、培训和实践等途径，持续提高会计理论水平、会计实务操作能力，职业判断能力，自动更新知识的能力，提供会计信息的能力，沟通交流的能力以及职业经验，达到和维持足够的专业胜任能力的活动。B 项中交流事项属于不合法事项，更不属于会计职业道德规范中的提高技能。故选 ACD。

三、判断题

1.【答案及解析】 × 会计人员应当保守本单位的商业秘密，除法律规定和单位领导人同意外，不能私自向外界提供或者泄露单位的会计信息。

2.【答案及解析】 √ 会计职业道德是依靠社会舆论、道德教育、传统习俗和道德评价来实现的。

3.【答案及解析】 √ 会计职业道德是调整会计职业活动中的各种利益关系的手段。

4.【答案及解析】 √ 会计职业道德教育是指为了促使会计人员正确履行会计职能，而对其施行的有目的、有计划、有组织、有系统的道德教育。

5.【答案及解析】 × 继续教育是强化会计职业道德教育的有效形式。

6.【答案及解析】 × 实事求是，不偏不倚是体现会计职业道德规范的"客观公正"原则的要求。

7.【答案及解析】 √ 财政部门可以通过将会计从业资格证书注册登记管理与会计职业道德检查相结合的途径，来实现对会计职业道德的监督检查。

8.【答案及解析】 √ 将会计执法检查与会计职业道德检查相结合，是财政部门对会计职业道德进行监督检查的途径之一。

9.【答案及解析】 √ 会计人员违反会计职业道德，情节严重的，由财政部门吊销其会计从业资格证书。

10.【答案及解析】 √ 会计行业组织对会计职业道德进行自律和约束。

11.【答案及解析】 × 本题考核会计行业的自律机制和惩戒制度。会计职业组织建立行业自律机制和会计职业道德的惩戒制度。

12.【答案及解析】 √ 中国注册会计师协会是我国注册会计师的行业自律组织，对注册会计师进行自律管理和约束。

13.【答案及解析】 × 本题考核会计职业道德与会计法律制度

的区别。会计法律制度的表现形式是具体的、明确的、正式形成文字的成文规定。会计职业道德的表现形式既有明确的成文的规定，也有不成文的规定。

14.【答案及解析】　×　会计职业的特殊性，要求会计人员客观公正，在会计职业活动中，发生道德冲突时要坚持准则，把社会公众利益放在第一位。

15.【答案及解析】　×　会计法律是以会计人员享有的权利和义务为标准来判定其行为是否违法；而会计职业道德则以善恶为标准来判定人们的行为是否违背道德规范。

16.【答案及解析】　√　会计法律制度是会计职业道德的最低要求，受到会计职业道德谴责的，不一定受到会计法律的制裁；受到会计法律制裁的一般都会受到道德的谴责(某些过失犯罪除外)。

17.【答案及解析】　×　道德重在确认人们的义务，而不讲权利。

18.【答案及解析】　×　会计人员的此种做法错误。因公出差丢失了报销用的车票，会计人员不能不报销，也不能随意报销，否则都会违背“客观公正”的职业道德。

19.【答案及解析】　√　《会计基础工作规范》第二十四条规定：“财政部门、业务主管部门和各单位应当定期检查会计人员遵守职业道德的情况，并作为会计人员晋升、晋级、聘任专业职务，表彰奖励的重要考核依据。会计人员违反职业道德的，由所在单位进行处罚；情节严重的，由会计从业资格证书发证机关吊销其会计从业资格证书”。

四、案例分析题

(1)【答案及解析】　ABC　会计职业道德教育帮助和引导会计人员培养会计职业道德情感，树立会计职业道德信念，遵守会计职业道德规范，使会计人员懂得什么可以做，什么不可以做；什么必须提倡，什么坚决反对。故选 ABC。

(2)【答案及解析】　ABD　财政部门对会计职业道德进行监督检查。检查的途径主要有：①将会计法执法检查与会计职业道德检查相结合；②将会计从业资格证书注册登记管理与会计职业道德检查相结合；

③将会计专业技术资格考评、聘用与会计职业道德检查相结合。故选 ABD。

（3）【答案及解析】 ABCD 会计职业道德教育的主要内容：会计职业道德观念教育、会计职业道德规范教育、会计职业道德警示教育等相关教育。故选 ABCD。

（4）【答案及解析】 ABC 考核诚实守信的基本要求。故选ABC。

（5）【答案及解析】 ABC 由本题的第一句话可体现出李某爱岗敬业。故选 ABC。

财经法规与会计职业道德全真预测试卷（一）

一、单项选择题（下列各小题备选答案中，只有一个符合题意的正确答案，将你选定的答案填入括号内。每小题1分，共20分。）

1. 财务会计报告应当根据(　　)编制。

A. 经审核的会计凭证

B. 各类会计报表为直接依据

C. 实际发生的经济业务事项为直接依据

D. 经过审核的会计账簿记录及相关资料

2. 下列会计档案中，应当永久保管的会计档案是(　　)。

A. 现金和银行存款日记账　　B. 会计移交清册

C. 年度财务会计报告（决算）　　D. 银行对账单

3. 下列不属于营业税纳税期限的是(　　)。

A. 1日　　B. 5日

C. 10日　　D. 15日

4. 国内信用证开证行决定受理开证业务时，应向申请人收取不低于开证金额(　　)保证金。

A. 30%　　B. 20%

C. 10%　　D. 15%

5. 国家对会计从业资格取得实行(　　)。

A. 考试制度　　B. 评审制度

C. 考试与审评结合制度　　D. 推荐制度

6. 下列选项中，不属于应该自行申报纳税的纳税义务人的是(　　)。

A. 年所得10万元以上的

B. 从中国境内两处或者两处以上取得工资、薪金所得的

C. 从中国境外取得所得的

D. 取得应税所得，没有扣缴义务人

7. 在会计核算工作中，(　　)才能开始进行账务处理。

A. 取得的原始凭证
B. 编制的记账凭证
C. 经过审核无误、合法的原始凭证
D. 自制的原始凭证

8. 财政部门对有检举线索或者在财政管理工作中发现有违法嫌疑的单位进行(　　)。
A. 定期抽查　　B. 专项检查
C. 重点检查　　D. 全面检查

9. 税务登记不包括(　　)。
A. 外出经营报验登记　　B. 变更登记
C. 核定应纳税额　　D. 复业登记

10. 个体工商户凭营业执照以字号或经营者姓名开立的银行结算账户纳入(　　)管理。
A. 单位银行结算账户　　B. 个人银行结算账户
C. 一般存款账户　　D. 基本存款账户

11. 下列说法中错误的是(　　)。
A. 填写票据和结算凭证时，作为收款人的单位和银行的名称应当记载全称或者规范化简称
B. 票据的出票日期必须使用中文大写
C. 阿拉伯小写数字前面，均应填写人民币符号
D. 票据的中文大写日期未按要求规范填写的，银行不予受理

12. 根据我国《税收征收管理法》的规定，下列选项中需要办理税务登记的是(　　)。
A. 从事生产经营的事业单位
B. 无固定生产经营场所的流动性农村小商贩
C. 国家机关
D. 个人

13. 根据支付结算法律制度的规定，非经营性的存款人出租、出借银行结算账户的，给予警告并处以(　　)的罚款。
A. 1 000 元

B. 3 000 元

C. 5 000 元以上 30 000 元以下

D. 10 000 元以上 50 000 元以下

14. 专门用于结算销售货物和提供加工、修理修配劳务使用的发票是（　　）。

A. 增值税专用发票　　B. 普通发票

C. 专业发票　　D. 工业企业产品销售统一发票

15. 纳税人遗失税务登记证件的，应当在（　　）日内书面报告主管税务机关，并登报声明作废。

A. 5　　B. 10

C. 15　　D. 30

16. 甲公司因财务人员张某计算错误，少缴税款 20 000 元，税务机关可以追征税款、滞纳金的时限为（　　）年。

A. 1　　B. 2

C. 3　　D. 5

17. 非居民企业在中国境内未设立机构、场所的，或者虽设立机构、场所但取得的所得与其所设机构、场所没有实际联系的，应当就其来源于中国境内的所得缴纳企业所得税，其适用税率为（　　），现在减按（　　）的税率征收。

A. 20%；10%　　B. 25%；10%

C. 20%；15%　　D. 25%；15%

18. 根据《税收征收管理法》的规定，纳税人因有特殊困难，不能按期缴纳税款的，经省、自治区、直辖市国家税务局、地方税务局批准，可以延期缴纳税款，但最长不超过（　　）。

A. 1 个月　　B. 2 个月

C. 3 个月　　D. 6 个月

19. 根据我国《企业所得税法》的规定，纳税人发生的下列支出中，在计算应纳税所得额时准予扣除的是（　　）。

A. 工商机关所处罚款　　B. 银行加收的罚息

C. 司法机关所处罚金　　D. 税务机关加收的税收滞纳金

20. 张迪退休后取得的收入中，属于免税事项的是(　　)。

A. 退休金 2 000 元

B. 从事技术咨询，获得咨询费 850 元

C. 出版专著，获得稿酬 8 000 元

D. 购买家用电器，参加抽奖获得价值 300 元自行车一辆

二、多项选择题（下列各题中，分别有两个或两个以上的正确答案。本类题共 20 个小题，每小题 2 分，共 40 分。多选、少选或错选均不得分。）

21. 下列属于内部会计监督制度的基本要求有(　　)。

A. 重大经济事项的决策和执行程序应当明确

B. 建立会计档案管理制度

C. 对会计资料定期进行内部审计的办法和程序应当明确

D. 会计事项相关人员的职责权限应明确

22. 会计职业道德修养的环节，包括(　　)。

A. 形成正确的会计职业道德认知

B. 培养高尚的会计职业道德情感

C. 树立坚定的会计职业道德信念

D. 养成良好的会计职业道德行为

23. 按照纳税环节的多少，可将税收课征制度划分为(　　)。

A. 一次课征制度

B. 多次课征制度

C. 单环节课征制度

D. 多环节课征制度《财经法规与会计职业道德》

24. 引起税收法律关系变更的法律事实是(　　)。

A. 由于不可抗力事件致使纳税人难以履行原定的纳税义务

B. 纳税方式的变动

C. 税法的修订

D. 纳税人的财产状况发生变化

25. 根据《人民币银行结算账户管理办法》的规定，下列各项中，属于基本存款账户使用范围的有（　　）。

A. 办理工资的支取

B. 办理日常经营活动的资金收付

C. 办理现金支取

D. 办理奖金的支取

26. 根据规定，对于银行汇票，下列说法正确的有（　　）。

A. 是由出票银行签发的，由其在见票时按照实际结算金额无条件支付给收款人或者持票人的票据

B. 单位和个人各种款项结算，均可使用

C. 出票银行为银行汇票的付款人

D. 申请人和收款人为单位的，不得在“银行汇票申请书”上填明“现金”字样

27. 下列属于我国现行税率的是（　　）。

A. 比例税率　　B. 定额税率

C. 平均税率　　D. 累进税率

28. 在下列各项中，属于注册会计师及其所在的会计师事务所可依法承办的审计业务有（　　）。

A. 审查企业财务会计报告，出具审计报告

B. 验证企业资本，出具验资报告

C. 办理企业合并、分立、清算事宜中的审计业务，出具有关报告

D. 法律、行政法规规定的其他审计业务

29. 下列各情形中，税务机关有权核定应纳税额的是（　　）。

A. 纳税人按税法规定应当设置账簿但未设置账簿的

B. 纳税人虽然设立账簿但账目混乱，难以查账的

C. 纳税人发生纳税义务，未按照规定的期限办理纳税申报，逾期仍不申报的

D. 纳税人曾经有偷税、抗税行为的

30. 按照企业所得税法律制度的规定，下列利息支出中，准予直接扣除

的是(　　)。

A. 企业筹办期间发生的利息支出

B. 购买原材料向金融机构贷款的利息支出

C. 建造的固定资产交付使用后发生的利息支出

D. 购置无形资产期间的利息支出

31. 代理记账人员必须遵守以下(　　)规则。

A. 遵守会计法律和国家统一的会计制度，依法履行职责

B. 对在执行业务过程中知悉的商业秘密负有保密义务

C. 对委托人不合理、不合法、不合规的要求应当拒绝

D. 对委托人提出的有关会计处理原则问题应当予以解释

32. 关于会计制度的制定权限，下列表述正确的有(　　)。

A. 国务院财政部门制定国家统一的会计制度

B. 省级人民政府财政部门制定执行会计制度的具体办法

C. 国务院有关部门对有特殊要求的行业制定实施会计制度的补充规定，报财政部备案

D. 解放军总后勤部制定军队实施会计制度的具体办法，报财政部备案

33. 以下属于会计人员继续教育内容的有(　　)。

A. 会计理论与实务　　B. 管理理论与实务

C. 财务、会计法规制度　　D. 会计职业道德规范

34. 预算单位实行财政直接支付的财政性资金包括(　　)。

A. 工资支出　　C. 物品采购支出

B. 工程采购支出　　D. 服务采购支出

35. 国库单一账户体系的构成包括(　　)。

A. 国库单一账户　　B. 财政部门零余额账户

C. 预算单位零余额账户　　D. 预算外资金账户

36. 票据权利包括(　　)。

A. 提示承兑　　B. 背书转让

C. 提示付款　　D. 行使追索权

37. 下列银行卡中，不计付利息的是(　　)。

A. 贷记卡　　B. 准贷记卡
C. 储蓄卡　　D. 储值卡

38. 关于发票的基本联次说法正确的是(　　)。
A. 第一联是存根联　　B. 第二联是记账联
C. 第二联是发票联　　D. 第一联是记账联

39. 廉洁自律的基本要求是(　　)。
A. 树立正确的人生观和价值观
B. 公私分明，不贪不占
C. 保密守信，不为利益所诱惑
D. 遵纪守法，尽职尽责

40. 政府采购的方式包括(　　)。
A. 竞争性谈判　　B. 单一来源采购
C. 询价　　D. 邀请招标

三、判断题（请在每小题后面的括号内填入判断结果，认为正确的用“√”表示，认为错误的用“×”表示。本类题共20个小题，每小题1分，共20分。判断结果错误、不判断的均不得分。）

41. 根据现行法律规定，《会计法》适用于中华人民共和国境内，包括回归祖国的香港、澳门地区。(　　)

42. 目前我国对卷烟征收的消费税采用从价和从量复合征税的方法。(　　)

43. 各部门预算由本部门所属各单位预算组成，本部门机关经费预算，应当纳入本部门预算。(　　)

44. 实行会计电算化的单位，其会计账簿的登记、更正，也应当符合国家统一的会计制度的规定。(　　)

45. 单位、个人和银行办理支付结算，必须使用财政部统一规定印制的票据和统一规定的结算凭证。(　　)

46. 会计职业道德教育是指为了促使会计人员正确履行会计职能，而对其施行的有目的、有安排、有组织、有结果的道德教育活动。(　　)

47. 在填写票据和结算凭证时，若金额栏内的阿拉伯数字中间连续有几个“0”时，中文大写金额中间也要写相应数量的“零”字。（　）

48. 按征收管理的分工体系进行分类，税收可分为中央税和地方税。（　）

49. 委托加工的应税消费品按从价定率计算组成计税价格公式为：组成计税价格＝材料成本÷（1－比例税率）（　）

50. 政府采购的主体可以是国家机关、事业单位、团体组织和国有企业。（　）

51. 纳税人在办理完停业登记手续后，应当自行封存保管其税务登记证件及副本、发票领购簿、未使用完的发票和其他税务证件，防止丢失。（　）

52. 邮政储蓄机构办理银行卡业务开立的账户纳于个人银行结算账户管理。（　）

53. 财政部门在实施会计监督中发现重大违法嫌疑时，可以向被监督单位开立账户的金融机构查询相关情况。（　）

54. 企业所得税按月或按季预缴的，应当自月份或季度终了之日起 10 日内，向税务机关报送预缴企业所得税纳税申报表，预缴税款。（　）

55. 尚未探明的矿藏资源是会计法律关系的客体。（　）

56. 国家工作人员可兼职从事代理记账业务。（　）

57. 税务机关存发售发票时，应按财政、税务部门核准的收费标准收取发票工本费，并向购票方开具发票。（　）

58. 税务机关应当自收到申报之日起 30 日内审核并发给税务登记证件。（　）

59. 根据《企业所得税法实施条例》的规定，外购商誉的支出，在企业整体转让或者清算时，准予在计算企业应纳税所得额时扣除。（　）

60. 某球员转会国外一家俱乐部，在出境时，税务机关应以其尚未结清应纳税款，又未提供担保为由，通知海关阻止其出境。（　）

四、案例分析题（在每小题备选答案中，有一个或多个正确答案，请将正确答案填入括号内。多选、错选、不选均不得分。本题共 10 题，每小题 2 分，共 20 分。）

61. 新飞公司为一般纳税人，2015 年 3 月发生以下事项。

（1）购入货物取得的增值税专用发票上注明的价款金额是 340 万元，增值税额是 57.8 万元。同时，支付货物运输费用，取得的货运发票上注明的款额是 5 万元。

（2）销售货物，开具的专用发票上注明的销售价款为 640 万元（不含税）；另外，用以旧换新方式向消费者个人销售货物 124 万元（已扣除收购旧货支付的金额 10 万元）。

（3）购买了一批广告性质的礼品，赠送给客户，取得的增值税专用发票上注明的价款是 15 万元。

（4）当月为公司食堂购进两台大冰柜，取得的增值税专用发票上注明的税额是 8 500 元。

假设上述各项购销货物税率均为 17%，购进货物均取得防伪税控系统开具的增值税专用发票，当月通过税务机关认证。支付的运输费按 11%扣除率计算进项税额。

根据以上资料，回答（1）～（5）题。

（1）应计算当期销项税额的销售额包括（　　）。

A. 销售货物开具的增值税专用发票注明的不含税销售额 640 万元

B. 以旧换新方式向消费者个人销售货物 124 万元

C. 以旧换新方式向消费者个人销售货物 124 万元，加上已扣除收购旧货支付的金额 10 万元

D. 购买广告性质的礼品，赠送给客户，取得的增值税专用发票上注明的价款 15 万元

（2）当期销项税额为（　　）万元。

A. 130.82　　B. 108.8

C. 128.27　　D. 95.2

（3）可以抵扣的进项税额包括（　　）。

A. 购进货物取得的专用发票上注明的增值税额

B. 购买礼品的进项税额

C. 购进冰柜用于集体福利的进项税额

D. 支付运费的进项税额

(4) 当期可以抵扣的进项税额为(　　)万元。

A. 57.8　　B. 60.05

C. 58.35　　D. 45.05

(5) 当期应缴纳增值税额为(　　)万元。

A. 70.77　　B. 64.45

C. 54.5　　D. 58.8

62. 大兴外贸公司是一家国有企业，7 月 26 日，经过严格面试，公司招聘了一名出纳小周。小周刚毕业，她是本公司财务部部长老周的女儿。由于小周尚未取得会计从业资格证书，故公司领导要求小周在一年内必须取得该资格证书，否则将予以辞退。

8 月，财务部部长老周根据人员变化及工作需要，对财务部会计岗位进行了变动：原出纳小杨改为从事成本费用核算工作；原总账岗位老刘协助稽核员老李，加强稽核工作。上述变动人员均按规定办理了移交手续，并由老李进行监交。

根据上述资料，回答下列问题。

(1) 从事会计工作的人员，必须取得(　　)。

A. 专科毕业证书　　B. 高中毕业证书

C. 会计从业资格证书　　D. 会计专业资格证书

(2) 关于会计人员回避制度，下列表述不正确的是(　　)。

A. 任何单位任用会计人员均应当实行回避制度

B. 单位领导人的直系亲属不得担任本单位的会计机构负责人、会计主管人员

C. 会计机构负责人、会计主管人员的直系亲属不得在本单位会计机构中担任出纳工作

D. 需要回避的直系亲属包括夫妻关系、直系血亲关系、三代以内旁系血亲以及配偶亲关系

（3）会计工作岗位，可以（　　）。

A. 一人一岗　　B. 一人多岗

C. 一岗多人　　D. 多岗多人

（4）出纳人员不得兼管（　　）。

A. 稽核　　B. 会计档案保管

C. 债权债务账目的登记　　D. 收入、费用的登记

（5）关于“岗位变动”，下列表述正确的有（　　）。

A. 会计人员的工作岗位应当有计划地进行轮换

B. 会计人员的工作岗位不应当进行轮换

C. 一般会计人员交换，由单位会计机构负责人、会计主管人员负责监交

D. 单位岗位变动，派稽核员老李负责监交，是符合规定的

财经法规与会计职业道德全真预测试卷（二）

一、单项选择题（下列各小题备选答案中，只有一个符合题意的正确答案，将你选定的答案填入括号内。每小题1分，共20分。）

1. 下列各项中，属于国家统一的会计制度的是（　　）。

A. 《会计法》　　B. 《企业财务会计报告条例》

C. 《总会计师条例》　　D. 《会计从业资格管理办法》

2. 下列各项中，通过哪类账户可以将资金从一方当事人向另一当事人转移（　　）。

A. 个人结算账户　　B. 银行结算账户

C. 基本存款账户　　D. 一般存款账户

3. 我国税法构成要素中，能够区别不同类型税种的主要标志是（　　）。

A. 纳税人　　B. 征税对象

C. 税率　　D. 纳税期限

4. 根据《会计基础工作规范》和《内部会计控制规范（试行）》的规定，各单位的内部会计监督的主体是（　　）。

A. 本单位的会计机构和会计人员　　B. 本单位的审计机构和会计人员

C. 本单位的会计机构　　D. 本单位的审计机构

5. 通常在税法上规定的纳税地点不包括（　　）。

A. 机构所在地　　B. 经济活动发生地

C. 开户银行所在地　　D. 报关地

6. 下列（　　）支票，既可以用于支取现金，也可以用于转账。

A. 现金　　B. 普通

C. 划线　　D. 特殊

7. 2015年3月20日，税务机关收到纳税人2015年3月18日填报的税务登记表、提供的证件和资料等。税务机关审核完毕的时间应为（　　）。

A. 2015 年 5 月 20 日
B. 2015 年 5 月 18 日
C. 2015 年 4 月 20 日
D. 2015 年 4 月 18 日

8. 纳税人的税务登记内容发生变化的应当依法向原税务登记机关申报办理（　　）。

A. 开业登记
B. 注销后办理开业登记
C. 变更税务登记
D. 注销登记

9. 在我国，各单位的会计机构和会计人员是（　　）。

A. 政府监督的对象
B. 社会监督的对象
C. 单位内部会计监督的主体
D. 单位内部会计监督的对象

10. 各单位采用的会计处理方法，确有必要变更的，应当按照国家统一的会计制度的规定变更，并将（　　）在财务会计报告中说明。

A. 变更的办法
B. 变更的背景
C. 变更的依据
D. 变更的原因、情况及影响

11. 职业道德的特征是职业性、继承性、实践性和（　　）。

A. 教育性
B. 特殊性
C. 强制性
D. 多样性

12. 在下列账目中，出纳人员可以登记的是（　　）。

A. 费用明细账
B. 收入明细账
C. 固定资产明细账
D. 债权债务明细账

13. 下列对编制财务会计报告的表述不正确的是（　　）。

A. 财务会计报告应当依据会计账簿记录和有关会计资料编制
B. 财务会计报告的编制要求、提供对象、提供期限应当符合法定要求
C. 向不同的会计资料使用者提供的财务会计报告，其编制依据应当一致
D. 各单位的财务会计报告在上报有关部门前必须经注册会计师审核签字

14. 个人所得税工资薪金所得项目适用（　　）的税率形式。

A. 比例税率
B. 超额累进税率
C. 定额税率
D. 其他税率

15. 下列选项中与会计职业道德修养的慎微的表述无关的是（　　）。

A. 在微处、小处自律　　B. 积小善成大德
C. 从小事着手，日积月累　　D. 自我反思，自我解剖

16. 根据《税收征收管理法》规定，(　　)可以办理停业、复业登记。
A. 实行定期定额征收方式的个体工商户
B. 实行定期定额征收方式的国有生产性企业
C. 实行定期定额征收方式的生产性事业单位
D. 实行定期定额征收方式的民营生产企业

17. 根据《支付结算办法》的规定，下列各项中，每笔结算起点有金额限制的结算方式是(　　)。
A. 支票　　B. 汇兑
C. 托收承付　　D. 委托收款

18. 在填写票据的出票日期时，下列各项中，将“5 月 20 日”填写正确的是(　　)。
A. 伍月贰拾　　B. 零伍月零贰拾日
C. 零伍月贰拾　　D. 伍月零贰拾日

19. 单位、个人和银行办理支付结算必须使用(　　)。
A. 各开户行印制的票据和结算凭证
B. 财政部统一规定印制的票据和结算凭证
C. 按中国人民银行统一规定印制的票据和结算凭证
D. 国务院税务部门统一规定印制的票据和结算凭证

20. 下列不属于会计工作岗位的是(　　)。
A. 基金核算　　B. 出纳
C. 财产物资核算　　D. 商场收费

二、多项选择题（下列各题中，分别有两个或两个以上的正确答案。本类题共 20 个小题，每小题 2 分，共 40 分。多选、少选或错选均不得分。）

21. 我国会计法规体系可以分为(　　)层次。
A. 会计法律　　B. 会计法规
C. 会计规章　　D. 会计政策

22. 会计人员自我教育与修养的方法包括（　　）。

A. 自我解剖法　　B. 自重自省法

C. 自警自励法　　D. 自律慎独法

23. 以下应该设置会计机构的单位是（　　）。

A. 实行企业化管理的事业单位　　B. 集团公司、股份有限公司

C. 有限责任公司　　D. 业务较多的行政单位

24. 不得领购使用增值税专用发票的有（　　）。

A. 小规模纳税人　　B. 有法定情形的一般纳税人

C. 一般纳税人　　D. 只缴纳营业税的纳税人

25. 下列有关发票印制的规定中，说法正确的是（　　）。

A. 发票应当套印全国统一发票监制章

B. 各省内单位使用的发票，一律在本省内印制

C. 禁止在境外印制发票

D. 增值税专用发票必须由国务院税务主管部门确定的企业印制

26. 银行结算账户管理的基本原则包括（　　）。

A. 一个基本账户

B. 自主选择银行开立银行结算账户

C. 守法合规原则

D. 存款信息保密原则

27. 下列专用存款账户中，不得支取现金的账户为（　　）。

A. 基本建设资金　　B. 单位银行卡账户

C. 财政预算外资金　　D. 党、团、工会经费专用存款

28. 下列有关会计职业道德“廉洁自律”的表述中，正确的有（　　）。

A. 自律的核心就是用道德观念自觉地抵制自己的不良欲望

B. 廉洁自律是会计职业道德的内在要求

C. 只有自身廉洁自律，才能抵制他人的不法行为

D. 会计从业人员的自我约束属于自律

29. 下列关于信用卡的表述中，符合规定的有（　　）。

A. 信用卡仅限于合法持卡人本人使用，持卡人不得出租或转借信用卡

B. 单位卡账户的资金一律从其专用存款账户转账存入

C. 单位卡一律不得支取现金

D. 发卡银行可以根据信用卡申请人的资信程度，要求信用卡申请人提供担保

30. 以下行为属于《会计法》中规定的伪造会计账簿行为的是（　　）。

A. 不按要求登记账簿

B. 根据伪造或者变造的会计凭证填制会计账簿

C. 对内外采用不同的确认标准、计量方法等手段编造虚假的会计账簿

D. 根据虚假的会计账簿记录编制财务会计报告

31. 对存在以下行为的银行，应给予警告、并处以 5 000 元以上 3 万元以下的罚款的有（　　）。

A. 为储蓄账户办理转账结算

B. 违反规定为存款人支付现金或办理现金存入

C. 明知或应知是单位资金，而允许以自然人名称开立账户存储

D. 提供虚假开户申请资料欺骗中国人民银行许可开立基本存款账户、临时存款账户、预算单位专用存款账户

32. 以下属于汇票的相对记载事项的是（　　）。

A. 确定的金额　　B. 出票日期

C. 出票地　　D. 付款日期

33. 下列属于会计工作政府监督部门的是（　　）。

A. 财政部门　　B. 工商部门

C. 税务部门　　D. 审计部门

34. 托收承付的记载事项包括（　　）。

A. 表明“托收承付”的字样　　B. 托收附寄单证张数或册数

C. 合同名称、号码　　D. 收款人签章

35. 下列情况中，税务机关采用核定征收的方式征缴税款的是（　　）。

A. 擅自销毁账簿或者拒不提供纳税资料的

B. 虽设置账簿，但账目混乱

C. 按照规定可以不设置账簿的

D. 纳税人申报的计税依据明显偏低，又无正当理由的

36.《税收征收管理法》规定，非法印制发票的，（　　）。

A. 就地销毁非法印制的发票

B. 没收作案工具

C. 并处1万元以上5万元以下的罚款

D. 构成犯罪的，依法追究刑事责任

37. 下列关于会计档案的表述中，符合《会计档案管理办法》规定的是（　　）。

A. 单位会计档案经本单位会计机构负责人批准后可以对外提供查询

B. 单位会计档案销毁须经单位负责人批准

C. 保管期满但未结清债权债务的原始凭证，不得销毁

D. 正在项目建设期间的建设单位，其保管期满的会计档案不得销毁

38.《会计从业资格管理办法》对因有（　　）被追究刑事责任人员规定终身不得申请会计从业资格。

A. 做假账　　　　B. 故意销毁会计凭证

C. 贪污　　　　D. 职务侵占

39. 下列各项中，纳税主体享有的权利包括（　　）。

A. 及时足额缴纳税款　　　　B. 请求退还多征税款

C. 提起税务行政诉讼　　　　D. 办理税务登记

40. 税务机关依法对纳税人进行税务检查时，发现纳税人有逃避纳税义务的行为，并有明显转移、隐匿其应纳税的商品、货物、其他财产或者应纳税收入迹象的，可以按照批准权限采取（　　）。

A. 书面通知　　　　B. 税收保全措施

C. 暂停营业　　　　D. 强制执行措施

三、判断题（请在每小题后面的括号内填入判断结果，认为正确的用“√”表示，认为错误的用“×”表示。本类题共20个小题，每小题1分，共20分。判断结果错误、不判断的均不得分。）

41. 国务院发布的《财务会计报告条例》的法律地位低于全国人大常委

会通过的《会计法》。（　）

42. 会计工作的好坏除了依赖于会计人员的职业能力因素外，极大地依赖于企业内部控制制度的严密性。（　）

43. 注册会计师审计与内部审计应完全独立。（　）

44. 邀请招标应作为政府采购的主要采购方式。（　）

45. 对于不具备设立预算条件的乡、民族乡、镇，由省、自治区、直辖市政府代为设立预算。（　）

46. 政策性银行、商业银行总行可根据统一的支付结算制度，结合本行情况，制定具体管理实施办法，经董事会批准后执行。（　）

47. 中国注册会计师协会是我国CPA的行业自律组织，对注册会计师进行自律管理和约束。（　）

48. 增值税一般纳税人从事增值税应税行为，一律适用17%的基本税率。（　）

49. 增值税小规模纳税人执行的增值税税率为3%。（　）

50. 纳税人转让土地使用权，以全部收入减去土地使用权购置或受让原价后的余额为营业额。（　）

51. 纳税人转让抵债所得的土地使用权，以全部收入为营业额。（　）

52. 在我国，除高新技术企业所得税税率为15%以外，其他企业所得税税率均为25%。（　）

53. 发票限于领购单位和个人在领购地开具。（　）

54. 欠缴税款数额较大的纳税人不得处分其不动产。（　）

55. 我国现行的消费税中对卷烟、白酒等征收的消费税属于从量税。（　）

56. 实行从价定率征税的应税消费品，其计税依据是不含增值税和消费税的销售额。（　）

57. 刘明下岗后开了一家电子配件零售部，按政策可享受一定期限内的免税优惠，因此不需要办理税务登记。（　）

58. 票据出票日期使用阿拉伯数字或不规范的大写中文的，银行不予受理。（　）

59. 会计人员因违法违纪行为被吊销会计从业资格证书的，自被吊销会

计从业资格证书之日起 3 年内不得重新取得会计从业资格证书。（　　）

60. 发票是确定经营收支行为发生的法定凭证，是会计核算的原始依据，也是税务稽查的重要依据。（　　）

四、案例分析题（在每小题备选答案中，有一个或多个正确答案，请将正确答案填入括号内。多选、错选、不选均不得分。本题共 10 小题，每小题 2 分，共 20 分。）

61. 2015 年 5 月 19 日，顺鑫有限责任公司从亚力公司购进一批货物，同时向亚力公司开具一张支票，用于货款结算。顺鑫公司开具支票时，将付款人名称填写为“顺鑫有限责任公司”，出票日期填写为“伍月拾玖日”，收款人未填写。后经财务部会计周芳核对，发现付款人名称填写有误，周方遂将“金”字改为“鑫”字后直接交给亚力公司。

要求：根据上述资料，回答下列问题。

（1）支票的下列记载事项中，可以授权补记的是（　　）。

A. 收款人名称　　B. 付款人名称

C. 付款地　　D. 出票人签章

（2）在填写票据的出票日期时，（　　）应在其前加“零”；日为拾壹至拾玖的，应在其前面加“壹”。

A. 月为壹拾　　B. 日为壹至玖

C. 日为壹拾、贰拾和叁拾　　D. 月为壹、贰

（3）题目中出票日期填写为“伍月拾玖日”，对此下列表述正确的有（　　）。

A. 票据的出票日期必须使用中文大写

B. 如果票据出票日期使用小写填写的，银行不予受理

C. 该出票日期的填写符合规定

D. 该出票日期的填写不符合规定，应当是伍壹月壹拾玖日

（4）周芳将“毕”字改为“华”字后直接交予弘晖公司，对此下列表述正确的有（　　）。

A. 不符合规定，付款人名称可以更改，更改时应当由原记载人在更改处签章

B. 不符合规定，应当重新开具票据

C. 符合规定

D. 不符合规定，付款人名称不得更改

（5）票据（　　）不得更改，更改的票据无效。

A. 金额　　B. 收款人名称

C. 付款人名称　　D. 出票日期

62. 甲公司 2015 年实现税前收入总额 2 400 万元，其中包括产品销售收入 2 000 万元，国库券利息收入 400 万元。发生各项成本费用共计 1 345 万元，其中：合理的工作薪金总额 800 万元，业务招待费 300 万元，职工福利费 180 万元，职工教育经费 30 万元，工会经费 35 万元。税收滞纳金 10 万元，提取的各项准备金支出 150 万元，均未经税务部门批准，其他成本费用支出均符合税法规定。企业所得税税率为 25%。

要求：根据上述资料，回答下列问题。

（1）根据《企业所得税法》规定，甲公司年度的收入总额为（　　）万元。

A. 2 400　　B. 400

C. 2 000　　D. 9 000

（2）关于业务招待费，下列说法正确的是（　　）。

A. 允许税前扣除的业务招待费为 180 万元

B. 允许税前扣除的业务招待费为 120 万元

C. 超过允许税前扣除的部分的业务招待费，准予在以后纳税年度结转扣除

D. 超过允许税前扣除的部分的业务招待费，不得在以后纳税年度结转扣除

（3）关于职工教育经费和工会经费，下列说法正确的是（　　）。

A. 允许税前扣除的职工教育经费为 30 万元

B. 允许税前扣除的职工教育经费为 20 万元

C. 允许税前扣除的工会经费为 35 万元

D. 允许税前扣除的工会经费为 16 万元

（4）关于税收滞纳金和准备金支出的计算，下列说法错误的是（　　）。

A. 企业缴纳的税收滞纳金 10 万元不得税前扣除

B. 企业缴纳的税收滞纳金可以税前扣除 10 万元

C. 未经税务部门核定的准备金支出不得税前扣除

D. 符合会计准则规定的准备金支出可以税前扣除

（5）关于所得税的计算，下列说说法正确的是（　　）。

A. 甲公司应纳税所得额为 932 万元

B. 甲公司应纳税额为 233 万元

C. 甲公司的应纳所得税为 204 万元

D. 甲公司的应纳税所得额为 800 万元

财经法规与会计职业道德全真预测试卷（一）参考答案及解析

一、单项选择题

1. **【答案及解析】** D 财务会计报告应当根据经过审核的会计账簿记录及相关资料编制。

2. **【答案及解析】** B 会计移交清册属于应当永久保管的会计档案。

3. **【答案及解析】** A 营业税的纳税期限分别为5日、10日、15日、1个月或者1个季度。

4. **【答案及解析】** B 按照国内信用证的办理基本程序，开证行决定受理开证业务时，应向申请人收取不低于开证金额20%的保证金，并可根据申请人资信情况要求其提供抵押、质押或由其他金融机构出具保函。

5. **【答案及解析】** A 国家对会计从业资格取得实行考试制度。

6. **【答案及解析】** A 自行申报纳税的纳税义务人：年所得12万元以上的；从中国境内两处或者两处以上取得工资、薪金所得的；从中国境外取得所得的；取得应税所得，没有扣缴义务人的等。

7. **【答案及解析】** C 在会计核算工作中，经过审核无误、合法的原始凭证才能开始进行账务处理。

8. **【答案及解析】** C 财政部门对有检举线索或者在财政管理工作中发现有违法嫌疑的单位进行重点检查。

9. **【答案及解析】** C 根据税法的相关规定，税务登记包括：开业登记，变更登记，停业、复业登记，注销登记，外出经营报验登记等。

10. **【答案及解析】** A 个体工商户凭营业执照以字号或经营者姓名开立的银行结算账户纳入单位银行结算账户管理。

11.【答案及解析】 D 选项D票据的中文大写日期未按要求规范填写的，银行可予受理，但由此造成的损失的，由出票人自行承担。ABC选项中的说法均正确。

12.【答案及解析】 A 《税收征收管理法》规定，企业、企业在外地设立的分支机构和从事生产经营的场所，个体工商户和从事生产经营的事业单位，均应办理税务登记。前款规定以外的纳税人，除国家机关、个人和无固定生产经营场所的流动性农村小商贩外，也应当办理税务登记。

13.【答案及解析】 A 根据《账户管理办法》规定，出租、出借银行结算账户的，对于非经营性的存款人，给予警告并处以1 000元的罚款；对于经营性的存款人，给予警告并处以10 000元以上30 000元以下的罚款；构成犯罪的，移交司法机关依法追究刑事责任。

14.【答案及解析】 A 发票分为增值税专用发票、普通发票和专业发票三种。增值税专用发票只限于增值税一般纳税人领购使用，从行业划分来讲，它是工业、商业企业用于结算销售货物和加工修理修配劳务使用的发票；普通发票主要由营业税纳税人和增值税小规模纳税人使用，适用于某个行业的经营业务或某一经营项目；专业发票指国有金融、保险企业的存货、汇兑、转账凭证、保险凭证，邮政、电信企业的邮票、邮单、话务、电报收据，国有铁路、民用航空企业和交通部门、国有公路、水上运输企业的客票、货票等。

15.【答案及解析】 C 《税收征收管理法实施细则》第二十条规定，纳税人遗失税务登记证件的，应当在15日内书面报告主管税务机关，并登报声明作废。

16.【答案及解析】 C 《税收征收管理法》第五十二条规定，因纳税人、扣缴义务人计算错误等失误，未缴或者少缴税款的，税务机关在3年内可以追征税款、滞纳金；有特殊情况的，追征期可以延长到5年。

17.【答案及解析】 A 根据《企业所得税法》第三、四条，以及《企业所得税法实施条例》第九十一条的规定，非居民企业在中国境内未设立机构、场所的，或者虽设立机构、场所但取得的所得与其所设机构、场所没有实际联系的，应当就其来源于中国境内的所得缴纳企业所得税。适用税率为20%，现在减按10%的税率征收。

18.**【答案及解析】** C 根据《税收征收管理法》的规定，纳税人因有特殊困难，不能按期缴纳税款的，经省、自治区、直辖市国家税务局、地方税务局批准，可以延期缴纳税款，但是最长不得超过3个月。

19.**【答案及解析】** B 根据《企业所得税法》第十条的规定，罚金、罚款和被没收财物的损失，以及税收滞纳金，在计算企业应纳税所得额时不得扣除。罚息和违约金可以抵扣，因为这不是违法行为引起的，不属于行政性罚款，行政性罚款不允许扣除。

20.**【答案及解析】** A 根据我国税法规定，工资、薪金所得中的基本养老保险费、基本医疗保险费、失业保险费、住房公积金等免税项目，在计算应纳税所得额时不应包含在内。退休金属免税项目。

二、多项选择题

21.**【答案及解析】** ACD 单位内部会计监督制度应当符合下列四项基本要求：①记账人员与经济业务事项和会计事项的审批人员、经办人员、财物保管人员的职责权限应当明确，并相互分离、相互制约；②重大对外投资、资产处置、资金调度和其他重要经济业务事项的决策和执行的相互监督、相互制约程序应当明确；③财产清查的范围、期限和组织程序应当明确；④对会计资料定期进行内部审计的办法和程序应当明确。

22.**【答案及解析】** ABCD 会计职业道德修养的环节，包括A、B、C、D项四个环节。

23.**【答案及解析】** AB 按照纳税环节的多少，可将税收课征制度划分为两类，即一次课征制度和多次课征制度。

24.**【答案及解析】** ACD 引起税收法律关系变更的法律事实是由于不可抗力事件致使纳税人难以履行原定的纳税义务、税法的修订、纳税人的财产状况发生变化等，属于法律事件。

25.**【答案及解析】** ABCD 基本存款账户是存款人因办理日常转账结算和现金收付需要开立的银行结算账户，是存款人的主办账户，存款人日常经营活动的资金收付及其工资、奖金和现金的支取，应通过该账户办理。

26.【答案及解析】 ABCD 根据《支付结算办法》的规定，银行汇票是出票银行签发的，由其在见票时按照实际结算金额无条件支付给收款人或者持票人的票据。银行汇票的出票银行为银行汇票的付款人。单位和个人在异地、同城或统一票据交换区域的各种款项结算，均可使用银行汇票。申请银行汇票时，申请人或收款人为单位的，不得在银行汇票申请书上填明“现金”字样。

27.【答案及解析】 ABD 我国现行税率有三种基本形式，即比例税率、定额税率和累进税率。

28.【答案及解析】 ABCD 注册会计师及其所在的会计师事务所业务范围包括：审查企业财务会计报告，出具审计报告；验证企业资本，出具验资报告；办理企业合并、分立、清算事宜中的审计业务，出具有关报告；法律、行政法规规定的其他审计业务。

29.【答案及解析】 ABC 税务机关有权核定应纳税额的情形包括：①纳税人按税法规定应当设置账簿但未设置账簿的；②纳税人虽然设立账簿但账目混乱，难以查账的；③纳税人发生纳税义务，未按照规定的期限办理纳税申报，逾期仍不申报的等。

30.【答案及解析】 BC 按照企业所得税法律制度的规定，购买原材料向金融机构贷款的利息支出、建造的固定资产交付使用后发生的利息支出准予直接扣除。

31.【答案及解析】 ABCD 代理记账人员必须遵守的规则：①遵守会计法律和国家统一的会计制度，依法履行职责；②对在执行业务过程中知悉的商业秘密负有保密义务；③对委托人不合理、不合法、不合规的要求应当拒绝；④对委托人提出的有关会计处理原则问题应当予以解释。

32.【答案及解析】 AD 关于会计制度的制定权限的规定：①国务院财政部门制定国家统一的会计制度；②国务院有关部门对有特殊要求的行业制定实施会计制度的补充规定，报财政部审核批准；③解放军总后勤部制定军队实施会计制度的具体办法，报财政部备案。

33.【答案及解析】 ACD 会计人员继续教育的内容主要包括：会计理论与实务；财务、会计法规制度；会计职业道德规范；其他相关的知识与法规。

34.【答案及解析】 ABCD 预算单位实行财政直接支付的财政性资金包括工资支出、工程采购支出、物品采购支出、服务采购支出。

35.【答案及解析】 ABCD 本题考查国库单一账户体系的构成。国库单一账户体系的构成包括国库单一账户、财政部门零余额账户、预算单位零余额账户、预算外资金账户、特设专户。

36.【答案及解析】 ACD 票据权利包括提示承兑、提示付款、行使追索权等。

37.【答案及解析】 AB 银行卡中，贷记卡、准贷记卡不计付利息。

38.【答案及解析】 AC 发票的基本联次为三联：第一联是存根联、第二联是发票联、第三联是记账联。

39.【答案及解析】 ABD 廉洁自律的基本要求包括：树立正确的人生观和价值观；公私分明，不贪不占；遵纪守法，尽职尽责。

40.【答案及解析】 ABCD 政府采购采用公开招标；邀请招标；竞争性谈判；单一来源采购；询价；国务院政府采购监督管理部门认定的其他采购方式。

三、判断题

41.【答案及解析】 × 根据现行法律规定，《会计法》不适用于我国香港、澳门特别行政区。

42.【答案及解析】 √ 我国目前对消费税实行从价定率征收和从量定额征收两种征收方式，个别消费品，如香烟、白酒采取从价定率征收和从量定额征收相结合的征收方式。

43.【答案及解析】 √ 各部门预算由本部门所属各单位预算组成，本部门机关经费预算，应当纳入本部门预算。

44.【答案及解析】 √ 实行会计电算化的单位，其会计账簿的登记、更正，也应当符合国家统一的会计制度的规定。

45.【答案及解析】 × 办理银行业务所使用的票据、结算凭证由中国人民银行规定。

46.【答案及解析】 × 会计职业道德教育是指为了促使会计人员正确履行会计职能，而对其施行的有目的、有计划、有组织、有系统的道德教育活动。

47.【答案及解析】 × 在填写票据和结算凭证时，若金额栏内的阿拉伯数字中间连续有几个“0”时，中文大写金额中间可以只写一个“零”字。

48.【答案及解析】 × 按征收管理的分工体系进行分类，税收可分为工商税类和关税类。

49.【答案及解析】 × 组成计税价格＝（材料成本＋加工费）÷（1－比例税率）。

50.【答案及解析】 × 《政府采购法》没有将国有企业纳入政府采购的主体范围。

51.【答案及解析】 × 纳税人在办理完停业登记手续后，税务机关应收存保管其税务登记证件及副本、发票领购簿、未使用完的发票和其他税务证件。

52.【答案及解析】 √ 题中说法正确。

53.【答案及解析】 √ 题中说法正确。

54.【答案及解析】 × 企业所得税按月或按季预缴的，应当自月份或季度终了之日起 15 日内，向税务机关报送预缴企业所得税纳税申报表，预缴税款。

55.【答案及解析】 × 会计法律关系客体中的物是指能够在会计法律关系中充当权利和义务对象的、具有一定经济价值、能够以货币计量的物品。尚未探明的矿藏资源不具有经济价值，不能作为会计法律关系的客体。

56.【答案及解析】 × 代理记账业务必须由具备代理记账资格的机构承接，个人不得承接代理记账业务。国家机关工作人员不得兼职从事代理记账业务。

57.【答案及解析】 × 税务机关在发售发票时，应按财政、物价部门核准的收费标准收取发票工本费，并向购票方开具收据。不涉及税务部门。

58.【答案及解析】 √ 企业在外地设立的分支机构和从事生产、经营的场所，个体工商户和从事生产、经营的事业单位自领取营业执照之日起30日内，持有关证件，向税务机关申报办理税务登记。税务机关应当自收到申报之日起30日内审核并发给税务登记证件。

59.【答案及解析】 √ 根据《企业所得税法实施条例》第七条的规定，外购商誉的支出，在企业整体转让或者清算时，准予扣除。

60.【答案及解析】 √ 根据《税收征收管理法》第四十四条的规定，欠缴税款的纳税人或者他的法定代表人需要出境的，应当在出境前向税务机关结清应纳税款、滞纳金或者提供担保。未结清税款、滞纳金，又不提供担保的，税务机关可以通知出境管理机关阻止其出境。

四、计算分析题

61.（1）【答案及解析】 ACD 当期销项税额计算包括三项：一是销售货物开具的增值税专用发票注明的不含税销售额；二是以旧换新方式销售，不得扣除收购旧货支付的款额，向消费者销售应为含税价，应换算为不含税价格；三是将购买的广告性质的礼品赠送客户，视同销售。

（2）【答案及解析】 A 当期销项税额＝640×17%＋［（124＋10）÷（1＋17%）×17%］＋15×17%＝108.8＋19.47＋2.55＝130.82（万元）。

（3）【答案及解析】 ABD 当期可以抵扣的进项税额包括：一是购进货物取得的专用发票上注明的增值税额；二是支付运费的进项税额；三是购买礼品的进项税额。对于购进冰柜用于集体福利的进项税额不得抵扣。

（4）【答案及解析】 B 当期进项税额＝340×17%＋5×11%＋10×17%＝57.8＋0.55＋1.7＝60.05（万元）。

（5）【答案及解析】 A 当期应纳增值税额＝当期销项税额－当期进项税额＝130.82－60.05＝70.77（万元）。

62.（1）【答案及解析】 C 从事会计工作的人员，必须取得会计从业资格证书。小周尚未取得该证书，故不能从事该公司的会计工作。

（2）**【答案及解析】** A 国家机关、国有企业、事业单位任用会计人员应当实行回避制度。会计机构负责人、会计主管人员的直系亲属不得在本单位会计机构中担任出纳工作。该资料中显示，小周为单位财务机构负责人老周的直系亲属，故按规定不能担任出纳工作。

（3）**【答案及解析】** ABC 会计工作岗位，可以一人一岗、一人多岗或者一岗多人。

（4）**【答案及解析】** ABCD 出纳人员不得兼管稽核、会计档案保管和收入、费用、债权债务账目的登记工作。

（5）**【答案及解析】** AC 会计人员的工作岗位应当有计划地进行轮换。一般会计人员交接，由单位会计机构负责人、会计主管人员负责监交。而该单位派稽核员老袁负责监交，不符合规定。

财经法规与会计职业道德全真预测试卷（二）参考答案及解析

一、单项选择题

1. **【答案及解析】** D 本题考查会计法律制度。国家统一的会计制度，包括会计部门规章和会计规范性文件。选项A属于会计法律，选项B、C属于会计行政法规，只有选项D属于国家统一的会计制度中的会计部门规章。

2. **【答案及解析】** B 银行结算账户是资金从一方当事人向另一方当事人转移的起点和终点，单位和个人之间的人民币转账结算离不开银行结算账户。

3. **【答案及解析】** B 征税对象是指税收法律关系中权利义务所指的对象，不同的征税对象是区别不同税种的重要标志。

4. **【答案及解析】** A 内部会计监督的主体是各单位的会计机构、会计人员；内部会计监督的对象是本单位的经济活动。

5. **【答案及解析】** C 通常在税法上规定的纳税地点主要是机构所在地、经济活动发生地、财产所在地、报关地等。

6. **【答案及解析】** B 普通支票既可以用于支取现金，也可以用于转账。

7. **【答案及解析】** C 税务机关应在收到纳税人填报的税务登记表、提供的证件和资料等之日起30日内审核完毕，颁发税务登记证件。

8. **【答案及解析】** C 纳税人的税务登记内容发生变化的应当依法向原税务登记机关申报办理变更税务登记。

9. **【答案及解析】** C 我国内部会计监督的主体是各单位的会计机构和会计人员。

10. **【答案及解析】** D 《会计法》第18条规定，各单位采用的会计处理方法，前后各期应当一致，不得随意变更；确有必要变更的，应当按照国家统一的会计制度的规定变更，并将变更的原因、情况及影响在财务会计报告中说明。

11.【答案及解析】 D 职业道德是道德具有以下特征：职业性、实践性、继承性、多样性。

12.【答案及解析】 C 本题考查单位会计工作岗位的设置。根据规定，出纳人员不得兼管审核、会计档案保管和收入、费用、债权债务账目的登记工作。

13.【答案及解析】 D 本题考查企业财务会计报告的相关内容。根据规定，财务会计报告须经注册会计师审计的，企业应当将注册会计师及其会计师事务所出具的审计报告随同财务会计报告一并对外提供。但并不是所有的财务会计报告在上报有关部门前都必须经过注册会计师签字。

14.【答案及解析】 B 个人所得税采用的税率形式分别为比例税率和超额累进税率。其中，工资、薪金所得，自 2011 年 9 月 1 日起适用七级超额累进税率，税率为 3%至 45%。

15.【答案及解析】 D 慎微就是指在微处、小处自律，从微处、小处着眼，积小善成大德，其要求从微处自律，从小事着手，从一点一滴的小事做起，日积月累。

16.【答案及解析】 A 根据《税收征收管理法》规定，实行定期定额征收方式的纳税人可以办理停业、复业登记。

17.【答案及解析】 C 根据《支付结算办法》的规定，每笔结算起点有金额限制的结算方式是托收承付。

18.【答案及解析】 D 票据的出票日期大写。在填写月、日时，月为壹、贰和壹拾的，日为壹至玖和壹拾、贰拾和叁拾的，应在其前面加“零”；日为拾壹至拾玖的，应在其前面加“壹”。

19.【答案及解析】 C 单位、个人和银行办理支付结算必须使用按中国人民银行统一规定印制的票据和结算凭证。

20.【答案及解析】 D 档案管理部门管理会计档案、医院门诊收费员、住院处收费员、药房收费员、药品库房记账员、商场收银员、单位内部审计、社会审计、政府审计都不属于会计工作岗位。

二、多项选择题

21.【答案及解析】 ABC 我国会计法规体系可以分为四个层次，即会计法律、会计行政法规、国家统一的会计制度和地方性会计法规。

22.【答案及解析】 ABCD 会计人员自我教育与修养的方法有自我解剖法、自重自省法、自警自励法、自律慎独法等。

23.【答案及解析】 ABCD 实行企业化管理的事业单位、集团公司、股份有限公司、有限责任公司、业务较多的行政单位等，应该设置会计机构。

24.【答案及解析】 ABD 增值税小规模纳税人、只缴纳营业税的纳税人以及有法定情形的一般纳税人不得领购使用增值税专用发票。

25.【答案及解析】 ACD 各省、自治区、直辖市内的单位和个人使用的发票，除增值税专用发票外，应当在本省、自治区、直辖市内印制；确有必要到外省、自治区、直辖市印制的，应当由省、自治区、直辖市税务机关商印制地省、自治区、直辖市税务机关同意，由印制地省、自治区、直辖市税务机关确定的企业印制。

26.【答案及解析】 ABCD 银行结算账户管理的基本原则包括：一个基本账户；自主选择银行开立银行结算账户；守法合规原则；存款信息保密原则。

27.【答案及解析】 BC 本题考查不得支取现金的专用存款账户。根据规定，单位银行卡账户的资金（备用金）必须由其基本存款账户转账存入。该账户不得办理现金收付业务。财政预算外资金、证券交易结算资金、期货交易保证金和信托基金专用存款账户不得支取现金。

28.【答案及解析】 ABCD 会计工作的特点决定了廉洁自律是会计职业道德的内在要求。自律的核心就是用道德观念来自觉地抵制自己的不良欲望。会计人员和会计组织只有首先做到自身廉洁，严格约束自己，才能理直气壮地组织或防止别人侵占集体利益，正确行使会计反映和监督的职责，保证各项经济活动正常进行。自律有两层含义：一是会计行业自律，二是会计从业人员的自我约束。

29.【答案及解析】 ACD 信用卡仅限于合法持卡人本人使用，持卡人不得出租或转借信用卡。单位卡账户的资金应一律从其基本存款账户转账存入，不得交存现金，不得将销货收入的款项存入其账户。单位卡一律不得支取现金。发卡银行可以根据信用卡申请人的资信程度，要求信用卡申请人提供担保。担保方式可采用保证、抵押或质押。

30.【答案及解析】 ABC 根据虚假的会计账簿记录编制财务会计报告属于编制虚假财务会计报告的行为。

31.【答案及解析】 ABD 银行在银行结算账户的开立过程中，有下列行为之一的，给予警告、并处以5 000元以上3万元以下的罚款；对该银行直接负责的高级管理人员、其他直接负责的主管人员、直接责任人员按规定给予纪律处分；情节严重的，中国人民银行有权停止对其开立基本存款账户的核准，责令该银行停业整顿或者吊销经营金融业务许可证；构成犯罪的，移交司法机关依法追究刑事责任：①提供虚假开户申请资料欺骗中国人民银行许可开立基本存款账户、临时存款账户、预算单位专用存款账户。②开立或撤销单位银行结算账户，未按《账户管理办法》规定在其基本存款账户开户登记证上予以登记、签章或通知相关开户银行。③违反规定办理个人银行结算账户转账结算。④为储蓄账户办理转账结算。⑤违反规定为存款人支付现金或办理现金存入。⑥超过期限或未向中国人民银行报送账户开立、变更、撤销等资料。

32.【答案及解析】 CD 出票地和付款日期属于相对记载事项。

33.【答案及解析】 ACD 除财政部门外，审计、税务、人民银行、银行监管、证券监管、保险监管等部门依照有关法律、行政法规规定的职责和权限，可以对有关单位的会计资料实施监督检查。

34.【答案及解析】 托收承付的记载事项包括：①表明“托收承付”的字样；②确定的金额；③付款人名称及账号；④收款人名称及账号；⑤付款人开户银行名称；⑥收款人开户银行名称；⑦托收附寄单证张数或册数；⑧合同名称、号码；⑨委托日期；⑩收款人签章。

35.【答案及解析】 ABCD 税务机关采用核定征收的方式征缴税款的情形包括：①擅自销毁账簿或者拒不提供纳税资料的；②虽设置账簿，但账目混乱的；③按照规定可以不设置账簿的；④纳税人申报的计税依据明显偏低，又无正当理由的等。

36.【答案及解析】 BCD 《税收征收管理法》规定，非法印制发票的，没收作案工具并处1万元以上5万元以下的罚款；构成犯罪的，依法追究刑事责任。

37.【答案及解析】 ABCD 单位会计档案经本单位会计机构负责人批准后可以对外提供查询，单位会计档案销毁须经单位负责人批准，保管期满但未结清债权债务的原始凭证，不得销毁，正在项目建设期间的建设单位，其保管期满的会计档案不得销毁等表述，符合《会计档案管理办法》的规定。

38.【答案及解析】 ABCD 《会计从业资格管理办法》规定，因有提供虚假财务会计报告，做假账，隐匿或者故意销毁会计凭证、会计账簿、财务会计报告，贪污，挪用公款，职务侵占等与会计职务有关的违法行为被依法追究刑事责任的人员。不得取得或者重新取得会计从业资格证书。

39.【答案及解析】 BC 请求退还多征税款和提起税务行政诉讼属于纳税主体享有的权利内容。

40.【答案及解析】 BD 税务机关依法对纳税人进行税务检查时，发现纳税人有逃避纳税义务的行为，并有明显转移、隐匿其应纳税的商品、货物、其他财产或者应纳税收入迹象的，可以按照批准权限采取税收保全措施或者强制执行措施。

三、判 断 题

41.【答案及解析】 √ 全国人大常委会是我国最高权力机关，是全国人民代表大会的权力行使机构，因此其制定的法律的效力要比国务院发布的法律要高。

42.【答案及解析】 × 会计工作的好坏除了依赖于会计人员的职业能力因素和依赖于企业内部控制制度的严密性外，会计人员的职业道德水平也极大地影响着会计工作质量的高低。

43.【答案及解析】 × 注册会计师审计中可能会涉及内部审计成果的利用，因而不可能完全独立。

44.【答案及解析】 × 公开招标是政府采购的主要方式。

45.【答案及解析】 × 对于不具备设立预算条件的乡、民族乡、镇，经省、自治区、直辖市政府确定，可以暂不设立预算。

46.【答案及解析】 × 政策性银行、商业银行总行可根据统一的支付结算制度，结合本行情况，制定具体管理实施办法，报经中国人民银行总行批准后执行，并负责组织、管理、协调本行内分支机构之间的支付结算纠纷。

47.【答案及解析】 √ 中国注册会计师协会是我国 CPA 的行业自律组织，对注册会计师进行管理和约束。

48.【答案及解析】 × 增值税中对于一些基本生活必需品，像粮食、图书等是适用低税率 13％的。

49.【答案及解析】 × 增值税小规模纳税人执行的增值税征收率为 3％。

50.【答案及解析】 √ 纳税人转让土地使用权，以全部收入减去土地使用权购置或受让原价后的余额为营业额。

51.【答案及解析】 × 纳税人转让抵债所得的土地使用权，以全部收入减去抵债时该项土地使用权作价后的余额为营业额。

52.【答案及解析】 × 高新技术企业计算所得税时适用 15％的低税率。

53.【答案及解析】 √ 发票限于领购单位和个人在领购地开具。

54.【答案及解析】 ×《税收征管法》第 49 条规定，欠缴税款数额较大的纳税人在处分其不动产或者大额资产之前，应当向税务机关报告。

55.【答案及解析】 × 复合税是指对征税对象采用从价和从量相结合的计税方法征收的一种税，如我国现行的消费税中对卷烟、白酒等征收的消费税。

56.【答案及解析】 × 实行从价定率征税的应税消费品，其计税依据是含消费税而不含增值税的销售额。

57.【答案及解析】 × 《税务登记管理办法》规定，凡有法律、法规规定的应税收入、应税财产或应税行为的各类纳税人，均应当按照《税务登记管理办法》的有关规定办理税务登记。个体工商户和从事生产经营的事业单位，均应当办理税务登记。

58.【答案及解析】 × 大写日期未按要求规范填写的，银行可予受理，但由此造成损失的，由出票人自行承担。

59.【答案及解析】 × 会计人员因违法违纪行为被吊销会计从业资格证书的，自被吊销会计从业资格之日起5年内不得重新取得会计从业资格证书。

60.【答案及解析】 √ 发票是指一切单位和个人在购销商品、提供劳务或接受劳务、服务以及从事其他经营活动，所提供给对方的收付款的书面证明，是财务收支的法定凭证，是会计核算的原始依据，也是审计机关、税务机关执法检查的重要依据。

四、案例分析题

61.（1）【答案及解析】 A 根据规定，支票上有两种事项是可以授权补记的，支票的金额和收款人名称。

（2）【答案及解析】 ABCD 在填写月、日时，月为壹、贰和壹拾的，日为壹至玖和壹拾、贰拾和叁拾的，应在其前加“零”；日为拾壹至拾玖的，应在其前面加“壹”。

（3）【答案及解析】 ABD 正确的填写格式应为：伍月壹拾玖日。

（4）【答案及解析】 A 根据票据法律制度的规定，票据上的付款人名称可以更改，更改时应当由原记载人在更改处签章。

（5）【答案及解析】 ABD 票据金额、出票日期、收款人名称不得更改，更改的票据无效。

62.（1）【答案及解析】 A 本题考查企业所得税。企业的收入总额包括以货币形式和非货币形式取得的收入。

（2）【答案及解析】 BD 本题考查企业所得税。企业发生的与生产经营有关的业务招待费支出，按照发生金额的60%扣除，但最高不得超过当年销售（营业）收入的5‰。业务招待费的扣除：实际发生300万元，300×60%＝180（万元），2 400×5‰＝120（万元），所以税前只能扣除120万元。

（3）【答案及解析】 BD 本题考查企业所得税。企业拨缴的工会经费，不超过工资薪金总额的2%的部分准予扣除，除国务院财政、税务主管部门另有规定外，企业发生职工教育经费支出，不超过工资薪金总额2.5％的部分准予扣除，超过部分准予结转以后纳税年度扣除。职工教育经费和工会经费的扣除：实际发生30万元和35万元，扣除限额为：800×2.5％＝20（万元），800×2％＝16（万元），所以税前只能扣除20万元和16万元。

（4）**【答案及解析】** BD 本题考查企业所得税。企业缴纳的税收滞纳金和未经核定的准备金支出（是指不符合国务院财政、税务主管部门规定的各项资产减值准备、风险准备等准备金支出）是不得扣除的项目。

（5）**【答案及解析】** AB 本题考核企业所得税的计算。职工福利费的扣除：实际发生180万元，扣除限额为：800×14％＝112（万元），所以税前只能扣除112万元。企业所得税的所得额＝（2 400－1 345－10－150）（利润总额）＋（300－120）＋（180－112）＋（30－20）＋（35－16）＋10＋150（纳税调整增加额）－400（纳税调整减少额）＝932（万元），应纳所得税＝932×25％＝233（万元）。

附　录

中华人民共和国会计法

（1985 年 1 月 21 日第六届全国人民代表大会常务委员会第九次会议通过 1993 年 12 月 29 日 第八届全国人民代表大会常务委员会第五次会议修正 1999 年 10 月 31 日 第九届全国人民代表大会常务委员会第十二次会议修订）

第一章　总　　则

第一条　为了规范会计行为，保证会计资料真实、完整，加强经济管理和财务管理，提高经济效益，维护社会主义市场经济秩序，制订本法。

第二条　国家机关、社会团体、公司、企业、事业单位和其他组织（以下统称单位）必须依照本法办理会计事务。

第三条　各单位必须依法设置会计账簿，并保证其真实、完整。

第四条　单位负责人对本单位的会计工作和会计资料的真实性、完整性负责。

第五条　会计机构、会计人员依照本法规定进行会计核算，实行会计监督。

任何单位或者个人不得以任何方式授意、指使、强令会计机构、会计人员伪造、变造会计凭证、会计账簿和其他会计资料，提供虚假财务报表。任何单位或者个人不得对依法履行职责、抵制违反本法规定行为的会计人员实行打击报复。

第六条　对认真执行本法，忠于职守，坚持原则，做出显著成绩的会计人员，给予精神的或者物质的奖励。

第七条　国务院财政部门主管全国的会计工作。县级以上地方各级人民政府财政部门管理本行政区域内的会计工作。

第八条　国家实行统一的会计制度。国家统一的会计制度由国务院财政部门根据本法制定并公布。国务院有关部门可以依照本法和国家统一的会计制度制定对会计核算和会计监督有特殊要求的行业实施国家统一的会计制度的具体办法或者补充规定，报国务院财政部门审核批准。中国人民解放军总后勤部可以依照本法和国家统一的会计制度制定军队实施国家统一的会计制度的具体办法，报国务院财政部门备案。

第二章　会计核算

第九条　各单位必须根据实际发生的经济业务事项进行会计核算，填制会计凭证，登记会计账簿，编制财务报表。任何单位不得以虚假的经济业务事项或者资料进行会计核算。

第十条　下列经济业务事项，应当办理会计手续，进行会计核算：

（一）款项和有价证券的收付；

（二）财物的收发、增减和使用；

（三）债权债务的发生和结算；

（四）资本、基金的增减；

（五）收入、支出、费用、成本的计算；

（六）财务成果的计算和处理；

（七）需要办理会计手续、进行会计核算的其他事项。

第十一条　会计年度自公历 1 月 1 日起至 12 月 31 日止。

第十二条　会计核算以人民币为记账本位币。业务收支以人民币以外的货币为主的单位，可以选定其中一种货币作为记账本位币，但是编报的财务报表应当折算为人民币。

第十三条 会计凭证、会计账簿、财务报表和其他会计资料，必须符合国家统一的会计制度的规定。使用电子计算机进行会计核算的，其软件及其生成的会计凭证、会计账簿、财务报表和其他会计资料，也必须符合国家统一的会计制度的规定。任何单位和个人不得伪造、变造会计凭证、会计账簿及其他会计资料，不得提供虚假的财务报表。

第十四条 会计凭证包括原始凭证和记账凭证。办理本法第十条所列的经济业务事项，必须填制或者取得原始凭证并及时送交会计机构。会计机构、会计人员必须按照国家统一的会计制度的规定对原始凭证进行审核，对不真实、不合法的原始凭证有权不予接受，并向单位负责人报告；对记载不准确、不完整的原始凭证予以退回，并要求按照国家统一的会计制度的规定更正、补充。原始凭证记载的各项内容均不得涂改；原始凭证有错误的，应当由出具单位重开或者更正，更正处应当加盖出具单位印章。原始凭证金额有错误的，应当由出具单位重开，不得在原始凭证上更正。记账凭证应当根据经过审核的原始凭证及有关资料编制。

第十五条 会计账簿登记，必须以经过审核的会计凭证为依据，并符合有关法律、行政法规和国家统一的会计制度的规定。会计账簿包括总账、明细账、日记账和其他辅助性账簿。会计账簿应当按照连续编号的页码顺序登记。会计账簿记录发生错误或者隔页、缺号、跳行的，应当按照国家统一的会计制度规定的方法更正，并由会计人员和会计机构负责人(会计主管人员)在更正处盖章。使用电子计算机进行会计核算的，其会计账簿的登记、更正，应当符合国家统一的会计制度的规定。

第十六条 各单位发生的各项经济业务事项应当在依法设置的会计账簿上统一登记、核算，不得违反本法和国家统一的会计制度的规定私设会计账簿登记、核算。

第十七条 各单位应当定期将会计账簿记录与实物、款项及有关资料相互核对，保证会计账簿记录与实物及款项的实有数额相符、会计账簿记录与会计凭证的有关内容相符、会计账簿之间相对应的记录相符、会计账簿记录与会计报表的有关内容相符。

第十八条 各单位采用的会计处理方法，前后各期应当一致，不得随意变更；确有必要变更的，应当按照国家统一的会计制度的规定变更，并将变更的原因、情况及影响在财务报表中说明。

第十九条 单位提供的担保、未决诉讼等或有事项，应当按照国家统一的会计制度的规定，在财务报表中予以说明。

第二十条 财务报表应当根据经过审核的会计账簿记录和有关资料编制，并符合本法和国家统一的会计制度关于财务报表的编制要求、提供对象和提供期限的规定；其他法律、行政法规另有规定的，从其规定。财务报表由会计报表、会计报表附注和财务情况说明书组成。向不同的会计资料使用者提供的财务报表，其编制依据应当一致。有关法律、行政法规规定会计报表、会计报表附注和财务情况说明书须经注册会计师审计的，注册会计师及其所在的会计师事务所出具的审计报告应当随同财务报表一并提供。

第二十一条 财务报表应当由单位负责人和主管会计工作的负责人、会计机构负责人(会计主管人员)签名并盖章；设置总会计师的单位，还须由总会计师签名并盖章。单位负责人应当保证财务报表真实、完整。

第二十二条 会计记录的文字应当使用中文。在民族自治地方，会计记录可以同时使用当地通用的一种民族文字。在中华人民共和国境内的外商投资企业、外国企业和其他外国组织的会计记录可以同时使用一种外国文字。

第二十三条 各单位对会计凭证、会计账簿、财务报表和其他会计资料应当建立档案，妥善保管。会计档案的保管期限和销毁办法，由国务院财政部门会同有关部门制定。

第三章 公司、企业会计核算的特别规定

第二十四条 公司、企业进行会计核算，除应当遵守本法第二章的规定外，还应当遵守本章规定。

第二十五条 公司、企业必须根据实际发生的经济业务事项，按照国家统一的会计制度的规定确认、计量和记录资产、负债、所有者权

益、收入、费用、成本和利润。

第二十六条 公司、企业进行会计核算不得有下列行为：

（一）随意改变资产、负债、所有者权益的确认标准或者计量方法，虚列、多列、不列或者少列资产、负债、所有者权益；

（二）虚列或者隐瞒收入，推迟或者提前确认收入；

（三）随意改变费用、成本的确认标准或者计量方法，虚列、多列、不列或者少列费用、成本；

（四）随意调整利润的计算、分配方法，编造虚假利润或者隐瞒利润；

（五）违反国家统一的会计制度规定的其他行为。

第四章 会计监督

第二十七条 各单位应当建立、健全本单位内部会计监督制度。单位内部会计督制度应当符合下列要求：

（一）记账人员与经济业务事项和会计事项的审批人员、经办人员、财物保管人员的职责权限应当明确，并相互分离、相互制约；

（二）重大对外投资、资产处置、资金调度和其他重要经济业务事项的决策和执行的相互监督、相互制约程序应当明确；

（三）财产清查的范围、期限和组织程序应当明确；

（四）对会计资料定期进行内部审计的办法和程序应当明确。

第二十八条 单位负责人应当保证会计机构、会计人员依法履行职责，不得授意、指使、强令会计机构、会计人员违法办理会计事项。会计机构、会计人员对违反本法和国家统一的会计制度规定的会计事项，有权拒绝办理或者按照职权予以纠正。

第二十九条 会计机构、会计人员发现会计账簿记录与实物、款项及有关资料不相符的，按照国家统一的会计制度的规定有权自行处理的，应当及时处理；无权处理的，应当立即向单位负责人报告，请求查明原因，作出处理。

第三十条 任何单位和个人对违反本法和国家统一的会计制度规定的行为，有权检举。收到检举的部门有权处理的，应当依法按照职责分工及时处理；无权处理的，应当及时移送有权处理的部门处理。收到检举的部门、负责处理的部门应当为检举人保密，不得将检举人姓名和检举材料转给被检举单位和被检举人个人。

第三十一条　有关法律、行政法规规定，须经注册会计师进行审计的单位，应当向受委托的会计师事务所如实提供会计凭证、会计账簿、财务报表和其他会计资料及有关情况。任何单位或者个人不得以任何方式要求或者示意注册会计师及其所在的会计师事务所出具不实或者不当的审计报告。财政部门有权对会计师事务所出具审计报告的程序和内容进行监督。

第三十二条　财政部门对各单位的下列情况实施监督：

（一）是否依法设置会计账簿；

（二）会计凭证、会计账簿、财务报表和其他会计资料是否真实、完整；

（三）会计核算是否符合本法和国家统一的会计制度的规定；

（四）从事会计工作的人员是否具备从业资格。

在对前款第（二）项所列事项实施监督，发现重大违法嫌疑时，国务院财政部门及其派出机构可以向与被监督单位有经济业务往来的单位和被监督单位开立账户的金融机构查询有关情况，有关单位和金融机构应当给予支持。

第三十三条　财政、审计、税务、人民银行、证券监管、保险监管等部门应当依照有关法律、行政法规规定的职责，对有关单位的会计资料实施监督检查。前款所列监督检查部门对有关单位的会计资料依法实施监督检查后，应当出具检查结论。有关监督检查部门已经作出的检查结论能够满足其他监督检查部门履行本部门职责需要的，其他监督检查部门应当加以利用，避免重复查账。

第三十四条　依法对有关单位的会计资料实施监督检查的部门及其工作人员对在监督检查中知悉的国家秘密和商业秘密负有保密义务。

第三十五条　各单位必须依照有关法律、行政法规的规定，接受有关监督检查部门依法实施的监督检查，如实提供会计凭证、会计账簿、财务报表和其他会计资料及有关情况，不得拒绝、隐匿、谎报。

第五章　会计机构和会计人员

第三十六条　各单位应当根据会计业务的需要，设置会计机构，或者在有关机构中设置会计人员并指定会计主管人员；不具备设置条件的，应当委托经批准设立从事会计代理记账业务的中介机构代理记账。国有的和国有资产占控股地位或者主导地位的大、中型企业必须设置总会计师。总会计师的任职资格、任免程序、职责权限由国务院规定。

第三十七条　会计机构内部应当建立稽核制度。出纳人员不得兼任稽核、会计档案保管和收入、支出、费用、债权债务账目的登记工作。

第三十八条　从事会计工作的人员，必须取得会计从业资格证书。担任单位会计机构负责人(会计主管人员)的，除取得会计从业资格证书外，还应当具备会计师以上专业技术职务资格或者从事会计工作三年以上经历。会计人员从业资格管理办法由国务院财政部门规定。

第三十九条　会计人员应当遵守职业道德，提高业务素质。对会计人员的教育和培训工作应当加强。

第四十条　因有提供虚假财务报表，做假账，隐匿或者故意销毁会计凭证、会计账簿、财务报表，贪污，挪用公款，职务侵占等与会计职务有关的违法行为被依法追究刑事责任的人员，不得取得或者重新取得会计从业资格证书。除前款规定的人员外，因违法违纪行为被吊销会计从业资格证书的人员，自被吊销会计从业资格证书之日起五年内，不得重新取得会计从业资格证书。

第四十一条　会计人员调动工作或者离职，必须与接管人员办清交接手续。一般会计人员办理交接手续，由会计机构负责人(会计主管人员)监交；会计机构负责人(会计主管人员)办理交接手续，由单位负责人监交，必要时主管单位可以派人会同监交。

第六章　法律责任

第四十二条　违反本法规定，有下列行为之一的，由县级以上人民政府财政部门责令限期改正，可以对单位并处三千元以上五万元以下的罚款；对其直接负责的主管人员和其他直接责任人员，可以处两千元以上两万元以下的罚款；属于国家工作人员的，还应当由其所在单位或者有关单位依法给予行政处分：

（一）不依法设置会计账簿的；

（二）私设会计账簿的；

（三）未按照规定填制、取得原始凭证或者填制、取得的原始凭证不符合规定的；

（四）以未经审核的会计凭证为依据登记会计账簿或者登记会计账簿不符合规定的；

（五）随意变更会计处理方法的；

（六）向不同的会计资料使用者提供的财务报表编制依据不一致的；

（七）未按照规定使用会计记录文字或者记账本位币的；

（八）未按照规定保管会计资料，致使会计资料毁损、灭失的；

（九）未按照规定建立并实施单位内部会计监督制度或者拒绝依法实施的监督或者不如实提供有关会计资料及有关情况的；

（十）任用会计人员不符合本法规定的。

有前款所列行为之一，构成犯罪的，依法追究刑事责任。

会计人员有第一款所列行为之一，情节严重的，由县级以上人民政府财政部门吊销会计从业资格证书。有关法律对第一款所列行为的处罚另有规定的，依照有关法律的规定办理。

第四十三条　伪造、变造会计凭证、会计账簿，编制虚假财务报表，构成犯罪的，依法追究刑事责任。有前款行为，尚不构成犯罪的，由县级以上人民政府财政部门予以通报，可以对单位并处五千元以上十万元以下的罚款；对其直接负责的主管人员和其他直接责任人员，可以处三千元以上五万元以下的罚款；属于国家工作人员的，还应当由其所在单位或者有关单位依法给予撤职直至开除的行政处分；对其中的会计人员，并由县级以上人民政府财政部门吊销会计从业资格证书。

第四十四条　隐匿或者故意销毁依法应当保存的会计凭证、会计账簿、财务报表，构成犯罪的，依法追究刑事责任。有前款行为，尚不构成犯罪的，由县级以上人民政府财政部门予以通报，可以对单位并处五千元以上十万元以下的罚款；对其直接负责的主管人员和其他直接责任人员，可以处三千元以上五万元以下的罚款；属于国家工作人员的，还应当由其所在单位或者有关单位依法给予撤职直至开除的行政处分；对其中的会计人员，并由县级以上人民政府财政部门吊销会计从业资格证书。

第四十五条 授意、指使、强令会计机构、会计人员及其他人员伪造、变造会计凭证、会计账簿，编制虚假财务报表或者隐匿、故意销毁依法应当保存的会计凭证、会计账簿、财务报表，构成犯罪的，依法追究刑事责任；尚不构成犯罪的，可以处五千元以上五万元以下的罚款；属于国家工作人员的，还应当由其所在单位或者有关单位依法给予降级、撤职、开除的行政处分。

第四十六条 单位负责人对依法履行职责、抵制违反本法规定行为的会计人员以降级、撤职、调离工作岗位、解聘或者开除等方式实行打击报复，构成犯罪的，依法追究刑事责任；尚不构成犯罪的，由其所在单位或者有关单位依法给予行政处分。对受打击报复的会计人员，应当恢复其名誉和原有职务、级别。

第四十七条 财政部门及有关行政部门的工作人员在实施监督管理中滥用职权、玩忽职守、徇私舞弊或者泄露国家秘密、商业秘密，构成犯罪的，依法追究刑事责任；尚不构成犯罪的，依法给予行政处分。

第四十八条 违反本法第三十条规定，将检举人姓名和检举材料转给被检举单位和被检举人个人的，由所在单位或者有关单位依法给予行政处分。

第四十九条 违反本法规定，同时违反其他法律规定的，由有关部门在各自职权范围内依法进行处罚。

第七章 附 则

第五十条 本法下列用语的含义：单位负责人，是指单位法定代表人或者法律、行政法规规定代表单位行使职权的主要负责人。国家统一的会计制度，是指国务院财政部门根据本法制定的关于会计核算、会计监督、会计机构和会计人员以及会计工作管理的制度。

第五十一条 个体工商户会计管理的具体办法，由国务院财政部门根据本法的原则另行规定。

第五十二条 本法自 2000 年 7 月 1 日起施行。

中华人民共和国税收征收管理法

（2001 年 4 月 28 日第九届全国人民代表大会常务委员会第二十一次会议修订）

第一章 总 则

第一条 为了加强税收征收管理，规范税收征收和缴纳行为，保障国家税收收入，保护纳税人的合法权益，促进经济和社会发展，制定本法。

第二条 凡依法由税务机关征收的各种税收的征收管理，均适用本法。

第三条 税收的开征、停征以及减税、免税、退税、补税，依照法律的规定执行；法律授权国务院规定的，依照国务院制定的行政法规的规定执行。

任何机关、单位和个人不得违反法律、行政法规的规定，擅自作出税收开征、停征以及减税、免税、退税、补税和其他同税收法律、行政法规相抵触的决定。

第四条 法律、行政法规规定负有纳税义务的单位和个人为纳税人。

法律、行政法规规定负有代扣代缴、代收代缴税款义务的单位和个人为扣缴义务人。

纳税人、扣缴义务人必须依照法律、行政法规的规定缴纳税款、代扣代缴、代收代缴税款。

第五条 国务院税务主管部门主管全国税收征收管理工作。各地国家税务局和地方税务局应当按照国务院规定的税收征收管理范围分别进行征收管理。

地方各级人民政府应当依法加强对本行政区域内税收征收管理工作的领导或者协调，支持税务机关依法执行职务，依照法定税率计算税额，依法征收税款。

各有关部门和单位应当支持、协助税务机关依法执行职务。

税务机关依法执行职务，任何单位和个人不得阻挠。

第六条 国家有计划地用现代信息技术装备各级税务机关，加强税收征收管理信息系统的现代化建设，建立、健全税务机关与政府其他管理机关的信息共享制度。

纳税人、扣缴义务人和其他有关单位应当按照国家有关规定如实向税务机关提供与纳税和代扣代缴、代收代缴税款有关的信息。

第七条 税务机关应当广泛宣传税收法律、行政法规，普及纳税知识，无偿地为纳税人提供纳税咨询服务。

第八条 纳税人、扣缴义务人有权向税务机关了解国家税收法律、行政法规的规定及与纳税程序有关的情况。

纳税人、扣缴义务人有权要求税务机关为纳税人、扣缴义务人的情况保密。税务机关应当依法为纳税人、扣缴义务人的情况保密。

纳税人依法享有申请减税、免税、退税的权利。

纳税人、扣缴义务人对税务机关所作出的决定，享有陈述权、申辩权；依法享有申请行政复议、提起行政诉讼、请求国家赔偿等权利。

纳税人、扣缴义务人有权控告和检举税务机关、税务人员的违法违纪行为。

第九条 税务机关应当加强队伍建设，提高税务人员的政治业务素质。

税务机关、税务人员必须秉公执法、忠于职守、清正廉洁、礼貌待人、文明服务，尊重和保护纳税人、扣缴义务人的权利，依法接受监督。

税务人员不得索贿受贿、徇私舞弊、玩忽职守、不征或者少征应征税款；不得滥用职权多征税款或者故意刁难纳税人和扣缴义务人。

第十条 各级税务机关应当建立、健全内部制约和监督管理制度。

上级税务机关应当对下级税务机关的执法活动依法进行监督。

各级税务机关应当对其工作人员执行法律、行政法规和廉洁自律准则的情况进行监督检查。

第十一条 税务机关负责征收、管理、稽查、行政复议的人员的职责应当明确，并相互分离、相互制约。

第十二条 税务人员征收税款和查处税收违法案件，与纳税人、扣缴义务人或者税收违法案件有利害关系的，应当回避。

第十三条　任何单位和个人都有权检举违反税收法律、行政法规的行为。收到检举的机关和负责查处的机关应当为检举人保密。税务机关应当按照规定给予奖励。

第十四条　本法所称税务机关是指各级税务局、税务分局、税务所和按照国务院规定设立的并向社会公告的税务机构。

第二章　税务管理

第一节　税务登记

第十五条　企业，企业在外地设立的分支机构和从事生产、经营的场所，个体工商户和从事生产、经营的事业单位（以下统称从事生产、经营的纳税人）自领取营业执照之日起三十日内，持有关证件，向税务机关申报办理税务登记。税务机关应当自收到申报之日起三十日内审核并发给税务登记证件。

工商行政管理机关应当将办理登记注册、核发营业执照的情况，定期向税务机关通报。

本条第一款规定以外的纳税人办理税务登记和扣缴义务人办理扣缴税款登记的范围和办法，由国务院规定。

第十六条　从事生产、经营的纳税人，税务登记内容发生变化的，自工商行政管理机关办理变更登记之日起三十日内或者在向工商行政管理机关申请办理注销登记之前，持有关证件向税务机关申报办理变更或者注销税务登记。

第十七条　从事生产、经营的纳税人应当按照国家有关规定，持税务登记证件，在银行或者其他金融机构开立基本存款账户和其他存款账户，并将其全部账号向税务机关报告。

银行和其他金融机构应当在从事生产、经营的纳税人的账户中登录税务登记证件号码，并在税务登记证件中登录从事生产、经营的纳税人的账户账号。

税务机关依法查询从事生产、经营的纳税人开立账户的情况时，有关银行和其他金融机构应当予以协助。

第十八条　纳税人按照国务院税务主管部门的规定使用税务登记证

件。税务登记证件不得转借、涂改、损毁、买卖或者伪造。

第二节 账簿、凭证管理

第十九条 纳税人、扣缴义务人按照有关规律、行政法规和国务院财政、税务主管部门的规定设置账簿，根据合法、有效凭证记账，进行核算。

第二十条 从事生产、经营的纳税人的财务、会计制度或者财务、会计处理办法和会计核算软件，应当报送税务机关备案。

纳税人、扣缴义务人的财务、会计制度或者财务、会计处理办法与国务院或者国务院财政、税务主管部门有关税收的规定抵触的，依照国务院或者国务院财政、税务主管部门有关税收的规定计算应纳税款、代扣代缴和代收代缴税款。

第二十一条 税务机关是发票的主管机关，负责发票印制、领购、开具、取得、保管、缴销的管理和监督。

单位、个人在购销商品、提供或者接受经营服务以及从事其他经营活动中，应当按照规定开具、使用、取得发票。

发票的管理办法由国务院规定。

第二十二条 增值税专用发票由国务院税务主管部门指定的企业印制；其他发票，按照国务院税务主管部门的规定，分别由省、自治区、直辖市国家税务局、地方税务局指定企业印制。

未经前款规定的税务机关指定，不得印制发票。

第二十三条 国家根据税收征收管理的需要，积极推广使用税控装置。纳税人应当按照规定安装、使用税控装置，不得损毁或者擅自改动税控装置。

第二十四条 从事生产、经营的纳税人，扣缴义务人必须按照国务院财政、税务主管部门规定的保管期限保管账簿、记账凭证、完税凭证及其他有关资料。

账簿、记账凭证、完税凭证及其他有关资料不得伪造、变造或者擅自损毁。

第三节 纳税申报

第二十五条 纳税人必须依照法律、行政法规规定或者税务机关依照法律、行政法规的规定确定的申报期限、申报内容如实办理纳税申报，报送纳税申报表、财务会计报表以及税务机关根据实际需要要求纳税人报送的其他纳税资料。

扣缴义务人必须依照法律、行政法规规定或者税务机关依照法律、行政法规的规定确定的申报期限、申报内容如实报送代扣代缴、代收代缴税款报告表以及税务机关根据实际需要要求扣缴义务人报送的其他有关资料。

第二十六条　纳税人、扣缴义务人可以直接到税务机关办理纳税申报或者报送代扣代缴、代收代缴税款报告表，也可以按照规定采取邮寄、数据电文或者其他方式办理上述申报、报送事项。

第二十七条　纳税人、扣缴义务人不能按期办理纳税申报或者报送代扣代缴、代收代缴税款报告表的，经税务机关核准，可以延期申报。

经核准延期办理前款规定的申报、报送事项的，应当在纳税期内按照上期实际缴纳的税额或者税务机关核定的税额预缴税款，并在核准的延期内办理税款结算。

第三章　税款征收

第二十八条　税务机关依照法律、行政法规的规定征收税款，不得违反法律、行政法规的规定开征、停征、多征、少征、提前征收、延缓征收或者摊派税款。

农业税应纳税额按照法律、行政法规的规定核定。

第二十九条　除税务机关、税务人员以及经税务机关依照法律、行政法规委托的单位和人员外，任何单位和个人不得进行税款征收活动。

第三十条　扣缴义务人依照法律、行政法规的规定履行代扣、代收税款的义务。对法律、行政法规没有规定负有代扣、代收税款义务的单位和个人，税务机关不得要求其履行代扣、代收税款义务。

扣缴义务人依法履行代扣、代收税款义务时，纳税人不得拒绝。纳税人拒绝的，扣缴义务人应当及时报告税务机关处理。

税务机关按照规定付给扣缴义务人代扣、代收手续费。

第三十一条　纳税人、扣缴义务人按照法律、行政法规规定或者税务机关依照法律、行政法规的规定确定的期限，缴纳或者解缴税款。

纳税人因有特殊困难，不能按期缴纳税款的，经省、自治区、直辖市国家税务局、地方税务局批准，可以延期缴纳税款，但是最长不得超过三个月。

第三十二条 纳税人未按照规定期限缴纳税款的，扣缴义务人未按照规定期限解缴税款的，税务机关除责令限期缴纳外，从滞纳税款之日起，按日加收滞纳税款万分之五的滞纳金。

第三十三条 纳税人可以依照法律、行政法规的规定书面申请减税、免税。

减税、免税的申请须经法律、行政法规规定的减税、免税审查批准机关审批。地方各级人民政府、各级人民政府主管部门、单位和个人违反法律、行政法规规定，擅自作出的减税、免税决定无效，税务机关不得执行，并向上级税务机关报告。

第三十四条 税务机关征收税款时，必须给纳税人开具完税凭证。扣缴义务人代扣、代收税款时，纳税人要求扣缴义务人开具代扣、代收税款凭证的，扣缴义务人应当开具。

第三十五条 纳税人有下列情形之一的，税务机关有权核定其应纳税额：

（一）依照法律、行政法规的规定可以不设置账簿的；

（二）依照法律、行政法规的规定应当设置但未设置账簿的；

（三）擅自销毁账簿或者拒不提供纳税资料的；

（四）虽设置账簿，但账目混乱或者成本资料、收入凭证、费用凭证残缺不全，难以查账的；

（五）发生纳税义务，未按照规定的期限办理纳税申报，经税务机关责令限期申报，逾期仍不申报的；

（六）纳税人申报的计税依据明显偏低，又无正当理由的

税务机关核定应纳税额的具体程序和方法由国务院税务主管部门规定。

第三十六条 企业或者外国企业在中国境内设立的从事生产、经营的机构、场所与其关联企业之间的业务往来，应当按照独立企业之间的业务往来收取或者支付价款、费用；不按照独立企业之间的业务往来收

取或者支付价款、费用，而减少其应纳税的收入或者所得额的，税务机关有权进行合理调整。

第三十七条　对未按照规定办理税务登记的从事生产、经营的纳税人以及临时从事经营的纳税人，由税务机关核定其应纳税额，责令缴纳；不缴纳的，税务机关可以扣押其价值相当于应纳税款的商品、货物。扣押后缴纳应纳税款的，税务机关必须立即解除扣押，并归还所扣押的商品、货物；扣押后仍不缴纳应纳税款的，经县以上税务局(分局)局长批准，依法拍卖或者变卖所扣押的商品、货物，以拍卖或者变卖所得低缴税款。

第三十八条　税务机关有根据认为从事生产、经营的纳税人有逃避纳税义务行为的，可以在规定的纳税期之前，责令限期缴纳应纳税款；在限期内发现纳税人有明显的转移、隐匿其应纳税的商品、货物以及其他财产或者应纳税的收入的迹象的，税务机关可以责成纳税人提供纳税担保。如果纳税人不能提供纳税担保，经县以上税务局(分局)局长批准，税务机关可以采取下列税收保全措施：

（一）书面通知纳税人开户银行或者其他金融机构冻结纳税人的金额相当于应纳税款的存款；

（二）扣押、查封纳税人的价值相当于应纳税款的商品、货物或者其他财产。

纳税人在前款规定的限期内缴纳税款的，税务机关必须立即解除税收保全措施；限期期满仍未缴纳税款的，经县以上税务局（分局）局长批准，税务机关可以书面通知纳税人开户银行或者其他金融机构从其冻结的存款中扣缴税款，或者依法拍卖或者变卖所扣押、查封的商品、货物或者其他财产，以拍卖或者变卖所得抵缴税款。

个人及其所扶养家属维持生活必需的住房和用品，不在税收保全措施的范围之内。

第三十九条　纳税人在限期内已缴纳税款，税务机关未立即解除税收保全措施，使纳税人的合法利益遭受损失的，税务机关应当承担赔偿责任。

第四十条　从事生产、经营的纳税人、扣缴义务人未按照规定的期限缴纳或者解缴税款，纳税担保人未按照规定的期限缴纳所担保的税款，由税务机关责令限期缴纳，逾期仍未缴纳的，经县以上税务局（分局）局长批准，税务机关可以采取下列强制执行措施：

（一）书面通知其开户银行或者其他金融机构从其存款中扣缴税款；

（二）扣押、查封、依法拍卖或者变卖其价值相当于应纳税款的商品、货物或者其他财产，以拍卖或者变卖所得抵缴税款。

税务机关采取强制执行措施时，对前款所列纳税人、扣缴义务人、纳税担保人未缴纳的滞纳金同时强制执行。

个人及其所扶养家属维持生活必需的住房和用品，不在强制执行措施的范围之内。

第四十一条 本法第三十七条、第三十八条、第四十条规定的采取税收保全措施、强制执行措施的权力，不得由法定的税务机关以外的单位和个人行使。

第四十二条 税务机关采取税收保全措施和强制执行措施必须依照法定权限和法定程序，不得查封、扣押纳税人个人及其所扶养家属维持生活必需的住房和用品。

第四十三条 税务机关滥用职权违法采取税收保全措施、强制执行措施，或者采取税收保全措施、强制执行措施不当，使纳税人、扣缴义务人或者纳税担保人的合法权益遭受损失的，应当依法承担赔偿责任。

第四十四条 欠缴税款的纳税人或者他的法定代表人需要出境的，应当在出境前向税务机关结清应纳税款、滞纳金或者提供担保。未结清税款、滞纳金，又不提供担保的，税务机关可以通知出境管理机关阻止其出境。

第四十五条 税务机关征收税款，税收优先于无担保债权，法律另有规定的除外；纳税人欠缴的税款发生在纳税人以其财产设定抵押、质押或者纳税人的财产被留置之前的，税收应当先于抵押权、质权、留置权执行。

纳税人欠缴税款，同时又被行政机关决定处以罚款、没收违法所得的，税收优先于罚款、没收违法所得。

税务机关应当对纳税人欠缴税款的情况定期予以公告。

第四十六条　纳税人有欠税情形而以其财产设定抵押、质押的，应当向抵押权人、质权人说明其欠税情况。抵押权人、质权人可以请求税务机关提供有关的欠税情况。

第四十七条　税务机关扣押商品、货物或者其他财产时，必须开付收据；查封商品、货物或者其他财产时，必须开付清单。

第四十八条　纳税人有合并、分立情形的，应当向税务机关报告，并依法缴清税款。纳税人合并时未缴清税款的，应当由合并后的纳税人继续履行未履行的纳税义务；纳税人分立时未缴清税款的，分立后的纳税人对未履行的纳税义务应当承担连带责任。

第四十九条　欠缴税款数额较大的纳税人在处分其不动产或者大额资产之前，应当向税务机关报告。

第五十条　欠缴税款的纳税人因怠于行使到期债权，或者放弃到期债权，或者无偿转让财产，或者以明显不合理的低价转让财产而受让人知道该情形，对国家税收造成损害的，税务机关可以依照合同法第七十三条、第七十四条的规定行使代位权、撤销权。

税务机关依照前款规定行使代位权、撤销权的，不免除欠缴税款的纳税人尚未履行的纳税义务和应承担的法律责任。

第五十一条　纳税人超过应纳税额缴纳的税款，税务机关发现后应当立即退还；纳税人自结算缴纳税款之日起三年内发现的，可以向税务机关要求退还多缴的税款并加算银行同期存款利息，税务机关及时查实后应当立即退还；涉及从国库中退库的，依照法律、行政法规有关国库管理的规定退还。

第五十二条　因税务机关的责任，致使纳税人、扣缴义务人未缴或者少缴税款的，税务机关在三年内可以要求纳税人、扣缴义务人补缴税款，但是不得加收滞纳金。

因纳税人、扣缴义务人计算错误等失误，未缴或者少缴税款的，税务机关在三年内可以追征税款、滞纳金；有特殊情况的，追征期可以延长到五年。

对偷税、抗税、骗税的，税务机关追征其未缴或者少缴的税款、滞纳金或者所骗取的税款，不受前款规定期限的限制。

第五十三条 国家税务局和地方税务局应当按照国家规定的税收征收管理范围和税款入库预算级次，将征收的税款缴入国库。

对审计机关、财政机关依法查出的税收违法行为，税务机关应当根据有关机关的决定、意见书，依法将应收的税款、滞纳金按照税款入库预算级次缴入国库，并将结果及时回复有关机关。

第四章 税务检查

第五十四条 税务机关有权进行下列税务检查：

（一）检查纳税人的账簿、记账凭证、报表和有关资料，检查扣缴义务人代扣代缴、代收代缴税款账簿、记账凭证和有关资料；

（二）到纳税人的生产、经营场所和货物存放地检查纳税人应纳税的商品、货物或者其他财产，检查扣缴义务人与代扣代缴、代收代缴税款有关的经营情况；

（三）责成纳税人、扣缴义务人提供与纳税或者代扣代缴、代收代缴税款有关的文件、证明材料和有关资料；

（四）询问纳税人、扣缴义务人与纳税或者代扣代缴、代收代缴税款有关的问题和情况；

（五）到车站、码头、机场、邮政企业及其分支机构检查纳税人托运、邮寄应纳税商品、货物或者其他财产的有关单据、凭证和有关资料；

（六）经县以上税务局（分局）局长批准，凭全国统一格式的检查存款账户许可证明，查询从事生产、经营的纳税人、扣缴义务人在银行或者其他金融机构的存款账户。税务机关在调查税收违法案件时，经设区的市、自治州以上税务局（分局）局长批准，可以查询案件涉嫌人员的储蓄存款。税务机关查询所获得的资料，不得用于税收以外的用途。

第五十五条 税务机关对从事生产、经营的纳税人以前纳税期的纳税情况依法进行税务检查时，发现纳税人有逃避纳税义务行为，并有明显的转移、隐匿其应纳税的商品、货物以及其他财产或者应纳税的收入的迹象的，可以按照本法规定的批准权限采取税收保全措施或者强制执行措施。

第五十六条 纳税人、扣缴义务人必须接受税务机关依法进行的税务检查，如实反映情况，提供有关资料，不得拒绝、隐瞒。

第五十七条　税务机关依法进行税务检查时，有权向有关单位和个人调查纳税人、扣缴义务人和其他当事人与纳税或者代扣代缴、代收代缴税款有关的情况，有关单位和个人有义务向税务机关如实提供有关资料及证明材料。

第五十八条　税务机关调查税务违法案件时，对与案件有关的情况和资料，可以记录、录音、录像、照相和复制。

第五十九条　税务机关派出的人员进行税务检查时，应当出示税务检查证和税务检查通知书，并有责任为被检查人保守秘密；未出示税务检查证和税务检查通知书的，被检查人有权拒绝检查。

第五章　法律责任

第六十条　纳税人有下列行为之一的，由税务机关责令取期改正，可以处二千元以下的罚款；情节严重的，处二千元以上一万元以下的罚款：

（一）未按照规定的期限申报办理税务登记、变更或者注销登记的；

（二）未按照规定设置、保管账簿或者保管记账凭证和有关资料的；

（三）未按照规定将财务、会计制度或者财务、会计处理办法和会计核算软件报送税务机关备查的；

（四）未按照规定将其全部银行账号向税务机关报告的；

（五）未按照规定安装、使用税探装置，或者损毁或者擅自改动税控装置的。

纳税人不办理税务登记的，由税务机关责令限期改正；逾期不改正的，经税务机关提请，由工商行政管理机关吊销其营业执照。

纳税人未按照规定使用税务登记证件，或者转借、涂改、损毁、买卖、伪造税务登记证件的，处二千元以上一万元以下的罚款；情节严重的，处一万元以上五万元以下的罚款。

第六十一条　扣缴义务人未按照规定设置、保管代扣代缴、代收代缴税款账簿或者保管代扣代缴、代收代缴税款记账凭证及有关资料的，由税务机关责令限期改正，可以处二千元以下的罚款；情节严重的，处二千元以上五千元以下的罚款。

第六十二条 纳税人未按照规定的期限办理纳税申报和报送纳税资料的，或者扣缴义务人未按照规定的期限向税务机关报送代扣代缴、代收代缴税款报告表和有关资料的，由税务机关责令限期改正，可以处二千元以下的罚款；情节严重的，可以处二千元以上一万元以下的罚款。

第六十三条 纳税人伪造、变造、隐匿、擅自销毁账簿、记账凭证，或者在账簿上多列支出或者不列、少列收入，或者经税务机关通知申报而拒不申报或者进行虚假的纳税申报，不缴或者少缴应纳税款的，是偷税。对纳税人偷税的，由税务机关追缴其不缴或者少缴的税款、滞纳金，并处不缴或者少缴的税款百分之五十以上五倍以下的罚款；构成犯罪的，依法追究刑事责任。

扣缴义务人采取前款所列手段，不缴或者少缴已扣、已收税款，由税务机关追缴其不缴或者少缴的税款、滞纳金，并处不缴或者少缴的税款百分之五十以上五倍以下的罚款；构成犯罪的，依法追究刑事责任。

第六十四条 纳税人、扣缴义务人编造虚假计税依据的，由税务机关责令限期改正，并处五万元以下的罚款。

纳税人不进行纳税申报，不缴或者少缴应纳税款的，由税务机关追缴其不缴或者少缴的税款、滞纳金，并处不缴或者少缴的税款百分之五十以上五倍以下的罚款。

第六十五条 纳税人欠缴应纳税款，采取转移或者隐匿财产的手段，妨碍税务机关追缴欠缴的税款的，由税务机关追缴欠缴的税款、滞纳金，并处欠缴税款百分之五十以上五倍以下的罚款；构成犯罪的，依法追究刑事责任。

第六十六条 以假报出口或者其他欺骗手段，骗取国家出口退税款，由税务机关追缴其骗取的退税款，并处骗取税款一倍以上五倍以下的罚款；构成犯罪的，依法追究刑事责任。

对骗取国家出口退税款的，税务机关可以在规定期间内停止为其办理出口退税。

第六十七条 以暴力、威胁方法拒不缴纳税款的，是抗税，除由税务机关追缴其拒缴的税款、滞纳金外，依法追究刑事责任。情节轻微，未构成犯罪的，由税务机关追缴其拒缴的税款、滞纳金，并处拒缴税款一倍以上五倍以下的罚款。

第六十八条 纳税人、扣缴义务人在规定期限内不缴或者少缴应纳或者应解缴的税款，经税务机关责令限期缴纳，逾期仍未缴纳的，税务机关除依照本法第四十条的规定采取强制执行措施追缴其不缴或者少缴的税款外，可以处不缴或者少缴的税款百分之五十以上五倍以下的罚款。

第六十九条 扣缴义务人应扣未扣、应收而不收税款的，由税务机关向纳税人追缴税款，对扣缴义务人处应扣未扣、应收未收税款百分之五十以上三倍以下的罚款。

第七十条 纳税人、扣缴义务人逃避、拒绝或者以其他方式阻挠税务机关检查的，由税务机关责令改正，可以处一万元以下的罚款；情节严重的，处一万元以上五万元以下的罚款。

第七十一条 违反本法第二十二条规定，非法印制发票的，由税务机关销毁非法印制的发票，没收违法所得和作案工具，并处一万元以上五万元以下的罚款；构成犯罪的，依法追究刑事责任。

第七十二条 从事生产、经营的纳税人、扣缴义务人有本法规定的税收违法行为，拒不接受税务机关处理的，税务机关可以收缴其发票或者停止向其发售发票。

第七十三条 纳税人、扣缴义务人的开户银行或者其他金融机构拒绝接受税务机关依法检查纳税人、扣缴义务人存款账户，或者拒绝执行税务机关作出的冻结存款或者扣缴税款的决定，或者在接到税务机关的书面通知后帮助纳税人、扣缴义务人转移存款，造成税款流失的，由税务机关处十万元以上五十万元以下的罚款，对直接负责的主管人员和其他直接责任人员处一千元以上一万元以下的罚款。

第七十四条 本法规定的行政处罚，罚款额在二千元以下的，可以由税务所决定。

第七十五条 税务机关和司法机关的涉税罚没收入，应当按照税款入库预算级次上缴国库。

第七十六条 税务机关违反规定擅自改变税收征收管理范围和税款入库预算级次的，责令限期改正，对直接负责的主管人员和其他直接责任人员依法给予降级或者撤职的行政处分。

第七十七条 纳税人、扣缴义务人有本法第六十三条、第六十五条、第六十六条、第六十七条、第七十一条规定的行为涉嫌犯罪的，税务机关应当依法移交司法机关追究刑事责任。

税务人员徇私舞弊，对依法应当移交司法机关追究刑事责任的不移交，情节严重的，依法追究刑事责任。

第七十八条 未经税务机关依法委托征收税款的，责令退还收取的财物，依法给予行政处分或者行政处罚；致使他人合法权益受到损失的，依法承担赔偿责任；构成犯罪的，依法追究刑事责任。

第七十九条 税务机关、税务人员查封、扣押纳税人个人及其所扶养家属维持生活必需的住房和用品的，责令退还，依法给予行政处分；构成犯罪的，依法追究刑事责任。

第八十条 税务人员与纳税人、扣缴义务人勾结，唆使或者协助纳税人、扣缴义务人有本法第六十三条、第六十五条、第六十六条规定的行为，构成犯罪的，依法追究刑事责任；尚不构成犯罪的，依法给予行政处分。

第八十一条 税务人员利用职务上的便利，收受或者索取纳税人、扣缴义务人财物或者谋取其他不正当利益，构成犯罪的，依法追究刑事责任；尚不构成犯罪的，依法给予行政处分。

第八十二条 税务人员徇私舞弊或者玩忽职守，不征或者少征应征税款，致使国家税收遭受重大损失，构成犯罪的，依法追究刑事责任；尚不构成犯罪的，依法给予行政处分。

税务人员滥用职权，故意刁难纳税人、扣缴义务人的，调离税收工作岗位，并依法给予行政处分。

税务人员对控告、检举税收违法违纪行为的纳税人、扣缴义务人以及其他检举人进行打击报复的，依法给予行政处分；构成犯罪的，依法追究刑事责任。

税务人员违反法律、行政法规的规定，故意高估或者低估农业税计税产量，致使多征或者少征税款，侵犯农民合法权益或者损害国家利益，构成犯罪的，依法追究刑事责任；尚不构成犯罪的，依法给予行政处分。

第八十三条　违反法律、行政和法规的规定提前征收、延缓征收或者摊派税款的，由其上级机关或者行政监察机关责令改正，对直接负责的主管人员和其他直接责任人员依法给予行政处分。

第八十四条　违反法律、行政法规的规定，擅自作出税收的开征、停征或者减税、免税、退税、补税以及其他同税收法律、行政法规相抵触的决定的，除依照本法规定撤销其擅自作出的决定外，补征应征未征税款，退还不应征收而征收的税款，并由上级机关追究直接负责的主管人员和其他直接责任人员的行政责任；构成犯罪的，依法追究刑事责任。

第八十五条　税务人员在征收税款或者查处税收违法案件时，未按照本法规定进行回避的，对直接负责的主管人员和其他直接责任人员，依法给予行政处分。

第八十六条　违反税收法律、行政法规应当给予行政处罚的行为，在五年内未被发现的，不再给予行政处罚。

第八十七条　未按照本法规定为纳税人、扣缴义务人、检举人保密的，对直接负责的主管人员和其他直接责任人员，由所在单位或者有关单位依法给予行政处分。

第八十八条　纳税人、扣缴义务人、纳税担保人同税务机关在纳税上发生争议时，必须先依照税务机关的纳税决定缴纳或者解缴税款及滞纳金或者提供相应的担保，然后可以依法申请行政复议；对行政复议决定不服的，可以依法向人民法院起诉。

当事人对税务机关的处罚决定、强制执行措施或者税收保全措施不服的，可以依法申请行政复议，也可以依法向人民法院起诉。

当事人对税务机关的处罚决定逾期不申请行政复议也不向人民法院起诉、又不履行的，作出处罚决定的税务机关可以采取本法第四十条规定的强制执行措施，或者申请人民法院强制执行。

第六章　附　　则

第八十九条　纳税人、扣缴义务人可以委托税务代理人代为办理税务事宜。

第九十条 耕地占用税、契税、农业税、牧业税征收管理的具体办法，由国务院另行制定。

关税及海关代征税收的征收管理，依照法律、行政法规的有关规定执行。

第九十一条 中华人民共和国同外国缔结的有关税收的条约、协定同本法有不同规定的，依照条约、协定的规定办理。

第九十二条 本法施行前颁布的税收法律与本法有不同规定的，适用本法规定。

第九十三条 国务院根据本法制定实施细则。

第九十四条 本法自 2001 年 5 月 1 日起施行。

利用数学归纳法易证，对于一切正整数 n，均有

$$f(nc)=\cos n\theta. \tag{2'}$$

又

$$\left[f\left(\frac{1}{2}c\right)\right]^2=\frac{1}{2}[f(0)+f(c)]=\frac{1}{2}(1+\cos\theta)=\cos^2\frac{\theta}{2},$$

由于 $f(x)>0$，故取正根，则得

$$f\left(\frac{1}{2}c\right)=\cos\frac{\theta}{2}. \tag{3'}$$

同样，利用数学归纳法，对于一切正整数 n，均有

$$f\left(\frac{1}{2^n}c\right)=\cos\left(\frac{1}{2^n}\theta\right). \tag{4'}$$

重复应用(1′)到(2′)的推理过程于(4′)，可知对于一切正整数 m，均有

$$f\left(\frac{m}{2^n}c\right)=\cos\left(\frac{m}{2^n}\theta\right). \tag{5'}$$

因此，对于$\frac{m}{2^n}$型的正实数x_n，有

$$f(cx_n)=\cos(\theta x_n).$$

又因任一正实数 x 皆可表成$\frac{m}{2^n}$型叙列的极限，所以，利用极限过程易得

$$f(cx)=\cos(\theta x). \tag{6'}$$

由于 $f(-y)=f(y)$，故(6′)式对 $x<0$ 也成立. 至于当 $x=0$ 时，$f(cx)=\cos(\theta x)$显然成立. 因此，对于 $-\infty<x<+\infty$ 的一切实数，均有 $f(cx)=\cos(\theta x)$. 把 cx 换成x，并令$\frac{\theta}{c}=a$，则得

$$f(x)=\cos ax.$$

(2) 当 $a>1$ 时，于是存在这样的 θ，使得

$$f(c)=a=\operatorname{ch}\theta.$$

根据双曲余弦的关系式，再重复上面的推理过程，可得

$$f(x)=\operatorname{ch}ax.$$

当 $a=0$ 时，$f(x)\equiv 1$.

综上所述，所求的函数为

$$f(x)=\cos ax \quad 或 \quad f(x)=\operatorname{ch}ax.$$

【819】 求对于 x 和 y 的一切实数值满足方程组：

$$f(x+y)=f(x)f(y)-g(x)g(y)$$

$$g(x+y)=f(x)g(y)+f(y)g(x)$$

及

$$f(0)=1 \quad 和 \quad g(0)=0$$

的一切有界函数 $f(x)$和 $g(x)$ $(-\infty<x<+\infty)$.

解 考虑函数

$$F(x)=f^2(x)+g^2(x),$$

则

$$\begin{aligned}F(x+y)&=f^2(x+y)+g^2(x+y)\\&=[f(x)f(y)-g(x)g(y)]^2+[f(x)g(y)+f(y)g(x)]^2\\&=F(x)F(y),\end{aligned}$$

由于 $F(0)=1$ 及 $F(x)\neq 0$，故

$$F(x)=a^x \quad (-\infty<x<+\infty),$$

式中 $a=F(1)$为正的常数*).

由于 $f(x)$及 $g(x)$有界，故只能有 $a=1$. 因此，对于一切实数 x，有 $f^2(x)+g^2(x)=1$. 因为

$$0=g(0)=g(x-x)=f(x)g(-x)+f(-x)g(x)$$

及

$$1=f(0)=f(x-x)=f(x)f(-x)-g(-x)g(x).$$

上面二式分别乘以 $g(-x)$及 $f(-x)$,然后相加,得

$$f(-x)=f(x)\cdot[f^2(-x)+g^2(-x)]=f(x);$$

如果上面二式分别乘以 $f(-x)$及 $g(-x)$,然后相减,得

$$g(-x)=-g(x)[g^2(-x)+f^2(-x)]=-g(x).$$

从而可得

$$f(x+y)+f(x-y)=f(x)f(y)-g(x)g(y)$$
$$+f(x)f(-y)-g(x)g(-y)=2f(x)f(y).$$

于是,考虑到 $f(x)$的有界性,可得

$$f(x)=\cos ax^{**)},$$

再由 $f^2(x)+g^2(x)=1$ 可得

$$g(x)=\pm\sin ax.$$

*) 利用 812 题的结果.

**) 利用 818 题的结果.

【820】 设

$$\Delta f(x)=f(x+\Delta x)-f(x) \quad 及 \quad \Delta^2 f(x)=\Delta\{\Delta f(x)\}$$

分别为函数 $f(x)$的一阶、二阶有限差.

证明:若函数 $f(x)(-\infty<x<+\infty)$是连续的且

$$\Delta^2 f(x)\equiv 0,$$

则此函数是线性函数,即

$$f(x)=ax+b,$$

式中 a 和 b 为常数.

证 由 $\Delta^2 f(x)\equiv 0$ 得

$$f(x+\Delta_1 x+\Delta_2 x)-f(x+\Delta_2 x)\equiv f(x+\Delta_1 x)-f(x).$$

令 $x=0$,得

$$f(\Delta_1+\Delta_2)-f(\Delta_2)\equiv f(\Delta_1)-f(0).$$

令 $\Delta_2=n\Delta_1$,得

$$f[(n+1)\Delta_1]-f(n\Delta_1)\equiv f(\Delta_1)-f(0).$$

利用数学归纳法,可得

$$f[(n+1)\Delta_1]-f(0)\equiv(n+1)[f(\Delta_1)-f(0)]. \tag{1'}$$

关系式(1′)可写成

$$f(\Delta_1)-f(0)=\frac{1}{n}[f(n\Delta_1)-f(0)].$$

在上式中令 $n\Delta_1=m$,再利用(1′)即得

$$f\left(\frac{m}{n}\right)-f(0)=\frac{m}{n}[f(1)-f(0)].$$

所以,

$$f\left(\frac{m}{n}\right)=a\cdot\frac{m}{n}+b,$$

式中 $a=f(1)-f(0)$及 $b=f(0)$均为常数.

于是,对于有理数 x,均有

$$f(x)=ax+b.$$

对于无理数 x,利用 $f(x)$的连续性,即可证得上式仍成立.事实上,取有理叙列 $x_n\to x$,则

$$\lim_{x_n\to x}f(x_n)=f(x).$$

另一方面

$$\lim_{x_n\to x}f(x_n)=\lim_{x_n\to x}(ax_n+b)=ax+b.$$

因此,对于一切实数 x,均有

$$f(x)=ax+b.$$